KB259826

오센틱 MBA 로드맵

경력성공의 전략경로

오센틱 MBA 로드맵 — 경력성공의 전략경로

지은이 | 구정모

1판 1쇄 펴낸날 | 210년 6월 20일

펴낸이 | 이주명
편집 | 문나영
출력 | 문형사
종이 | 화인페이퍼
인쇄 · 제본 | 한영문화사

펴낸곳 | 필맥
출판등록 | 제300-2003-63호
주소 | 서울시 서대문구 충정로2가 184-4 경기빌딩 606호
이메일 | philmac@philmac.co.kr
홈페이지 | www.philmac.co.kr
전화 | 02-392-4491
팩스 | 02-392-4492

ISBN 978-89-91071-78-0 (03320)

* 잘못된 책은 바꾸어 드립니다.
* 값은 뒤표지에 있습니다.

이 도서의 국립중앙도서관 출판시도서목록(CIP)은 e—CIP홈페이지(http://www.nl.go.kr/cip.php)에서 이용하실 수 있습니다. (CIP제어번호 : CIP2010001968)

오센틱 MBA 로드맵

경력성공의 전략경로

구정모 지음

필맥

왜 오센틱 MBA 로드맵인가

"당신은 MBA를 위해 많은 것을 투자했습니다. 그 투자가 그만큼의 가치가 있었다고 생각합니까?"

"MBA 과정 이수를 통해 가장 크게 얻은 것이 있다면 그것은 무엇입니까?"

이 두 가지는 MBA(Master of Business Administration; 경영학 석사) 과정을 마치고 나서 직장을 구하기 위한 인터뷰를 할 때 가장 자주 받게 되는 질문이다. 나는 다음과 같이 대답했다.

"내가 MBA 과정을 밟는 것을 통해 가장 크게 얻은 것은 사람들, 특히 나와는 다른 나라와 다른 문화적 배경에서 성장했지만 나와 같은 생각으로 MBA 과정을 함께 밟은 동료들입니다. 그들의 영향을 받는 가운데 글로벌 환경 속에서 공부하면서 스스로 갖게 된 자신감은 무엇과도 바꿀 수 없는 소득이자 가치입니다."

나는 2002년에 아일랜드 더블린대학교(University College Dublin)의 유시디 마이클 스머핏(UCD Michael Smurfit) 경영대학원에서 MBA를 취득했다. MBA 과정에서는 글로벌 기업과 공동으로 프로젝트를 수행했고, 교환학생으로 중국의 경영대학원을 방문했으며, 경영사례를 발표하고 토론하는 국제 학술세미나에도 참가했다. 또 그러는 과정에서 세계 각국의 여러 경영대학원 MBA 과정의 교수나 입학사정 담당관들과도 만날 기회가 있었다.

MBA 학위를 취득한 뒤에는 삼성그룹에서 5년 동안 인적자원전략(Human Resources Strategy) 업무를 수행하면서 MBA에 대한 지식과 정보를 리크루터(Recruiter: 기업)의 관점에서 재점검하고 확충할 수 있었다.

변화하는 기업환경에 능동적으로 대응할 수 있도록 비즈니스맨을 훈련시키고 학습시키는 교육과정으로 MBA 과정만한 것은 없다. 기업들도 비즈니스맨 교육 효과와 교육투자 대비 수익성이라는 측면에서 MBA가 갖고 있는 높은 가치를 인정하고 있다. 이에 따라 국내 기업들은 사내 우수인력을 선발해 국내외 MBA 과정에 파견하고 있으며, 이렇게 파견되는 인원은 지속적으로 늘어나고 있다.

그러므로 직장인의 입장에서 본다면 MBA를 '경력개발을 위한 지렛대(Leverage on career development)' 라고 정의할 수 있다. 다만 MBA라는 지렛대를 얼마나 잘 활용하느냐는 사람마다 다를 것이고, 그에 따라 경력개발의 성공 여부가 좌우된다고 하겠다.

그렇다면 MBA를 취득하고자 하는 사람은 MBA 취득의 당위성에 대한 냉철한 고민을 시작으로 MBA 과정에 대한 리서치, 과정별 장단점 파악, 투자 대비 효용성에 대한 분석, 자신과의 정합성 여부에 대한 분석, MBA 취득 후 경력개발 계획 수립 등에 소홀히 하지 말아야 한다. 이처럼 보다 체계적으로 따져보고 준비해야만 MBA를 통해 자신이 달성하고자 하는 목표를 달성할 수 있을 것이다.

MBA 과정은 전 세계에 걸쳐 약 2100여 개가 있다고 한다. 최근에는 우리나라의 주요 대학교들도 MBA 과정을 속속 개설하고 있다. 뿐만 아니라 MBA 과정 이수를 고려해보지 않는 직장인이 거의 없을 정도로 우리나라에서도 MBA에 대한 관심이 날로 높아져 가고 있다.

하지만 우리나라 직장인들이 MBA를 준비하기 위해 참고하거나 활용할 만한 정보가 극히 제한적이라는 문제가 있다. 물론 많지는 않지만 시중에서 MBA와 관련된 서적을 찾아 볼 수는 있다. 그런데 그런 서적의 대부분은 일부 학교에 대한 체험기 중심으로 씌어져 있거나 에세이 작성법과 같은 학습기법을 주로 다루고 있어, MBA를 체계적으로 이해하고 준비하고자 하는 사람들에게는 올바른 가이드 역할을 하는 데 한계가 있을 수밖에 없다. MBA라는 학위를 보다 큰 틀에서 바라봄으로써 자신의 경력개발에 그것을 올바로 접목시킬 수 있기 위해서는 보다 체계적이고도 객관적인 정보가 필요하다. 바로 이러한 정보를 제공하는 서적이 절실하게 요구되고 있는 것이다.

나는 MBA 과정 이수를 고려하는 직장인들을 염두에 두면서, 그동안 경영대학원과 기업 현장에서 체득한 나 나름의 경험과 노하우를 바탕으로 '오센틱 MBA 로드맵(Authentic MBA Roadmap)'이라는 개념을 만들어 보았다. 이 책을 통해 내가 제시하고자 하는 것이 바로 이 개념이다. '오센틱(Authentic)'이라는 말의 사전적 의미는 '진정한' '충실한' '믿을 만한' 등이다. 이런 말을 붙여 만든 '오센틱 MBA 로드맵'이라는 개념은 이른바 'Top MBA'라고 불리는 과정들이 MBA 과정에 진학할 준비를 하는 사람들 모두에게 최적일 수는 없다는 생각을 바탕에 깔고 있다.

이 책은 자신에게 가장 적합한 MBA 과정을 선택하는 방법에서부터 MBA

과정 진학을 효과적으로 준비하는 방법, 학업기간 동안에 중점을 두어야 할 수칙, 그리고 MBA 학위를 취득한 뒤에 원하는 직장에 취업하는 노하우에 이르기까지 MBA 과정과 MBA 학위에 대한 접근법과 그 활용법을 체계화해 일목요연하게 제시한다는 특징을 갖고 있다. 내가 이 책에서 제시하는 MBA 로드맵이 MBA 과정 진학을 고려하는 대학생이나 직장인, MBA 과정 지원을 앞두고 있는 준비생에게는 물론이고 더 나아가서는 현재 MBA 과정을 밟고 있는 분에게도 도움이 되기를 바란다. 이런 관점에서 나는 이 책을 읽는 독자에게 다음과 같은 실익을 제공하고자 한다.

첫째, 각자 자신에게 진정으로 적합한 MBA 과정을 선택할 수 있도록 MBA 과정에 대한 분석틀과 관련 정보를 얻게 해준다.

둘째, MBA가 자신의 인생에서 어떠한 기능과 역할을 하게 해야 하는지를 생각하게 한다.

셋째, MBA 학위를 취득한 뒤의 경력개발 계획을 위한 방향정립을 할 수 있도록 돕는다.

넷째, 미국뿐만 아니라 유럽과 아시아의 주요 MBA 과정에 대해서도 이해할 수 있도록 한다.

이 책은 이러한 네 가지 실익을 관심 있는 독자들에게 효과적으로 전달하기 위해 '오센틱 MBA 로드맵'을 제시한다. 그 로드맵의 체계적 구조와 궁극적 목적은 오른쪽 도표와 같다.

내가 이 책에서 제시하는 '오센틱 MBA 로드맵'을 정확하게 이해하고 잘 활용한다면 MBA를 통해 자신의 가치를 높임으로써 경력성공과 자기실현이라는 궁극적인 목적을 보다 빠르게 달성할 수 있을 것이다.

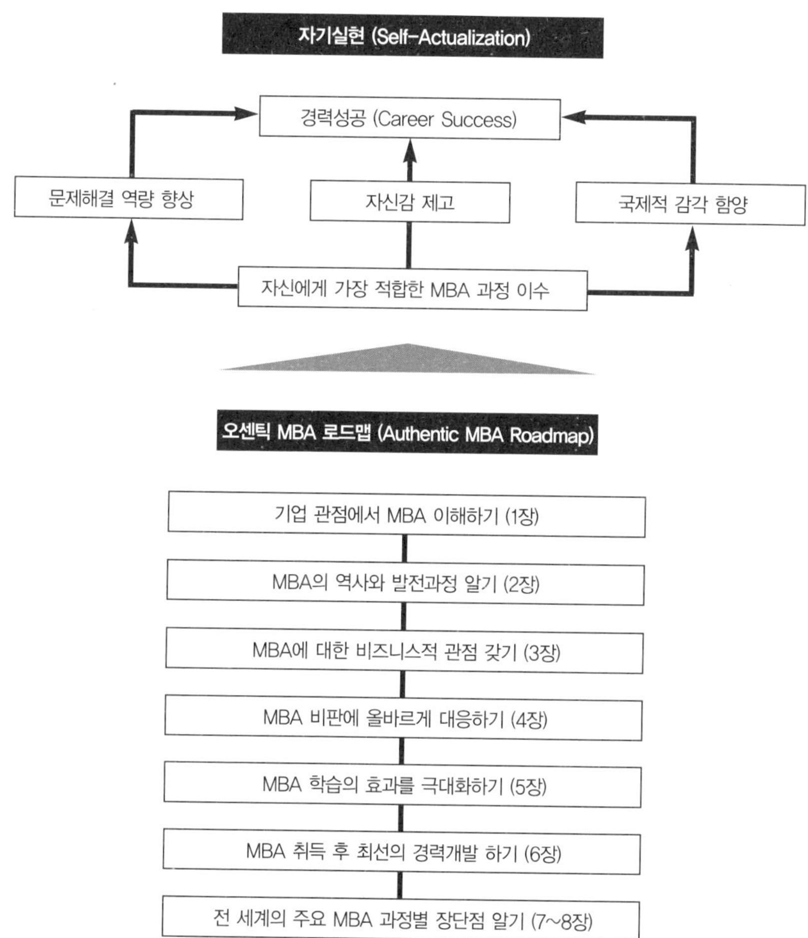
자기실현 (Self-Actualization)
경력성공 (Career Success)
문제해결 역량 향상
자신감 제고
국제적 감각 함양
자신에게 가장 적합한 MBA 과정 이수
오센틱 MBA 로드맵 (Authentic MBA Roadmap)
기업 관점에서 MBA 이해하기 (1장)
MBA의 역사와 발전과정 알기 (2장)
MBA에 대한 비즈니스적 관점 갖기 (3장)
MBA 비판에 올바르게 대응하기 (4장)
MBA 학습의 효과를 극대화하기 (5장)
MBA 취득 후 최선의 경력개발 하기 (6장)
전 세계의 주요 MBA 과정별 장단점 알기 (7~8장)

차례

1장

기업의 관점에서 MBA를 이해하라

이 장에서는 MBA 인력의 수요처인 리크루터(Recruiter: 기업)가 MBA 학위와 이 학위 소지자들을 어떻게 바라보고 있는지에 대해 살펴본다.

MBA에 대한 리크루터의 관점과 입장을 분석적으로 제시한 책은 적어도 우리나라에서는 그동안 나온 적이 없었던 것 같다. 아마도 그 이유는 한국을 대표하는 주요 대기업들조차 MBA를 통한 인재양성 정책을 수립해 실행한 역사가 그다지 오래되지 않았다는 점과 MBA에 대해 그동안 우리에게 알려진 내용이 매우 제한적이었다는 점에 있을 것이다.

따라서 MBA에 대한 기업의 인식 변화, 인재의 양성과 확보라는 관점에서 기업이 MBA를 바라보는 시각, MBA 학위 소지자에 대한 기업의 채용정책 등에 대한 아래의 설명은 MBA 과정 진학을 고려하고 있는 직장인들에게 도움이 될 것이다. 아울러 기업에서 양성하거나 채용한 MBA 인력들이 기업 안에서 어떠한 위치를 차지하고, 어떤 기능을 하는지에 대해서도 살펴보도록 하겠다.

글로벌화와 MBA

1990년대 초까지만 해도 미국에서 일정 수준 이상의 경영대학원에서 MBA 학위를 취득하고 귀국한 사람이라면 투자은행(IB; Investment Bank)이나 경영컨설팅 회사(Business Consulting Firm)에 취업해 아주 좋은 대우를 받으며 직장생활을 할 수 있었을 것이다. 그러나 미국 MBA 학위 소지자가 지속적으로 늘어나면서 그 희소성이 급격하게 떨어짐에 따라 이제는 상황이 많이 달라졌다. 심지어는 '미국 MBA 인플레'라는 말이 생겨나 나돌 정도다.

이렇게 변화하는 상황에서 MBA에 대한 국내 대기업들의 인식 또한 달라지고 있는 점은 크게 주목할 만하다. 글로벌화와 시장다각화의 추세가 한국 기업의 활동에도 직접적으로 영향을 미치기 시작하면서 유럽과 아시아 지역에서도 비즈니스 기회가 급격하게 증가하게 됐고, 이에 따라 국내 기업들이 점차 미국만이 아니라 유럽과 아시아 지역에서 MBA나 Ph.D.를 취득한 우수인재로까지 채용범위를 넓히고 있다. 이러한 변화는 한국 기업이 글로벌 경영체제로 전환되는 과정에서 나타나는 현상이다.

경영학자들의 주장에 따르면 기업이 글로벌한 범위와 수준의 사업전략을 구사하기 위해서는 다음과 같은 경영요소들이 반드시 필요하다고 한다. 즉 선진화된 의사결정 프로세스, 다양성을 수용하는 원숙한 기업문화와 조직문화, 글로벌 사업체제를 지원하는 효율적인 조직구조, 기업성과를 창출하는 우수인재를 선발하고 양성하는 제도 등이 그것이다. 이러한 경영요소들이 유기적으로 결합된 기업만이 글로벌 환경에서 경영성과를 창출할 수 있다는 것이다.

2000년대 후반 이후로 상품과 서비스, 그리고 경영성과의 측면에서 한국의 대기업들이 그동안 넘보기 어렵다고 여겼던 글로벌 선진기업들과 대등해지거나 그들을 능가하기에 이르렀다. 이러한 긍정적인 변화에 따라 우리 기업들 내부에서 위에서 말한 경영요소들에 대해 보다 진지하게 검토하거나 자성하는 분위기가 생겨나기 시작했는데, 이러한 추세에서 HR 부문도 예외가 아니다. 글로벌 사업전략을 뒷받침하고 기업성과를 창출해낼 수 있는 전략적 수준의 HR은 과연 무엇인가 하는 근본적인 물음에 대한 답을 찾기 위한 연구와 모색이 기업 내부에서 활발하게 이루어지고 있는 것이다. 아울러 글로벌 기업문화와 조직문화가 어떤 것인지에 대한 관심이 날로 커지고 있는 것도 주목할 만한 변화다.

이처럼 주요 대기업들은 HR의 역할과 가치를 재평가하면서 HR에 대한 새로운 접근을 시도하고 있으며, 글로벌 조직문화 조성에 핵심적인 역할을 하고 기업성과를 창출하는 데 큰 역할을 하는 리더급 인재의 선발과 양성에 전사 차원의 역량을 기울이고 있다. 이러한 노력의 중심에 MBA나 Ph.D. 학위 소지자를 비롯한 글로벌 인재를 유치하거나 양성하는 노력이 자리잡게 된 것은 당연한 일이라고 할 수 있다.

이러한 상황변화와 맞물려 MBA에 대한 직장인들의 인식 또한 크게 달라졌다. 최근 직장인들은 빠른 승진과 높은 연봉과 같이 조직 안에서 당장 눈에 보이는 것을 획득하기를 열망하기보다는 보다 장기적인 관점에서 글로벌 기업경영 환경에 보다 적극적으로 대응하면서 자신의 경력을 더욱 심화시키고 발전시킴으로써 개인 차원의 경쟁력을 확보하는 데 보다 중점을 두는 추세를 보이고 있다.

리크루터의 인식 변화

MBA 소지자를 채용하는 회사는 대체로 경영컨설팅회사, 투자은행, 대기업(인더스트리)으로 구분할 수 있다. 일반적으로 경영컨설팅회사와 투자은행은 주로 재무, 금융, 전략 분야의 전문가를 채용하는 반면에 대기업은 기업전략, 재무, 마케팅, HR 분야에 중점을 두면서 회사의 업무기능별로 다양한 전문가를 채용한다. 삼성그룹을 필두로 국내 대기업 집단들은 각각 글로벌 인재 양성을 위한 HR 제도를 통해 미국과 유럽의 주요 MBA 과정에 다수의 인력을 직접 파견해 인재로 양성하고 있고, 해외에서 MBA 과정 이수자들을 대상으로 현지채용도 병행하고 있다.

이를 위해 기업들은 채용대상 글로벌 경영대학원 리스트를 미주, 유럽, 아시아라는 지역별로 작성해 두고 채용업무에 적극적으로 활용하고 있고, '해외 우수인력 리크루팅' 등의 이름으로 글로벌 MBA 소지자를 채용하려는 노력을 적극적으로 기울이고 있다.

이렇듯 전 세계를 대상으로 하는 MBA 소지자 채용이 활성화되면서 최근에는 기업 내부에서 '미국 출신 MBA'니, '유럽 출신 MBA'니, '어느 대학 MBA'니 하는 말은 그리 많이 오가지 않으며, 그 대신 '어느 분야에 전문성이 있는 해외 MBA 소지자'라는 정도로 MBA 소지자를 지칭하는 경우가 많다.

기업들이 MBA 소지자를 채용할 때 어떤 부분에 가장 큰 비중을 둘까? 최근의 채용추세를 보면 채용대상자가 MBA 취득 이전에 쌓은 경력과 MBA 취득 이후에 추구하는 경력 사이에 어떠한 연계성이 있으며, 기업의 입장에서 채용대상자에게서 어떠한 성과를 기대할 수 있는지가 가장 비중이 큰 기준이다.

이를 지원자의 입장에서 다시 말하면, MBA 과정을 통해 기존의 경력을 어떻게 발전시켰고 그 결과로 갖추게 된 역량을 토대로 향후의 경력을 어떻게 더 발전시키고자 하며, 입사한 뒤에 그러한 역량을 얼마나 발휘하면서 기업의 비즈니스 성과에 어떻게 기여할 수 있느냐가 중요하다는 것이다.

기업의 핵심인재

대체로 1990년대 후반부터 한국의 주요 대기업들에서 '핵심인재' 니 '핵심인력' 이니 하는 용어를 자주 사용하기 시작했다. 또한 기업경영의 핵심은 인재에 있다는 인식이 전 세계 산업계와 경영학계에서 점점 더 보편화되고 있다.

핵심인재(Talent)라는 용어는 종전부터 사용돼온 핵심지식근로자(Core knowledge worker)라는 용어의 연장선에서 생겨났다. 핵심지식근로자는 기업에 경생력의 근원이 되는 핵심적인 지식정보를 공급해주는 인적자원을 가리키는 말이다. 핵심지식근로자는 기업의 입장에서 높은 가치가 있지만 쉽게 확보할 수 없다는 특성 때문에 일단 확보하면 회사의 전략적인 목적을 달성하는 데 대단히 중요한 역할을 해주는 인적자원이다. 이에 비해 최근에 부각되고 있는 핵심인재라는 용어는 자신의 업무분야에서 희소한 전문적 지식이나 기술을 갖추고 있는 동시에 리더십, 조직충성도(Loyalty), 윤리성 등도 겸비한 분야별 전문가 또는 관리자를 일컫는 말이라고 이해하면 된다.

기업마다 상황이 다소 다를 수는 있겠지만 대체로 보아 기업에서 적절하다고 생각하는 핵심인재의 비율은 전 사원의 3~5% 수준이다. 과거에는 핵심인재를 체계적으로 양성하고 관리하는 제도를 갖춘 기업을 보기 드물었지만, 성과를 중시하는 기업문화가 보편화되면서 이제는 어느 기업에서나 핵심인재 관련 제

| 한국 대기업들의 핵심인재 분류

	자격요건	학력수준	직급수준	관리주체
I 등급	세계 최고 수준의 지식과 기술을 보유하고 있어 기업뿐 아니라 국가적 차원에서도 적극적인 유지와 보호가 필요한 인력	해외 박사	경영진/임원	경영자
II 등급	기업의 미래 성장동력 분야에 반드시 필요한 지식과 기술을 보유하고 있는 인력	해외 박사	임원	
III 등급	기업의 사업활동에 필요한 글로벌 수준의 지식과 기술을 보유하고 있으며, 경영성과에 크게 기여하는 인력	국내외 박사, **국내외 MBA**	임원/부장	사업부장/ HR 임원
IV 등급	기업이 필요로 하는 분야에서 국내 최고 수준의 지식과 기술을 갖추고 있으며, 조직 내의 업무 프로세스 개선을 주도할 수 있는 인력	국내외 석박사, **국내외 MBA**	관리자 (부장/차장)	
V 등급	IV 등급이 되기 위한 기본요건을 갖추고 있으며, 높은 성장가능성과 잠재력을 갖춘 인력	국내외 석사, **국내외 MBA**	간부/실무자 (차장/과장/대리)	

공통요건: 리더십, 코칭스킬, 윤리의식, 글로벌역량, 의사소통, 조직로열티(Loyalty), 사회적책임의식

학력수준과 직급수준의 각 항목은 절대적인 기준이 아니며 기업마다 다를 수 있다.

도가 인재관리 정책의 중심에 자리 잡고 있다. 특히 일부 기업에서는 조직 안에 경쟁적인 문화를 의도적으로 조성하기 위해 핵심인재 관련 제도를 도입해 운영하기도 한다.

그렇다면 기업에서는 핵심인재를 확보하고, 양성하고, 관리하기 위해 어떠한 정책을 취하고 있을까? 위의 표는 한국의 상위 대기업들이 일반적으로 정의하고 있는 핵심인재의 개념을 보여준다. 실제로는 기업별로 이 표보다 더 구체적인 자격요건과 필요역량의 기준을 갖고 있으나, 여기서는 독자가 그 내용을 빨리 이해할 수 있도록 그 주요 내용만을 간추려 소개한다. 이 표를 보면 기업들이 핵심인재를 등급화하는 방식으로 기업조직에서 요구되는 전문인력의 유형을 정의하고 있음을 알 수 있다.

기업이 핵심인재를 이렇게 체계적으로 관리하는 것은 인력구조의 경쟁력을 확보하기 위해서다. 이런 목적에서 기업들은 핵심인재 확보율과 유지율, 인력의 국제화 수준 등과 같은 '인적자원 주요성과지표(HR KPI; Human Resources Key Performance Index)'를 전반적인 성과관리(Performance Management) 체계에 적용하고 있다.

국내의 주요 그룹들은 각 계열사의 최고경영자(CEO)에게 매년 핵심인재의 확보와 유지에 관한 목표를 세우도록 한 뒤 그 목표를 어느 정도나 달성했는지를 확인하며, 그 결과를 최고경영자에 대한 실적평가의 한 항목으로 삼는다. 다시 말해 핵심인재의 확보, 양성, 유지에 관한 업무가 경영자의 주요 경영활동의 하나가 돼있는 것이다. 그래서 어렵게 확보한 핵심인재가 조직에 적응하지 못하고 조기에 퇴사하게 되면 HR 담당 임원뿐만 아니라 최고경영자도 업무실적 평가에서 불이익을 받을 각오를 해야 하는 것이다. 핵심인재 관련 제도는 이제 기업경영의 주된 틀로 정착하게 됐다고 말할 수 있다.

한국 대기업들의 핵심인재 분류를 보여주는 왼쪽 표에서 특히 주목할 만한 것은 총 다섯 개의 등급 가운데 세 개의 등급에 국내외 MBA 학위 소지자가 분류되고 있다는 점이다. 물론 핵심인재 분류의 기준은 기업마다 다를 수 있으므로 이 표의 기준이 절대적인 것은 아니다. 하지만 이 표가 한국 대기업들의 일반적인 핵심인재 분류 기준을 보여준다고 한다면 국내외 MBA 학위 소지자, 특히 특정분야에서 전문가 수준의 직무역량을 보유한 해외 MBA 학위 소지자는 기업의 핵심인재가 되는 데 매우 유리한 위치에 있다고 볼 수 있다. 기업이 우수인재 채용을 위해 MBA 학위 소지자에 주목하는 이유는 바로 이러한 인재확보 정책에 있는 것이다.

최근에는 핵심인재가 갖추어야 할 기본요건으로 글로벌한 역량이 점점 더 중시되는 추세다. 이제는 기업활동의 어느 분야에서나 국제적인 안목을 바탕으로 업무가 진행되므로 글로벌한 수준의 '다양성 수용능력(Openness)'과 '세계시장에 대한 도전정신(Challenge)'이 핵심인재의 필수적 역량으로 강조되고 있으며, 이러한 요구가 기업들로 하여금 해외 MBA 소지자의 확보를 강조하게 하고 있다.

아울러 기업 안에서 인재 관련 업무를 담당하는 HR 부서의 역할이 커지고 그 위상이 높아지고 있다는 사실에 대해서도 주목해볼 필요가 있다. 최근 HR에 대한 전략적 접근이 한국 기업들의 경영 현장에서 실제로 적용되고 구현되고 있는 것은 주목할 만한 변화다. 기업의 가치사슬(Value chain) 내 주요 기능으로서의 HR에 대한 경영자들의 인식이 제고되고 있고, HR이 비용만 초래하는 기능이 아니라 가치를 창출하는 기능이라는 인식도 경영자들 사이에 보편화되고 있으며, 이러한 인식에 따라 HR과 마케팅이 결합되고 있다. 이에 따라 HR이 이제 더 이상 기업의 사업활동을 지원하기만 하는 부수적인 기능이 아니라 경영성과를 창출하고 주도하는 핵심적인 기능으로 간주되고 있으며, 이러한 사실이 비즈니스계의 화두가 되고 있다. 아울러 HR에 대한 이러한 재인식과 HR의 실제 역할 증대가 최근 기업들 사이에 인재확보의 중요성이 부각되는 흐름의 배경이 되고 있다.

핵심인재의 양성과 관리는 사실 기업에서만이 아니라 국가의 차원에서도 강조되는 동시에 실천되고 있는 사안이다. 예를 들어 싱가포르 정부는 1990년대 후반에 '맨파워 21(Manpower 21)'이라는 인력개발 비전을 발표하고 이것을 국가 인적자원 개발정책의 마스터플랜으로 삼으면서 글로벌한 우수인력의 유치와 양성에 발 벗고 나섰다. 싱가포르 정부는 그 일환으로 해외 유수의 경영대학원과 다국적기업의 R&D 센터를 적극적으로 유치하고 있다. 이 정책의 커다란 성과 가운데 하나는 프랑스 경영대학원인 인시아드(INSEAD)의 싱가포르 캠퍼스를 유치한 것이다.

이렇게 싱가포르로 이전한 세계 각국의 기업 연구소와 경영대학원들이 싱가포르 현지의 다국적기업과 매우 활발한 산학연계 활동을 펼치고 있는 점은 시사하는 바가 크다. 이러한 활동은 전 세계 우수인재들의 관심을 싱가포르라는 작은 나라로 집중시키고 있다. 아마도 해외 MBA 학위를 갖고 있는 아시아인이라면 누구나 싱가포르에 위치한 다국적기업 본부에서 한번쯤 일해보고 싶다는 생각을 해보았을 것이다. 싱가포르가 글로벌 인적자원의 용광로(Melting pot for human resources)가 된 배경에는 위와 같은 싱가포르의 국가정책이 있는 것이다.

기업의 인재양성 프로그램

일반적으로 한국 대기업의 인재양성 체계는 국내외 MBA 파견, 학술연수, 지역전문가 양성 등으로 구성돼 있다. 대기업의 이러한 인재양성 프로그램은 간부급 인력 또는 차세대 경영자를 양성하는 것을 목적으로 하는 핵심인력 양성 제도와 연결되며, 그 궁극적인 목표는 기업과 직원이 공동으로 성장하고 발전하는 것이다. 여기서는 한국의 대기업들이 운영하고 있는 인재양성 프로그램에 대해 자세히 살펴보도록 하겠다.

국내외 MBA 파견

국내외 MBA 파견은 우리나라의 상위 대기업들 대다수가 도입해 운영하고 있을 정도로 보편화된 인재양성 제도다. 특히 해외 MBA 파견은 글로벌한 감각을 갖춘 예비 경영자후보군을 양성하기 위해 가장 많이 활용되는 제도다. 파견대상 해외 경영대학원은 미국의 경우에는 보통 20~30위권에 속하는 경영대학원, 유럽의 경우에는 국가별 최상위 경영대학원이라고 보면 된다. 기업들은 자체적으로 파견대상 경영대학원 리스트를 작성해 놓고 활용하기도 하지만, 〈파이낸셜 타임스(Financial Times)〉와 같은 공신력 있는 언론기관에서 발표하는 MBA 과정 순위를 기준으로 삼기도 한다. 최근에는 기업들이 해외 MBA 과정만이 아니라 국내 MBA 과정에도 많은 인력을 파견하고 있다.

파견대상 MBA 과정은 두 분야로 나눌 수 있다. 그 가운데 하나는 일반 경영학습 중심의 MBA 과정인데, 이것이 우리가 일반적으로 알고 있는 MBA 과정이라고 생각하면 된다. 다른 하나는 테크노 MBA(Techno-MBA), 즉 기술 분야의 MBA 과정이다. MIT, KAIST 등이 테크노 MBA 과정을 제공하는 대표적인 학교인데, 이러한 테크노 MBA 과정에는 이공계 출신으로 기술 분야의 직무경험을 갖고 있는 인력이 주로 선발되어 파견된다.

학술연수

학술연수는 기업들이 전략적 기술역량을 확보하고 핵심인력을 양성하기 위한 제도로 활용하고 있으며, 주로 박사과정(Ph.D.)이나 박사 후 연구과정(Post Doc.)에 인력을 파견하는 방식으로 운영된다. 일부 기업은 회사의 업무와 직접적인 연관성이 없더라도 간접적인 연관성만 있다면 석사 이상의 학위 취득을 희망하는 직원에게 학술연수의 기회를 부여하기도 한다.

학술연수 파견대상은 회사 차원에서 적극적으로 유지(Retention)해야 하는 핵심인력이다. 최근에는 기업들이 보다 전문적인 기술인력이나 경영인력을 양성하기 위해 학술연수를 확대실시하는 추세를 보이고 있다. 학술연수 제도를 통해 회사가 기대하는 바는 미래의 전략기술 역량 확보, 핵심인력의 역량 개발을 통한 기업의 인적자원 강화, 핵심인력에 대한 재충전 기회 제공을 통한 성장비전 제시 등이라고 볼 수 있다. 또한 기업들은 학술연수 제도를 대내외적으로 홍보함으로써 외부 우수인력을 유치하고 내부 핵심인력의 유출을 막는 수단으로도 활용하고 있다.

학술연수는 기업이 대학교와 협정을 맺고 박사과정은 '2+2년', 석사과정은 '1+1년' 방식으로 운영하는 경우도 있다. 즉 연수기간 가운데 절반의 기간에는 대학교에 가서 연구활동을 하고 나머지 절반의 기간에는 회사에서 업무를 수행하면서 프로젝트 형식의 과제를 수행하는 것이다. 아래 표는 우리나라의 대기업들이 일반적으로 수립해 활용하고 있는 인재양성 체계를 간추려본 것이다.

| 한국 대기업의 인재양성 체계

	직급별 인재 양성	핵심인력 양성		글로벌 역량 강화
		경영 Track	기술 Track	
Executive 임원	임원 양성과정	최고 경영자 과정		법인장 양성
General Manager 부장	부장 양성과정	차세대 리더 과정 Succession Planning	학술연수	
Manager 차장/과장	차장 양성과정			해외 주재원 양성
	과장 양성과정	국내외 MBA	직무 전문가	지역 전문가
Assistant Manager 대리	대리 양성과정			
Staff 사원	신입 입문과정			

이 표를 보면 국내외 MBA 파견과 학술연수가 기업의 인재양성 체계에서 어떤 위치에 있는지를 알 수 있다.

지역전문가 양성

한국의 주요 대기업들은 지역전문가(Regional expert) 또는 글로벌 전문가(Global expert)라는 이름으로 우수한 직원들을 선발해 6개월 내지 1년 동안 해외에 파견하는 인재양성 제도를 운영하고 있다. 지역전문가는 주어진 기간 동안 파견대상 국가의 언어를 배우고, 그 국가의 문화를 체험하며, 현지인들과의 인맥을 구축하는 등 다양한 활동을 하게 된다. 또한 파견되는 직원은 파견기간 동안 자신의 직무역량을 향상시키기 위한 활동도 하게 된다. 이를 위해 파견되기 전에 과제를 부여받고, 그 과제의 내용에 따라 현지에서 '액션 러닝(Action learning)'* 을 수행한다. 프로젝트의 결과물은 파견기간이 종료된 뒤에 실제로 경영현장에 적용되기도 한다.

이러한 지역전문가 제도도 국내외 MBA 파견 제도와 더불어 기업의 우수인력 양성제도 가운데 하나다. 지역전문가 출신이 국내외 MBA 파견의 대상자로 선발되는 경우도 적지 않다. 국내외 MBA 파견 제도는 주로 간부급을 대상으로, 지역전문가 파견제도는 주로 사원이나 대리급을 대상으로 실시되는 글로벌 역

---

* 액션 러닝(Action learning)은 최근 인재의 육성 및 개발과 관련해 가장 주목받고 있는 학습방법이다. 액션 러닝은 학습자가 문제를 찾아내고 개선계획을 수립해 실행하는 과정에서 학습을 하는 것을 말한다. 액션 러닝은 실제의 경영현장에서 성과와 직결되는 이슈 또는 과제를 찾아내어 정해진 시점까지 해결하는 과정으로 진행된다. 따라서 액션 러닝은 개인의 역량과 조직의 역량을 동시에 향상시킬 수 있는 행동지향적 학습기법이라고 할 수 있다. 액션 러닝의 프로젝트를 수행하는 데는 그 성격에 따라 짧게는 몇 주에서부터 길게는 몇 개월까지의 시간이 소요된다.

	글로벌화의 수준			
	International 국제화 기업	Multinational 다국적 기업	Global 글로벌 기업	Transnational 초국적 기업
사업지역	국내시장 기반, 해외법인 구축	해외 직접투자, 권역별 선택적 진출	현지 연구개발, 현지경영 확대	본사의 국적개념 희석
사업전략	국내 제품생산 및 해외수출 중심	중점 국가별 진출	세계시장 점유율 확대	국경 없는 경쟁우위
글로벌한 사업	비중 낮음	중점 국가별 추진	국가별 기능분담	국내외 구분 없이 사업진행
글로벌한 사내문화	비중 낮음	주요 국가별 문화 강조	다양성 아래 권역별 문화 강조	국가별 구분 없는 문화
인력구성	국내인력 위주	현지 인력 소수	현지인력 비중 확대	필요에 따라 국내외 인력 선택적 활용
인력의 자질	현지 언어 구사	현지 문화 이해	글로벌한 다양성 수용	모국어와 영어간 경계 해소
인재양성의 초점	외국어 교육과 외국 문화 이해	지역 전문가 및 국내외 MBA	국내외 MBA 및 학술연수	글로벌한 전략적 리더 양성

참고: *Adler&Ghadar(1990), Society for Human Resources Management*

량 강화 프로그램이다. 위의 표는 기업의 글로벌화 단계에 따른 비즈니스 전략, 조직문화, 인재양성 제도 등을 보여준다. 이 표를 보면 국내외 MBA, 학술연수, 지역전문가 파견 등과 같은 인재양성 제도가 기업 글로벌화의 각 단계에서 어떠한 역할을 하고 있는지 알 수 있다.

기업의 인재 확보

예전에는 해외 MBA 학위를 취득한 사람들이 주로 투자은행, 컨설팅회사, 다국적기업에 입사하기를 희망했지만, 최근에는 해외 MBA 학위 취득자 가운데 국내 대기업에서 경력개발을 하고자 하는 사람들이 늘어나는 추세다. 이러한 변화를 가져온 요인으로는 여러 한국 대기업이 글로벌 플레이어(Global player)가 되면서 해외 인지도가 상승한 점도 꼽을 수 있지만, 무엇보다도 한국 대기업의 조직문화가 변화하면서 해외 MBA 취득자들의 선호도가 높아진 점도 있다. 다시 말해 한국 대기업의 종업원가치제안(EVP: Employee Value Proposition)* 수준이 높아지고 고용브랜드(EB: Employment Brand)†가 향상됨에 따라 근무만족도가 외국기업과 비교해 차이가 줄어들었거나 없어졌기 때문이다.

최근에는 '핵심인재 쟁탈전(Talent War)'이라는 말이 기업들 사이에 화두가 될 정도로 세계 각국의 기업들이 핵심인재 확보에 사활을 걸고 있다. 핵심인재 확보는 외부로부터의 영입(Buying)과 내부에서의 양성(Making)이라는 두 가지 방법으로 이루어지는 것이 일반적이며, 국내의 선두 대기업그룹을 기준으로 보면 핵심인재의 외부영입 대 내부양성 비율은 6 대 4 수준이다.

핵심인재의 외부영입은 주로 해외 또는 국내에서 MBA 또는 Ph.D.와 같은 학위를 취득하고 높은 전문성을 갖춘 우수인력을 대상으로 이루어지는데, 일반

---

* 종업원가치제안(EVP: Employee Value Proposition)은 기업이 추구하는 매력적인 직장 이미지를 의미한다. 기업이 어떠한 보상가치에 비중을 두고 그것을 종업원에게 제공할 것인가가 종업원가치제안의 핵심이다. 종업원가치제안은 예를 들어 '업무량은 많지만 자기계발 기회를 많이 제공하는 기업'이나 '연봉은 적지만 여가를 누릴 수 있는 시간과 관련 혜택을 많이 제공하는 기업'과 같은 기업의 종합적인 이미지를 가리킨다. EVP는 고용시장에서 기업의 고용브랜드(Employment brand)를 향상시켜 주며, 이런 맥락에서 우수인재를 유인하는 수단으로 활용된다.

† 고용브랜드(EB: Employment Brand)는 기업의 고용관계에 대해 기업 내부와 외부의 사람들에게 인식되는 그 기업의 총체적인 이미지를 의미한다. 기업은 자사가 필요로 하는 핵심인재를 확보, 양성, 유지하기 위해 양호한 고용브랜드를 구축하고 유지하려고 한다.

직원을 채용할 때보다 훨씬 더 까다로운 검증절차가 적용되는 것이 일반적이다. 그런가 하면 핵심인재의 내부양성은 조직 내 우수인력을 대상으로 이루어지는데, 기업은 선발된 우수인력을 지역전문가 양성과정이나 국내외 MBA 과정에 파견해 각자의 분야에서 전문가 수준의 지식을 갖추는 동시에 일반적인 경영학 지식도 쌓도록 지원한다.

또한 외부에서 영입되거나 내부에서 양성된 우수인재 가운데 회사 차원에서 보다 적극적으로 유지할 필요가 있다고 판단되는 인재에 대해서는 회사가 그 인재의 학술연수(박사과정 또는 박사 후 연구과정 이수)을 지원하기도 한다. 학술연수까지 받게 되는 인력은 회사의 경쟁력 강화에 반드시 필요한 차세대 리더 수준의 인재라고 볼 수 있다.

기업들은 외부영입과 내부양성이라는 두 가지 경로를 통해 확보하고 양성한 우수인력들을 직무별 핵심인재로 간주하고, 그들에 대해 별도의 트랙(Track)을 통해 차별화된 경력개발을 해나갈 수 있도록 지원하고 관리한다. 앞에서 살펴본 바와 같이 대기업들은 이런 인재들을 등급화하는 것을 통해 경력개발 지원의 목적을 명확하게 하고 있고, 승계계획(Succession planning)♠과 연계시켜 부서장, 임원, CEO 후보 등과 같은 미래 리더를 사전에 확보하고 양성한다는 차원에서 그들을 관리하고 있다.

♠ 승계계획(Succession Planning)은 리더가 될 만한 자질을 갖춘 우수인력들을 사전에 선발해 체계적인 교육과 관리를 실시함으로써 성과를 창출할 수 있는 준비된 리더로 육성하고 미래의 관리자 인력 풀(Pool)로 확보하고자 하는 인재양성 제도를 말한다. 일반적으로 기업에서는 이 제도를 '차세대 리더 양성 프로그램'이나 이와 비슷한 이름으로 운영하고 있다. 이 제도의 시초는 미국 GE의 '세션 시(Session C)'라고 할 수 있다.

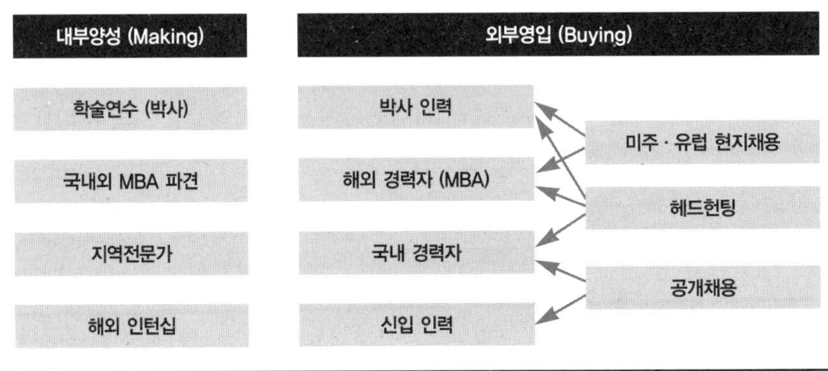

위의 표는 핵심인재를 확보하기 위한 한국 기업들의 내부양성(Making) 및 외부영입(Buying) 경로를 도식화해본 것이다.

기업들은 핵심인재의 유지에도 많은 노력을 기울이고 있다. 최근에는 기업들이 핵심인재 양성(Talent management)[†] 차원에서 핵심인재를 확보하고 유지하기 위한 전담조직(또는 전담부서)을 별도로 설치해 운영함으로써 핵심인재 관련 업무를 보다 전문화하는 추세를 보이고 있다.

그런데 여기서 주목해야 할 사실은 기업은 외부영입 대상자와 내부양성 대상자를 상이한 관점에서 바라본다는 점이다. 즉 외부영입 대상자에 대해서는 내

[†] '탤런트 매니지먼트(Talent Management)'는 넓은 의미로 볼 때 우수인력을 양성하고, 유지하고, 유인하기 위한 포괄적인 HR 프로세스라고 정의할 수 있다. 기업에서는 일반적으로 이 개념을 가리키는 용어로 '핵심인재 양성'이라는 말을 사용하고 있다. '핵심인재 양성' 제도는 기업의 철학, 조직문화, 성과기반 인사제도, 인재개발 등 HR과 관련된 모든 분야와 밀접하게 연관된다고 할 수 있을 정도로 그 운영범위가 넓다. 한국에서는 HR 체계가 잘 갖추어져 있는 대기업들을 중심으로 이 제도가 활발하게 도입되어 운영되고 있다.

부양성 대상자의 경우에 비해 개인의 경력개발과 발전이라는 관점에서보다는 인적자원에 대한 투자 대비 성과(ROI: Return on Investment)라는 관점에서 바라보는 것이다.

따라서 대기업의 핵심인재가 되어 미래에 임원이나 경영자가 되기를 꿈꾸는 MBA 취득자들은 학위취득 이전의 경력, MBA 과정을 통해 향상된 역량과 지식수준, 그리고 이런 것들을 바탕으로 향후 기업의 어떠한 분야에서 어떠한 수준의 성과를 자신이 낼 수 있을지를 분명하게 제시할 수 있어야 한다.

2장

MBA의 역사를 알면 미래가 보인다

이 장에서는 우선 MBA의 시초로 알려진 미국 MBA에 대해 그 발전과정, 경쟁우위 요소, 향후전망 등을 살펴봄으로써 미국 MBA의 장단점을 재조명하고, 이어서 최근 세계 경영교육 시장에서 급부상하고 있는 유럽 MBA에 대해 자세히 알아본 뒤 유럽 MBA만의 장단점을 살펴볼 것이다. 미국 MBA와 유럽 MBA를 비교분석하다 보면 그동안 미국 MBA에 편향됐던 우리의 MBA관을 바로잡을 계기를 얻게 될 것이다.

이 장의 내용을 충실히 읽고 그 내용을 이해한다면 MBA에 대해 보다 균형 잡힌 관점을 갖게 될 것이고, 그러한 관점은 자신에게 가장 적합한 MBA 과정을 찾는 데 토대가 될 것이다.

미국 MBA의 역사

MBA(Master of Business Administration; 경영학 석사)는 미국 경영교육의 산물이며 미국에서 시작됐다는 사실을 모르는 사람은 드물 것이다. 미국의 경영교육은 부기와 회계학의 연장선에서 출발했고, 최초의 MBA 과정은 1900년에 다트머스대학교(Dartmouth College)에 개설됐다. 하지만 본격적인 MBA 과정은 펜실베이니아대학교(University of Pennsylvania)의 와튼스쿨(Wharton School)에서 발전했다고 보는 게 타당할 것이다. 와튼스쿨은 지금의 MBA 과정과 유사한 형태로 경영교육을 실시하는 학위과정을 1920년대부터 운영해 왔다. 바로 이 와튼스쿨이 미국 경영교육의 현대화와 확산을 주도하면서 미국의 MBA 과정뿐만 아니라 유럽의 MBA 과정에도 직접적인 영향을 미쳤다.

미국 경영대학원의 발전은 미국 자동차회사의 발전과 관계가 있다. 특히 포드(Ford)사가 1908년에 출시한 'T형 모델' 이 불러온 생산혁명은 기업경영에 대한 학계의 연구를 촉진시켰다. T형 모델 이전의 미국 자동차는 표준화된 생산공정이 명확하게 확립되지 않은 가운데 대부분 사람의 손으로 조립됐다. 하지만 포드사는 이러한 수공업형 공장운영에서 탈피해 투입인력에 대한 과학적 관리, 체계적인 부품 공급, 조립절차(컨베이어벨트) 개선, 부품의 규격화 등을 통해 표준화된 생산공정을 확립함으로써 보다 효과적으로 제품을 생산해서 높은 수익을 거두게 된다.

이러한 포드사의 경영사례에 대해 미국의 대학들이 주목하게 됐고, 이에 따라 그 전에는 학계에서 천대를 받다시피 했던 경영학의 역할이 커지게 됐다. 공장운영과 기업경영에 대한 새로운 성찰을 요구하는 시대적 흐름은 학문의 전당인 대학에서 경영과 관련된 전공학위 과정이 발전하는 결과를 가져왔다. 예를 들어 생산공정의 투입시간과 제조동작에 대한 연구(Time & Motion Study)가 촉진됐고, 그 과정에서 기업경영의 시스템적 효율성 개선과 공학적 접근을 통한 제조공정의 생산성 향상을 위한 연구가 이루어졌다. 그 뒤로 대규모 기업들이 많이 등장하게 되면서 조직체계, 의사결정구조, 조직문화, 팀워크, 리더십 등 보다 다양한 분야로 경영학의 관심이 점점 더 확대됐다.

1960년대와 1970년대를 거치면서 미국 전역에 걸쳐 MBA 과정을 개설해 운영하는 대학이 크게 늘어났고, 미국 경제가 팽창세를 보인 1980년대와 1990년대에는 다양한 교육과정과 콘텐츠를 갖춘 미국의 경영대학원들이 전 세계에서 지원자들을 끌어들였다. 이에 따라 미국의 경영대학원들은 미국의 교육산업을 대표하는 위치에까지 오르게 되면서 '미국의 경영교육=MBA' 라는 등식이 성립하기에 이르렀고, MBA 과정이 대표적인 교육산업의 위상을 갖게 됐다.

이렇게 미국에서 태동하고 발전한 MBA 과정은 미국의 경영시스템이 전 세계 비즈니스의 표준으로 자리 잡게 하는 데도 큰 역할을 했다. MBA 과정의 교육 콘텐츠 역시 미국 경영현실의 특징을 그대로 담고 있으며, 주로 미국 기업의 여건과 상황에 맞는 관리자를 양성한다는 목적 아래 기업 내 각 기능을 조율할 수 있는 역량을 기르는 데 중점을 두었다. 또한 일반경영 중심의 커리큘럼에 머물지 않고 차츰 재무, 회계, 마케팅, HR 등 다양한 분야의 집중과정으로도 발전하기에 이르렀다.

특히 경제가 글로벌화되면서 비즈니스의 국가별, 분야별, 기능별 경계가 중첩되거나 약화됨에 따라 미국 기업의 사례를 중심으로 운영됐던 기존의 커리큘럼에 대한 비판이 제기됐다. 이에 따라 최근에는 글로벌한 시각과 기업윤리를 강조해온 유럽의 경영대학원들이 전 세계 경영교육시장에서 주목을 받게 되면서 미국의 경영대학원들과 경쟁관계에 들어섰다. 그리고 이러한 변화에 발맞춰 미국의 경영대학원들도 글로벌한 다양성을 중시하고 기업윤리를 강조하고 나서는 등 교육과정의 개편에 박차를 가하고 있다.

미국 MBA의 장점

오랜 기간 동안 MBA라고 하면 으레 미국 경영대학원의 경영학석사를 가리키는 것으로 인식돼온 탓도 있겠지만, 특히 한국인인 우리의 입장에서는 미국 MBA만의 장점을 객관적으로 이해하기가 쉽지 않을 수 있다. 왜냐하면 한국과 미국 사이의 정치적, 경제적 관계가 지닌 특수성이 한국인들로 하여금 미국 MBA만을 바라보게 하는 측면이 있기 때문이다. 하지만 이런 측면은 최근 들어 약화되고 있다. 실제로 유럽과 아시아의 MBA 과정들이 글로벌 경영교육시장에서 약진하면서 유럽과 아시아의 MBA 과정을 선택하는 한국인들이 점점 늘어나고 있다. 특히 다양성을 강점으로 갖고 있는 유럽 MBA 과정들이 빠르게 성장하고 있는 점은 주목할 만하다. 이러한 최근의 상황을 염두에 두고 미국 MBA 과정을 살펴보면 그 고유한 장점, 즉 경쟁우위(Competitive advantage)의 요소는 다음 네 가지라고 할 수 있다.

1. 글로벌 비즈니스 트렌드를 주도한다

미국 MBA 과정이 갖고 있는 가장 큰 장점은 글로벌 비즈니스 트렌드를 교육과정에 빠르게 반영하는 동시에 주도한다는 점이다. 미국 경영대학원의 커리큘럼은 세계의 경제상황 및 경영의 트렌드와 연동된다고 볼 수 있으며, 그러한 변화에 대응할 수 있도록 과정 참여자들을 교육한다.

예를 들어 현재 전 세계 대부분의 경영대학원에 개설돼있는 전자상거래
(e-Commerce), 기업가정신(Entrepreneurship) 등의 과목이 미국 경영대학원의
경우에는 인터넷 벤처 태동기에 이미 MBA 과정 안에 개설됐다. 인터넷 환경에
대한 미국 경영대학원의 이런 발 빠른 대응은 구글(Google), 야후(Yahoo)와 같
은 새로운 기업과 인터넷 기반 산업의 발전에 적잖이 기여한 것으로 평가되고
있다. 심지어는 미국이 글로벌 비즈니스 기회의 발생지이자 목적지로서의 역할
을 하게 만든 힘은 MBA 과정을 비롯한 경영교육에서 나왔다고 말하는 사람들
도 있다.

2. 미국 경제의 위상에 힘입고 있다

미국의 경영대학원이 가진 또 하나의 장점은 미국 경제의 위상 그 자체다. 세계
의 경제구도가 예전과는 많이 다르게 변화하고 있기는 하지만, 아직까지는 미국
경제의 체력이 상대적으로 튼튼하다고 볼 수 있다.

달러화가 세계경제에서 기축통화로서의 역할을 계속 유지할 수 있을지의
여부를 검토해보면 미국 경제의 향방을 어느 정도 예상할 수 있다. 최근 국제 금
융시장에서 달러화의 가치가 하락하는 양상이 나타나기도 했지만, 가까운 시일
안에 통화전쟁이 본격화해서 달러가 폭락할 것이라고 단언하기는 어렵다. 전 세
계 경제에서 미국 경제가 갖고 있는 위상과 그 영향력이 워낙 크기 때문이다. 유
럽 이외의 지역에서는 유로화의 영향력이 아직 미미한 수준이며, 가까운 시일 안
에 유로화가 국제 금융시장을 주도하게 되기는 어렵다는 의견이 대세다.

이렇게 볼 때 미국 중심의 세계 경제구도에는 당분간 큰 변화가 없을 것으
로 예상되며, 미국 MBA 과정이 갖고 있는 위상도 당분간 크게 달라지지 않을 것
으로 보인다. 그렇지만 유럽지역의 MBA 과정이 빠르게 발전하고 있는 점은 주

목해야 하며, 이는 우리에게 선택의 폭이 그만큼 넓어진 것으로 이해하면 된다.

3. 한미간 특수한 관계가 뒷받침하고 있다

앞에서도 언급했지만, 한국과 미국 사이에 형성된 특수한 관계 역시 우리에게는 미국 MBA의 장점이 되는 요소다. 이 때문에 한국에 진출해 있는 유럽 기업들조차 유럽 경영대학원 출신 못지않게 미국 경영대학원 출신을 신뢰한다.

그러므로 한국인으로서 MBA 과정에 진학하고자 할 때 미국 MBA 과정을 우선적으로 고려해보는 것이 어쩌면 불가피하다. 미국 MBA 과정으로 진학하는 것이 MBA 취득 이후의 경력개발에 대해 보다 안정적인 기대를 할 수 있게 해주기 때문이다. 그러나 MBA 취득자는 경력개발 과정에서 자신과 동일하거나 비슷한 학업경력을 가진 다른 많은 사람들과 경쟁을 해야 하는데, 미국 MBA 취득자의 경우에는 이러한 경쟁에서 자신을 어떻게 차별화해야 하는지를 고민해봐야 할 것이다.

4. 학업환경이 유리하다

MBA 과정을 성공적으로 이수하기 위해서는 자신이 선택한 학교의 주변환경도 점검해봐야 한다. 미국은 우리에게 가장 큰 유학 대상국이어서 그동안 수많은 유학생이 거쳐 갔으므로 한국인 유학생의 입장에서 학업환경과 거주환경의 안전성이 어느 정도 검증된 나라라고 볼 수 있다. 미국의 어느 주(State)에나 한인 커뮤니티가 발달해 있으므로 어느 유학생이나 미국에서 공부하면서 생활해나가기가 비교적 용이하다. 이런 점은 우리에게 미국 MBA 과정이 제공하는 편의이자 그 장점으로 볼 수 있다.

사실 MBA 과정에 진학하고자 하는 사람이라면 해당 학교의 주변환경과 거주어건을 미리 잘 살펴봐야 한다. MBA 과정은 주어진 시간에 비해 학업의 양이 엄청나게 많기 때문에 학업의 여건과 생활의 여건이 균형 있게 뒷받침해주지 않으면 성공적으로 그 과정을 이수하기가 만만치 않기 때문이다. 따라서 MBA 과정에 진학하고자 하는 사람은 '타운 앤드 가운(Town & Gown)'*의 관점에서 유학하고자 하는 학교와 주변환경을 살펴볼 필요가 있다. 무리 없는 유학생활을 하기 위해서는 타운과 가운의 수준차이가 크지 않은 곳을 선택하는 것이 바람직하다.

유럽 MBA의 역사

유럽 MBA의 시초

유럽에서 최초로 개설된 MBA 과정은 기존의 대학과 독립적으로 개설된 것으로는 프랑스의 파리 근교에 위치한 인시아드(INSEAD; Institut Européen d'Administration des Affaires)의 MBA 과정으로 알려져 있고, 기존의 대학에 개설된 것으로는 아

---

* '타운 앤드 가운(Town & Gown)' 에서 '타운' 은 지역사회를 가리키고, '가운' 은 대학 졸업가운에서 유래한 말로서 대학사회를 가리킨다. 이 말은 대학과 지역사회 간 협력관계나 대립관계, 갈등관계 등을 설명할 때 자주 사용된다. 이 말의 유래는 1355년에 영국 옥스퍼드 지역에서 발생한 사건으로 거슬러 올라간다. 전통적으로 영국의 대학과 지역사회는 좋은 관계가 아니었다. 어느 날 한 펍(Pub)에서 학생들과 지역주민들 사이에 언쟁이 일어나 큰 싸움으로 번져서 옥스퍼드대학 학생 6명이 사망하는 일이 벌어졌고, 그 뒤로 대학과 지역사회 사이의 갈등관계가 1800년대 초까지 이어졌다고 한다. 이러한 역사를 배경으로 '타운과 가운의 갈등(Town and Gown Conflict)' 이라는 말이 생겨나게 됐다. 하지만 오늘날에는 대학과 지역사회 사이의 유대와 협력이 강조되면서 '타운 앤드 가운' 이라는 말이 부정적인 의미로 사용되기보다는 긍정적인 의미로 사용되는 경우가 많다. 최근에는 우리나라에서도 시, 군, 구에서 대학의 지원을 받아 지역사회 단위의 평생학습 체제를 구축하는 사업을 벌이면서 그 취지와 배경을 설명할 때 이 말이 사용되고 있다.

일랜드의 수도인 더블린에 위치한 더블린대학교(UCD; University College Dublin)의 MBA 과정으로 알려져 있다.

인시아드는 1957년에 설립됐으며, 인시아드의 MBA 과정은 기존의 대학 안에 개설된 것이 아니라 처음부터 독립적인 전문 경영대학원의 형태로 개설돼 운영돼왔다. 이 학교는 1960년에 첫 MBA 졸업생을 배출했고, 1968년부터는 파트타임 과정도 제공하기 시작했다.

아일랜드 최고의 명문 종합대학교인 UCD는 1964년에 경영대학 안에 MBA 과정을 개설했으며, 대학 차원의 유럽 MBA 과정으로는 이것이 효시다. UCD는 처음부터 자국민에게만이 아니라 직장경력을 갖고 있는 유럽 각국의 지원자들에게 폭넓게 문호를 열어놓았고, 오늘날의 MBA 과정과 비교해 봐도 교육내용이나 운영형태의 측면에서 차이점을 거의 찾아볼 수 없을 정도로 진보된 형태로 운영됐다.

지금도 그렇지만 1960년대 당시에도 프랑스는 영국, 독일과 함께 유럽의 선진국이었다. 따라서 유럽의 MBA 과정이 프랑스에서 가장 먼저 개설됐다는 것은 하나도 이상할 것이 없다. 그러나 유럽의 변방국가로만 알려졌던 아일랜드(Republic of Ireland)의 UCD에 대학의 MBA 과정으로는 유럽 최초의 과정이 개설됐다는 사실이 잘 납득되지 않는 독자들이 있을 것이다.

그러나 아일랜드는 전통적으로 경제협력개발기구(OECD)로부터 고등교육을 비롯한 교육 분야에서 세계 최상위 수준에 있는 나라로 평가받아온 교육강국이다. 대학교육을 예로 들어보면, 전 세계의 100대 최우수 대학교 명단에 아일랜드를 대표하는 두 개의 대학교, 즉 더블린대학교(UCD)와 더블린트리니티대학교(Trinity College Dublin)가 매년 그 이름을 올리고 있다.

최근 아일랜드가 눈부신 경제성장을 이룬 배경에도 아일랜드의 높은 교육

수준이 자리 잡고 있다. 또한 1960년대에 아일랜드에서 양질의 교육을 받은 이 나라의 많은 인재들이 자기 나라의 열악한 경제여건으로 인해 대학졸업 후에 취업하기가 어렵자 미국과 유럽의 다른 나라들로 이민을 가게 되며, 이들 가운데 많은 사람들이 기업경영자로 성공하게 된다.

1990년대 이후로 국제적인 자본이동이 활발해지자 아일랜드 정부는 그러한 상황을 기회로 삼아 미국과 유럽에서 투자를 유치하는 활동을 공격적으로 벌이게 된다. 이에 힘입어 1990년대 이후로 아일랜드에 대한 외국인직접투자(FDI; Foreign Direct Investment)가 급속하게 늘어나게 되는데, 그때 아일랜드에 설립된 외국인투자기업 중에는 1960년대에 아일랜드를 떠났던 이민자 또는 그 후손이 경영진에 포함된 회사가 적지 않았다고 한다.

1990년대 이전에는 별다른 산업기반을 갖고 있지 못했던 아일랜드가 1990년대 이후로는 세계에서 유례가 없을 정도로 단기간에 금융 및 하이테크 산업 분야의 국제적인 투자처로 탈바꿈하게 된다. 그러면서 국민소득이 빠르게 증가해 북유럽 국가들과 비슷한 유럽 최고 수준에 이르게 됐다.

아일랜드의 수도인 더블린에 있는 국제금융센터(IFSC; International Financial Services Centre)에는 세계의 주요 금융기관들 대다수가 입주해 있으며, 이곳은 서울의 여의도에 건설되고 있는 서울국제금융센터(SIFC; Seoul International Financial Center)의 모델이기도 하다. 또한 더블린 인근에는 IT와 제약 분야의 다국적기업 유럽본부가 다수 위치하고 있어 아일랜드 경제에 힘을 보태고 있다.

이렇게 볼 때 아일랜드가 급속한 경제성장을 이루게 된 데는 유럽에서 최초로 대학에 MBA 과정이 개설됐을 정도로 높은 교육역량과 국제적인 기반시설이 중요한 역할을 한 것으로 여겨진다.

찰스 핸디

유럽 MBA의 역사를 말할 때 반드시 언급해야 하는 인물이 있다. 바로 찰스 핸디(Charles Handy)라는 경영사상가다. 1932년에 아일랜드의 소도시 킬데어(Kildare)에서 태어난 그는 1950년대 초에 영국으로 건너가 옥스퍼드대학교에서 공부했고, 대학을 졸업한 뒤에는 다국적 석유회사인 셸(Shell)에서 근무한 데 이어 런던비즈니스스쿨(London Business School)의 교수를 역임했다. 또한 그는 경영과 경제에 대한 깊은 지식과 통찰력을 바탕으로 많은 책을 저술했고, 영국 정부의 여러 교육관련 위원회를 맡아 이끌기도 했다.

찰스 핸디는 1960년대에 영국 정부의 교육정책과 관련된 일을 하고 있다가 우연한 기회에 정부의 지원을 받게 되어 1966년에 미국 유학길에 오른다. 그가 간 곳은 미국의 명문 경영대학원인 MIT 슬론(Sloan) 경영대학원이었다. 그는 여기서 당시 유럽인들에게는 다소 생소했던 MBA 과정에 참여했는데, 찰스 핸디의 이곳 경험이 유럽 MBA의 발단이 됐다고 볼 수 있다. MIT 슬론의 MBA 과정은 기존의 영국 교육제도에 바탕을 둔 찰스 핸디 자신의 교육철학을 무너뜨릴 정도로 그에게 충격적이었다.

특히 그는 학습자들 사이의 토론, 사례조사 및 발표, 교수와의 토론 등을 통해 경영과 관련된 문제에 대한 해법을 찾는 영국식 교육방식의 틀을 넘어 학습자들 자신의 경험도 중시하는 미국 경영대학원의 교육방식에 깊은 인상을 받았다. 다시 말해 '이론'과 '개념'을 익히는 데서 그칠 것이 아니라 '경험'까지 결합시키는 방식으로 교육이 이루어져야만 경영과 관련된 문제에 대한 올바른 해법이 찾아질 수 있다는 점을 절감하게 된 것이다. MIT 슬론의 과정을 마친 찰스 핸디는 거기서 보고 배운 새로운 미국식 경영교육 방식을 영국의 상황에 적합하게 다듬어 적용하게 된다. 이러한 그의 노력은 1968년에 런던경영대학원

(LBS; London Business School)에 MBA 과정이 개설되는 성과를 낳았다.

그 뒤 1987년에 그는 흔히 '핸디 리포트(Handy Report)'라고 불리는 '경영자 만들기(The Making of Managers)'라는 보고서를 작성해 영국 정부에 제출하게 된다. 그는 이 보고서에서 영국 기업의 임원들은 대부분 고등학교까지의 의무교육을 받은 뒤에 별도로 전문적인 지식을 습득하기 위한 교육을 받지 않았다는 사실을 밝히면서 영국의 경영교육과 관련 훈련의 수준이 미국을 비롯한 다른 선진국들에 비해 매우 뒤처져 있다고 지적한다. 그는 이에 대한 해결책으로 국가 차원에서 경영교육에 대해 관심을 가질 것과 경영교육에 우선순위를 두고 투자를 할 것을 강력하게 주장한다.

또한 핸디는 이 보고서에서 경영교육의 개선을 위한 경영자자격기준위원회(MCI; Management Charter Initiative)의 설립을 주창했고, 이 제안이 영국 정부에 의해 받아들여져서 MCI가 1988년에 설립되어 1991년까지 경영교육의 개선과 교육과정 개발을 위한 국가위원회 형태로 운영됐다. 이 위원회는 경영교육과 교육과정 개발 분야에서 800개 이상의 기업들을 지원했다.

그 뒤로도 찰스 핸디는 경영교육에 대한 개선책을 여러 차례 영국 정부에 제안했고, 1990년대에 영국에서 경영대학원이 발전하는 과정에서 중추적인 역할을 했다. 이처럼 영국 MBA의 태동과 발전은 찰스 핸디가 미국 MBA 과정에 참여해본 경험과 그 경험을 바탕으로 그가 작성한 '핸디 리포트'에서 비롯됐다고 볼 수 있다.

유럽 MBA의 발전

영국의 경영교육에 대한 찰스 핸디의 노력과 업적을 제대로 이해하기 위해서는 비즈니스와 경영에 대한 과거 유럽인의 인식을 살펴볼 필요가 있다. 1950년대의 유럽인에게는 비즈니스를 공부하기 위해 대학에 간다는 것 자체가 납득되는 일이 아니었다. '비즈니스맨'은 사회적 신분이 낮은 사람으로 간주됐고, 사업가를 양성하거나 자수성가한 기업가를 존경하는 것은 유럽인의 관습이 아니었다.

영국도 예외가 아니었기에 1960년대가 되어서야 비로소 경영 분야의 전문적인 인재가 부족함을 깨닫고, 이런 문제를 해결하기 위한 방안을 국가 차원에서 고민하게 된다. 비즈니스맨은 전통적인 의미의 '신사(Gentleman)'가 아니라는 영국인의 의식이 영국의 식민지였던 아일랜드 출신의 찰스 핸디라는 인물로 인해 바뀌게 됐다는 점은 아이러니하다.

당시 영국의 지식인들은 영국보다 국력이 한참 뒤진다고 여겼던 프랑스와 아일랜드에서 경영교육이 먼저 시작되는 것을 지켜보았고, 그러면서 경영교육 분야에서 영국이 뒤지고 있다는 점에 대해 자성하게 됐다. 그러던 중에 찰스 핸디를 비롯한 이 분야 선각자들의 자극을 받아 영국에서도 1960년대 말부터는 LBS를 필두로 런던에 소재한 대학들을 중심으로 MBA 과정이 개설되기 시작했고, 1990년대에는 영국 나름의 특성이 있는 MBA 과정이 자리잡기에 이르렀다.

이러한 흐름에도 불구하고 영국의 대표적인 두 명문대학, 즉 옥스브리지 (Oxbridge; 옥스퍼드대학교와 케임브리지대학교)는 경영교육에 소극적이어서 경영대학원 개설을 오랫동안 기피했다. 이 두 대학은 '우리는 전통적인 학문을 중심으로 하는 수준 높은 교육기관이지 전문적인 비즈니스 인력을 양성하는 기술대학이 아니다'라는 입장을 지키면서 경영대학원 설립에 관한 정부와 산업계의 요구 또는 권고를 받아들이지 않으려 했다.

그러나 이 두 학교도 세계경제의 새로운 조류와 경영교육에 대한 수요를 더 이상 외면하지 못하고 1996년과 1990년에 각각 MBA 과정을 개설했다. 이 두 대학에 MBA 과정이 개설된 것은 당시의 영국 교육계에서 하나의 사건으로 여겨졌다. 그리고 이때에도 찰스 핸디가 등장한다. 그는 케임브리지대학교의 경영대학원 설립위원회에 자문위원으로 위촉되어 이 대학의 MBA 과정 개설에서 주도적인 역할을 했다.

이렇게 보면 영국 MBA의 태동과 발전, 그리고 그 완성은 찰스 핸디의 인생과 함께해 왔다고 해도 과언이 아니며, 그 밖의 유럽 각국에 개설된 MBA 과정도 그의 영향을 직간접적으로 받았다.

찰스 핸디와 영국 정부가 기울인 노력의 결과로 영국의 주요 대학들 대부분이 MBA 과정을 개설해 운영하게 됐고, 그 밖의 여러 유럽 국가의 대학들도 이러한 영국의 움직임에 영향을 받아 속속 MBA 과정을 개설하기에 이르렀다. 유럽에서 발전된 MBA 과정을 운영하는 경영대학원이 있는 대표적인 나라로는 영국 외에 프랑스, 스페인, 아일랜드, 네덜란드, 스위스, 이탈리아 등을 꼽을 수 있다. 이들 국가는 각각 자국의 경제환경, 경영여건, 학교제도 등의 특성에 맞는 MBA 과정을 개발해 운영해 왔는데, 전반적으로 보면 그 과정에서 유럽연합(EU)이라는 정치경제적 환경을 비롯한 지역적 공통점을 바탕으로 미국과는 다소 다른 형태로 MBA 과정을 발전시켜 왔다.

유럽의 MBA 과정은 처음부터 미국의 영향을 크게 받으면서 발달한 것이 사실이지만, 미국의 경우에도 1960년대 이후에야 MBA 과정이 본격적으로 확산되기 시작했다는 점을 감안하면 유럽의 MBA 과정이 결코 짧은 역사를 가진 것은 아니다. 유럽의 MBA 과정도 나름대로 독자적인 역사와 전통을 쌓아 왔다고 봐야 한다. (참고문헌: Jonathan Winterton and Ruth Winterton(2002). Evaluating the Impact of Management Development on Performance, Routeledge, 참고 인터넷사이트: http://en.wikipedia.org/wiki/Charles_Handy, http://www.thinkers50.com/biographies/43/2009)

유럽 MBA의 장점

다음으로 최대한 객관적인 근거를 바탕으로 유럽 MBA의 장점을 설명해 보고자 한다. 여기서는 미국 MBA에 비교해 유럽 MBA의 학업기간이나 소요비용이 어떠한가 하는 외형적인 차이에 대해서는 언급하지 않겠다. 그 이유는 MBA 과정의 장단점을 외형상의 수치로 비교하는 것은 큰 의미가 없으며, MBA 과정에 진학하고자 하는 사람 개인의 입장에서도 학업기간이나 소요비용에 대한 판단은 보는 관점과 필요로 하는 바에 따라 다를 수 있기 때문이다. 그러나 학업기간이나 소요비용이 현실적으로는 중요한 문제이기 때문에 나중에 따로 다루도록 하겠다.

아울러 MBA 과정을 미국, 유럽, 국내 가운데 어디에서 밟을 것인지에 대한 결정은 전적으로 지원자 스스로가 자신에게 가장 적합하다고 판단하는 과정을 선택하는 문제와 직결된 것이므로, 여기서 어느 지역의 MBA 과정보다 어느 지역의 MBA 과정이 더 낫다는 식으로 지역간 우열을 따지는 비교는 하지 않는 게 바람직할 것이다.

이와 같은 관점을 전제로 해서 내가 생각하는 유럽 MBA의 장점을 압축하면 다음 네 가지로 정리할 수 있겠다.

1. 기업과의 연계가 잘 돼있다

유럽의 MBA 과정이 갖고 있는 가장 두드러진 특징은 기업과의 유대 또는 연계가 매우 강하다는 점이다. 유럽의 경영대학원들은 자국 기업 또는 자국에 진출해 있는 다국적기업과 연계된 프로그램을 다양하게 운영하고 있다. 유럽의 경영대학원에서는 학기 중에 학교와 기업이 공동으로 세미나나 워크숍을 열고 정규

과목도 그렇게 운영하는 경우가 많으며, MBA 과정의 학생들은 당연히 이런 행사나 정규 과목에 참여하게 된다.

학교별로 차이는 있으나 MBA 과정의 학생들은 보통 한 학기(Period)에 기업과 연계된 프로젝트를 한 개 이상 수행한다. 이러한 과정에서 학교와 기업 사이에, 그리고 기업과 학생 사이에 유무형의 관계가 형성되고, 기업은 MBA 과정의 학생들을 관찰한다. 유럽의 경영대학원들은 이러한 우호적 관계가 형성되는 것이 졸업생의 취업률에 직간접적으로 영향을 미치게 된다는 점을 잘 알고 있고, 그래서 이런 과정을 다양한 방법으로 지원한다. 리크루터의 입장에서도 기업과의 연계 수준이 높은 경영대학원 출신이 보다 현실적인 감각을 갖고 있고 실무에서 활용가치가 높기 때문에 채용할 때 그러한 경영대학원 출신을 선호한다.

비즈니스의 실무에서 강점을 가진 경영대학원이 결국은 MBA 과정의 경쟁에서 살아남는다는 최근의 추세를 고려하면, 기업과의 연계가 강하다는 유럽 MBA 과정의 특징은 시사하는 바가 크다.

2. 분위기가 국제적이다

분위기가 국제적이라는 점도 유럽의 MBA 과정이 갖고 있는 특징이다. 유럽이 비즈니스 환경이라는 측면에서 미국보다 글로벌하다는 것은 의문의 여지가 없는 사실이다. 유럽은 다양한 국가들이 모여서 이루어진 지역이고, 그렇다 보니 유럽의 MBA 과정 역시 글로벌화돼있다. 특히 교수와 학생들의 출신국가와 출신배경이 매우 다양하므로 유럽의 MBA 과정을 밟다 보면 국제적인 인맥 구축이 자연스럽게 이루어질 수 있다. 그래서 유럽 MBA 취득자들은 기업 내 조직적응성이 뛰어나고 관계지향적이며 협력적이라는 평가를 기업들로부터 받고 있다.

다음에 인용하는 미국 〈월스트리트 저널〉의 기사도 유럽 MBA 과정의 이러한 특징에 주목하고 있다. 바로 이런 특징으로 인해 유럽의 MBA 과정에 대한 미국 학생들의 관심이 높아지고 있으며, 미국 학생들의 참여가 늘어나면서 유럽의 MBA 과정이 더욱 국제적이고 다양해지는 방향으로 발전하고 있다는 것이다.

유럽 MBA, 미국에 도전장

유럽의 유수한 경영대학원들이 미국에서는 찾아보기 힘든 국제화된 교내문화와 학풍을 장점으로 MBA 과정에 미국 학생을 적극적으로 유치하는 마케팅 전략을 펼치고 있다. … 영국의 경영대학원들은 영국과 미국의 역사적인 관계, 스페인의 경영대학원들은 미국에서 히스패닉 인구의 증가로 인해 점차 중요성이 높아지는 스페인어를 배울 수 있다는 점을 내세워 미국 학생을 유인하고 있다.

이에 따라 유럽으로 눈을 돌리는 미국의 MBA 과정 지망생 수가 점점 더 늘어나는 추세다. 이번 가을학기에 프랑스 파리고등상업학교(HEC Paris)의 MBA 과정에 입학한 미국 학생은 전체의 20%에 달할 정도로 많아졌고, 스페인 바르셀로나에 있는 에사데(ESADE) 경영대학원의 18개월 MBA 과정은 등록학생의 11%, 1년 MBA 과정은 등록학생의 14%를 미국 학생이 차지하고 있다. …

– 〈월스트리트 저널〉, 2005년 10월.

이 기사를 보면 영국과 프랑스의 경영대학원뿐만 아니라 스페인의 경영대학원도 미국 학생들로부터 주목받고 있다는 사실이 흥미롭다. 스페인의 경영대학원은 한국에는 잘 알려져 있지 않지만, 유럽의 경영교육에서는 영국과 프랑스의 경영대학원에 필적하는 우수한 인프라와 역량을 갖추고 있는 것으로 평가되고 있다. 스페인의 경영대학원에 대해서는 나중에 국가별 MBA 과정을 소개하는 부분에서 자세히 살펴보도록 하겠다.

3. 다양성이 강조된다

앞에서도 보았지만, 다양성이 강조된다는 점도 유럽의 MBA 과정이 갖고 있는 특징이자 장점이다. 최근에 우리나라에서 국내 경영대학원을 발전시키는 방안에 대한 논의가 많이 이루어지고 있는데, 이런 논의에서 한국의 경영대학원이 갖고 있는 가장 큰 약점으로 다양성의 부족이 거론되고 있다는 점을 이 대목에서 상기할 필요가 있겠다.

경영대학원이 국제화에 성공하는 비결은 MBA 과정 참여자들(학생과 교수)을 국제화하는 데 있으며, 최근 전 세계 경영대학원들이 지향하는 방향도 학생 구성을 국제화하면서 학생 개개인에게 국제화된 맞춤형 커리큘럼을 제공하는 쪽이다. MBA 과정의 학생들은 교수에게만 배우는 것이 아니며 학생들끼리도 서로 다양한 문화와 관점을 배우게 된다는 측면에서 보면, 유럽의 MBA 과정이 갖고 있는 다양성은 큰 장점이라고 할 수 있다.

여성의 관점에서도 다양성은 유럽의 MBA 과정이 갖고 있는 장점이다. 유럽은 여성의 사회진출이라는 측면에서 선진적이다. 따라서 당연히 유럽의 경영대학원에서도 여성에 대한 평가와 인식이 매우 높다. 이런 점에서 보면 한국의 여성들에게도 유럽 MBA에 도전해보는 것은 큰 가치가 있을 수 있다.

한 가지 예로 스페인은 그동안 유럽의 다른 나라들에 비해 여성인력을 육성하고 활용하는 데 충분한 노력을 기울이지 못했다는 점을 반성하면서 대책을 강구하고 있다. 그 일환으로 스페인 정부는 기업의 이사회를 구성하는 여성 임원의 비율을 40% 이상으로 끌어올린다는 목표 아래 관련 법제를 입안하고 있으며,

여성인력의 활용도를 높이는 데 국가의 역량을 기울이고 있다.

유럽의 경영대학원들에서도 이와 비슷한 노력을 엿볼 수 있다. 최근 유럽의 경영대학원들은 MBA 과정에 대한 여성의 참여율을 높이는 데 관심을 갖고 있고, 여성에게 적합한 MBA 과정을 제공하는 경우도 찾아볼 수 있다. 우리나라에서도 해외의 MBA를 취득하고 다국적기업에서 업무경험을 쌓은 뒤 국내외 컨설팅회사나 대기업에서 임원이 되어 활약하는 여성들의 이야기가 언론을 통해 보도되는 경우가 종종 있는데, 이런 여성들의 이력을 보면 대다수가 유럽에서 MBA를 취득한 인재인 것을 알 수 있다.

유럽의 MBA 과정들을 살펴보면 우리나라의 여성이 주목해볼 만한 것들이 있으며, 그 가운데 대표적으로 꼽을 수 있는 것 가운데 하나가 프랑스의 경영대학원인 ESSEC이 개설해 운영하고 있는 '명품브랜드관리 MBA 과정(MBA in International Luxury Brand Management)'이다. 이러한 종류의 MBA 과정은 전문성과 희소성이라는 측면에서 강점을 갖고 있으며, 해당 분야의 업무경험을 갖고 있는 한국의 여성 직장인에게 매력적인 선택의 대상으로 여겨질 수 있다.

4. 소프트 스킬이 강조된다

최근 경영계에서 강조되고 있는 개념 가운데 하나로 '구성원 성과몰입(Employee engagement)'이라는 것이 있다. 이것은 조직 구성원들이 조직 전체의 성과에 기여하기 위해 몰입하는 정도를 중시하는 개념이며, 개인이 기업의 경영성과 향상을 위해 기꺼이 지적, 정서적으로 몰입하여 일하는 상태를 가리키는 개념이기도 하다. 성과몰입도가 높은 개인은 내적인 동기부여가 잘 돼있고, 조직에서 기대하는 수준에 부응하며, 스스로 성장하고자 하는 의지가 매우 강하다고 볼 수 있다. 또한 업무에 대해 명확한 이해를 하고 있을 가능성이 높고, 이런 이해를 바탕으로 조직에 헌신하려는 자세를 갖추고 있다.

이러한 성과몰입이라는 개념의 핵심에는 바로 '소프트 스킬(Soft skill)'이 있다. 소프트 스킬은 개인적으로 우수한 직무능력보다는 다양한 조직 구성원들과 조화를 이루며 더불어 일할 수 있는 능력을 중시하는 개념이다. 즉 원활한 의사소통 능력, 리더십, 코칭 능력, 바람직한 인성, 갈등조정 능력 등이 바로 소프트 스킬이다.

소프트 스킬이라는 개념으로 파악되는 능력은 무엇보다 다양성이 존재하는 환경 속에서 학습을 하고 일을 해본 경험이 있어야 길러진다. 따라서 MBA 과정에서도 교수의 강의를 일방적으로 듣는 것보다는 다양한 출신배경을 갖고 있는 동료 학생들로부터 배울 수 있는 것을 배워가며 그들과 협력을 하는 과정을 밟아보는 것이 소프트 스킬을 키우는 데 중요하다.

유럽의 경영대학원들은 경영사례 연구도 중시하지만, 업무부하가 가중되는 가운데서도 어떻게 해야 업무를 유연하고 무리 없이 수행할 수 있는가를 고찰해보는 것 등을 내용으로 소프트 스킬을 강조하는 교육도 중시한다. 외국인 학생의 구성비율이 높은 유럽의 MBA 과정은 이런 방향의 교육을 효과적으로 하는 데 매우 유리하다고도 볼 수 있다.

이런 맥락에서 내가 정리한 MBA 학습모델을 제시해본다(오른쪽 도표). 이 모델은 MBA 과정이란 전형적인 '혼합학습(Blended Learning)'*이라는 점을 강조하고 있다. 다시 말해 사례연구, 프로젝트 수행, 토론식 수업, 경영이론 학습, 참가자간 경험 공유 등과 같은 다양한 학습형태와 결과도출 방법이 적절히 어우러져야 경영상의 문제점을 제대로 파악해낼 수 있고, 경영 현안에 대한 최선의 해결책을 찾을 수 있다는 관점이 이 모델에 반영돼있다.

유럽의 주요 MBA 과정들은 이와 같거나 유사한 MBA 학습모델을 철저히

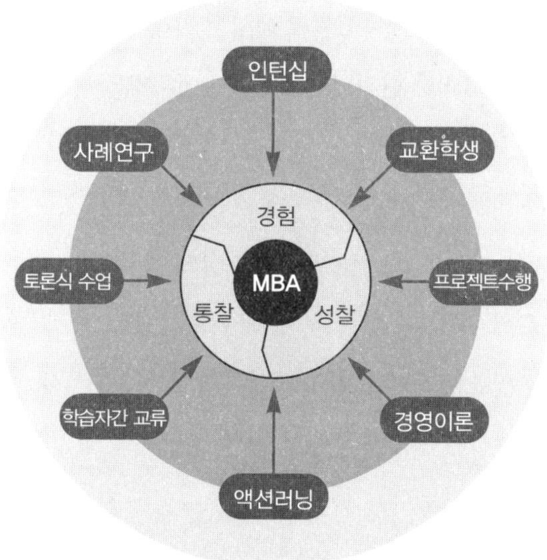

준수하고 있으며, 특히 최근에는 그 내용 가운데 프로젝트 수행의 비중을 보다 높이는 추세를 보이고 있다.

5. 현지취업 가능성이 높다

우리나라의 해외 MBA 과정 지원자들 가운데 다수가 MBA를 취득한 뒤에 현지

✱ 혼합학습(Blended Learning)은 말 그대로 다양한 형태의 학습방법이 혼합된 형태의 학습을 의미한다. 일반적으로 대면학습, 이러닝(e-learning), 자기주도적 학습 등의 다양한 형태로 이루어지는 사례 기반의 학습을 흔히 혼합학습이라고 부른다.

에서 취업하는 것을 목표로 삼고 있다. 현지취업의 가능성이 높다는 것을 유럽 MBA 과정의 대표적인 장점으로까지 내세우는 것은 물론 무리가 있다. 미국에서 든 유럽에서든 MBA 과정을 이수했다고 해서 현지에서 취업하기가 쉬운 일은 결코 아니기 때문이다. 그러나 현지취업이 어려움에도 불구하고 해외 MBA 지원자들 가운데 MBA 취득 후 현지취업을 원하는 사람들이 많은 것이 현실이며, 실제로 현지취업에 성공하는 한국인 MBA 취득자를 종종 볼 수 있다.

해외에서 MBA 과정을 이수한 뒤 현지취업에 성공한 사람들을 살펴보면 대체로 두 가지 부류로 나눌 수 있다. 첫 번째 부류는 MBA 과정 졸업자가 갖고 있는 경력과 역량을 필요로 하는 현지의 기업이 그곳 정부당국에 취업보증을 직접 서주는 절차를 거쳐 그 졸업자를 채용하는 경우다. 두 번째 부류는 MBA 과정 졸업자가 현지 국가에서 운영하는 취업비자 프로그램을 통해 비자를 취득한 다음에 현지 기업에 입사하는 경우다. 앞의 경우는 채용하는 기업의 입장에서 많은 비용을 들여가며 채용을 위한 노력을 기울여야 하는 과정이므로 흔하지 않다. 그러나 뒤의 경우는 현지 국가의 제도만 잘 활용하면 가능한 과정이므로 MBA 과정 졸업자가 이를 통해 현지취업에 성공할 가능성이 생각보다 높을 수 있다.

뒤의 경우에 해당하는 대표적인 제도로는 영국 정부의 이민국에서 운영하는 '고숙련 이민자 프로그램(HSMP; Highly Skilled Migrant Programme)'을 들 수 있다. 이 프로그램은 MBA 과정 졸업생을 대상으로 하는 특별 프로그램을 2005년부터 제공하고 있다. 이 특별 프로그램은 영국 정부가 선정한 전 세계의 'Top 50'에 속하는 경영대학원의 MBA 과정 졸업생만을 대상으로 졸업 후 1년 간 영국에서 취업할 수 있는 취업비자를 발급해주는 것이다.

이 제도를 통해 취업비자를 발급받은 MBA 과정 졸업생은 본인의 국적과 무관하게 영국 안에서 구직활동에 나설 수 있다. 심사를 거쳐 취업비자를 3년간 연장받는 것도 가능하다. 또한 이 취업비자는 유럽연합(EU) 국가인 영국 정부가 발급하는 것이므로 유럽연합의 다른 나라들에서 취업하고자 하는 경우에도 도움이 된다. 이 취업비자의 발급이나 연장을 위한 심사의 결과는 각 지원자 개인의 학업 및 업무의 경력, 재정적 조건, 출입국과 체류 관련 기록 등에 따라 다르게 나올 수 있다.*

그렇다면 영국 정부가 이 취업비자의 발급대상으로 선정한 경영대학원은 과연 어떤 것들일까? 그 명단에는 미국의 경우 하버드대학, MIT, 컬럼비아대학, 펜실베이니아대학, 스탠퍼드대학, 시카고대학의 경영대학원 등 모두 27개의 경영대학원 이름이 올라 있고, 그 밖에 캐나다 경영대학원 2개, 호주 경영대학원 2개, 중국 경영대학원 1개의 이름이 각각 올라 있다. 유럽의 경우에는 총 18개의 경영대학원이 이 명단에 올라 있다.

영국 정부는 모두 합해 50개에 이르는 이들 경영대학원을 선정하는 데 기준으로 삼은 요소로 '졸업 후 연봉 수준'과 '졸업 후 취업률'을 꼽고 있다. 이는 곧 영국 정부가 MBA 과정의 수준과 품질을 평가할 때 이 두 가지를 중요한 잣대로 이용한다는 뜻이다. 〈파이낸셜 타임스(Financial Times)〉나 〈이코노미스트(The Economist)〉와 같이 주요 유럽 MBA 과정들의 순위를 발표하는 언론기관도 이 두 가지를 MBA 과정에 대한 평가의 기준으로 삼는다는 점에서는 차이가 없다.

여기서 우리는 영국 정부가 선정한 'Top 50' 경영대학원 가운데 유럽의 경영대학원 18개의 명단에 주목해볼 필요가 있다. 왜냐하면 이들은 영국 정부가

---

* 이 제도에 대해 보다 자세히 알아보고 싶다면 영국 이민국에서 운영하는 '워크퍼밋 사이트(www.workpermit.com/uk/hsmp/mba_provision)'를 찾아가 보라.

공식적으로 인정한 유럽 최상위 MBA 과정을 제공하는 경영대학원이기 때문이다. 그 명단은 아래 표와 같다. 유럽에서 MBA 과정을 밟은 뒤 현지에서 취업하기를 원하는 한국 사람이라면 지원할 경영대학원을 결정할 때 이 명단을 참고하는 게 좋겠다.

유럽 이외의 지역에 있는 경영대학원 가운데 영국 정부의 '고숙련 이민자 프로그램'에 이름이 올라 있는 곳들도 살펴보자. 오른쪽 표에 열거된 미국, 캐나다, 호주, 중국의 총 32개 경영대학원에서 MBA를 취득한 사람도 영국 정부에 '고숙련 이민자 프로그램'에 의한 취업비자 발급을 신청할 수 있다.

| 영국 정부가 선정한 유럽의 최상위 경영대학원(총 18개)

과 정	국가
University of Oxford – Said Business School Ashridge Business School University of London – London Business School University of Strathclyde Warwick University – Warwick Business School City University – Cass Business School University of Cambridge – Judge Business School University of Manchester – Manchester Business School Cranfield University – Cranfield School of Management Bradford School of Management/Nimbas	영국
IESE IE Business School	스페인
Erasmus University – RSM Universiteit Nyenrode	네덜란드
University College Dublin – UCD Michael Smurfit Graduate Business School	아일랜드
IMD	스위스
INSEAD	프랑스
Bocconi University – SDA Bocconi School of Managenent	이탈리아

| 영국 정부가 선정한 비유럽 지역의 최상위 경영대학원(총 32개)

과 정	국가
Harvard Business School	미국
Columbia Business School	
University of Pennsylvania: Wharton	
University of Chicago	
Dartmouth College: Tuck	
Stanford University	
MIT: Sloan	
Northwestern: Kellogg	
New York University: Stern	
Yale School of Management	
UC Berkeley: Haas	
Georgetown University: McDonough	
Cornell University: Johnson	
Duke University: Fuqua	
University of Virginia: Darden	
Carnegie Mellon University	
University of Michigan	
Emory University: Goizueta	
UCLA: Anderson	
University of Southern California: Marshall	
University of Rochester: Simon	
Vanderbilt University: Owen	
Rice University: Jones	
University of North Carolina: Kenan-Flagler	
Babson College: Olin	
Boston University School of Management	
University of Maryland: Smith	
University of Toronto: Rotman	캐나다
University of Western Ontario: Ivey	
Melbourne Business School	호주
Australian Graduate School of Management	
Ceibs	중국

유럽 MBA와 미국 MBA 비교

학업기간

미국과 유럽의 MBA 과정을 비교해보면 가장 먼저 눈에 띄는 차이점은 아마도 학업기간일 것이다. 미국의 MBA 과정은 2년인 데 비해 유럽의 MBA 과정은 몇 개를 제외하고는 대부분 1년으로 설계돼 있기 때문이다. 유럽의 MBA 과정은 미국과 같은 '방학'이라는 개념이 없어 1년 내내 학기(또는 모듈)가 계속 이어지게 돼있다고 보면 된다.

그러나 기간이 짧다고 해서 이수해야 하는 과목이나 요구되는 학습량이 적은 것은 결코 아니다. 학업기간이 짧은 만큼 다루어야 할 내용을 집약적으로 다루어야 하기 때문에 유럽 현지의 우수한 학생들도 따라가기가 아주 어려울 정도로 요구되는 학습량과 부여되는 과제가 많다. 또 실무와 현장 중심으로 진행되는 프레젠테이션과 토론 중심의 교과가 강도 높게 진행되며, 수업을 따라가기 위해 주말은 당연히 반납해야 한다.

즉 유럽의 1년 과정에는 미국의 2년 과정에 해당하는 내용이 압축적으로 들어있고, 이에 따라 유럽의 MBA 과정에서 1년간 소화해야 하는 학업량은 미국에 비해 적어도 50% 정도는 더 많다고 보면 된다. 이처럼 유럽의 MBA 과정은 공부의 부담은 더 크지만, 학업기간이 짧은 만큼 학업을 마친 뒤에 신속하게 업무감각을 되찾는 데는 유리하다.

커리큘럼과 콘텐츠

다음으로 커리큘럼과 콘텐츠에 대해 살펴보자. 사실 커리큘럼이나 수업진행 방식은 유럽과 미국 간에 별다른 차이가 없다. 단지 학업기간이 달라서 커리큘럼

| 유럽과 미국의 MBA 과정 비교

	미국	유럽
학업기간	2년	1년
학생구성	내국인 학생이 60% 이상	외국인 학생이 70% 이상
사용언어	영어로 수업, 영어로 생활	영어로 수업, 현지 언어로 생활
과정구성	미국식 경영체제 학습 중심	국제경영 강조, 다양한 시각 중시

구조에 차이가 있어 서로 다르게 보일 뿐이다. 커리큘럼이나 수업진행 방식에서 유럽과 미국 간에 별다른 차이가 없는 이유는 일반적으로 MBA 과정에서 가장 큰 비중을 차지하는 사례연구가 다국적기업의 '베스트 프랙티스(Best Practice)' 중심으로 진행된다는 공통점이 있기 때문이다.

다만 미국의 경우에는 미국식 경영시스템, 기업구조, 기업문화를 다루는 부분의 비중이 큰 데 비해 유럽의 경우에는 국제적인 시각(International outlook)의 경영을 보다 강조하는 경향이 있다. 즉 유럽의 MBA 과정에는 커리큘럼에서 다양성과 조화를 중시하고 어느 한쪽으로 치우치지 않으려는 노력이 반영돼있다. 이러한 유럽 MBA 과정의 특징은 다양한 국가들이 모여 이루어진 유럽의 정치경제적 상황에서 비롯된 것으로 볼 수 있다.

대부분의 미국 MBA 과정은 전공을 제공하는 경우가 많다. 1년차에는 공통과목 중심으로 수업이 진행되지만 2년차에는 어느 한 분야에 집중해 선택과목들(Electives)을 수강할 수 있는데, 이때 그러한 선택과목들을 일정 학점 이상 수강하면 그 분야가 자신의 전공이 되는 것이다. 이에 비해 유럽의 MBA 과정들은 대부분 특정한 전공을 제공하지 않는 일반경영(General management) 과정이라고 보면 된다.

유럽과 미국의 전형적인 MBA 프로그램 커리큘럼을 다음과 같이 각각 정리해 도표로 제시하니 참고하기 바란다.

다양성

다음으로는 학생구성에서의 차이점을 들 수 있다. 미국의 MBA 과정은 자국 학생의 비율이 보통 60% 이상인 데 비해 유럽의 MBA 과정은 자국 학생의 비율이 20~30% 수준이다. 이는 곧 유럽의 MBA 과정이 보다 다양한 국가에서 온 학생들로 구성된다는 뜻이다.

국적별 학생구성 비율은 지원자의 입장에서 지원할 경영대학원을 선택할 때 고려해야 할 중요한 요소 가운데 하나다. 왜냐하면 다양한 국적과 출신배경

| 유럽 MBA 과정의 커리큘럼

사전과정	1학기		2학기		여름학기
	1세션	2세션	3세션	4세션	5세션
9월 초	9~10월	11~12월	1~2월	3~4월	5~7월
기초함양	기업이해	시장관찰	전략수립	현장학습	심화
경영기초 및 커뮤니케이션	회계관리, 경영경제학, 재무관리, 마케팅 이론, 인사조직, 전략경영		선택과목 기업금융정책, 마케팅, 학습조직, 원가회계, 운영관리, 경력개발, 기업금융전략, 브랜드 관리, 리더십, 전략투자 의사결정론	그룹 및 개인 프로젝트 다양성 관리 및 현장체험	선택과목 기업연계 프로젝트 교환학생 과정 참가 (미국 또는 아시아)
경영임원 대상 코칭 및 멘토링 프로그램: 자가 경력진단(1학기), 직무 전문역량 개발(1학기), 멘토링 프로그램(1~2학기)					

1년차: 경영기초 함양			
사전 과정	1학기	2학기	
8월	9~12월	1~3월	4~6월
경영에 대한 이해	회계학, 재무관리, 경제학, 마케팅	전략, 운영관리, 인사관리, 경영정보시스템	글로벌 경영시스템 관리, 연구방법론
	프로젝트 1: 인수합병 관련 프로젝트		프로젝트 2: 그룹 프로젝트
	경영기술: 의사소통과 협상, 경력 코칭, 경력 관리		
	경력 개발		잡 서치 전략
2년차: 실행 중심 경영감각 함양			
여름학기	3학기	4학기	종료
6~9월	10~12월	1~3월	7월
인턴십 프로그램 참여, 캠퍼스 리크루팅 참여, 선택과목 이수, 프로젝트 3: 개인 프로젝트 중 선택	교환학생 과정 참가, 선택과목 이수 중 선택	프로젝트 4: 경영 컨설팅 프로젝트	졸업

을 갖고 있는 학생들이 모인 MBA 과정에서는 예를 들어 경영사례를 연구할 때 보다 다양하고 폭넓은 의견을 주고받게 되어 학습의 효과도 더 클 뿐 아니라 과정 자체의 수준도 높기 때문이다.

앞에서 유럽의 MBA 과정에 지원하고 참여하는 북미지역(미국과 캐나다) 출신 학생들이 늘어나고 있다는 내용의 신문기사를 보았는데, 이런 현상은 유럽 MBA 과정의 우수성과 장점이 예전보다 그만큼 더 널리 알려졌음을 말해주는 것이다.

하지만 유럽 MBA 과정에 입학하기 위해서는 보다 까다로운 과정을 거쳐야 한다. 유럽의 MBA 과정은 대부분이 적어도 3~5년간 현업에서 프로페셔널한 직장생활을 한 경력을 요구하고 있으며, 실제로 입학허가를 받은 학생들을 살펴보면 6년 이상의 직장생활 경험을 갖고 있는 중간관리자급이 많다. 유럽의 일부 최상위 경영대학원 가운데는 입학허가를 받는 지원자들의 평균 직장경력이 7년을 넘는 경우도 있다. 유럽의 경영대학원은 보다 프로페셔널한 지원자를 선호하므로 경영학과 거리가 먼 다른 분야를 전공해 석사 이상의 학위를 취득한 지원자를 선호하는 경향도 있다.

즉 유럽의 경영대학원은 GMAT 성적이나 GPA(학점)보다는 지원자가 자신의 분야에서 이미 검증을 받았는지의 여부, 그리고 향후 경영자가 되기 위해 얼마나 잘 다듬어진 사람(Well-rounded person)인가에 보다 많은 비중을 두고 입학사정을 하고 있다. 단편적으로 비교하는 것이 무리일지는 모르겠으나, 이러한 사실은 미국의 MBA 과정에 입학하는 학생들 가운데 다수가 2~3년 정도의 직장경력을 가진 실무자급이거나, 이해가 가지 않는 부분이긴 하지만 직장경력이 아예 없기도 한 점과 대비된다.

소요비용

다음으로 살펴볼 것은 소요비용이다. 이것은 지원자들이 민감하게 주의를 기울이는 부분이기도 하다. 오른쪽 표는 미국과 유럽에서 MBA 과정을 이수하는 데 소요되는 비용을 정리해본 것이다. 다만 미국과 유럽 양쪽 모두 대도시에 위치한 경영대학원에 들어가 딸린 식구 없이 혼자 유학생활을 하는 경우를 가정해 작성한 것이므로, 개인별 사정이나 유학하는 국가와 학교에 따라 조정을 해주어야 한다는 점을 염두에 두기 바란다.

	미국				유럽			
	사립		주립		1년 과정		2년 과정	
	학비	생활비	학비	생활비	학비	생활비	학비	생활비
1년	42,000	36,000	27,000	26,000	60,000	30,000	40,000	30,000
2년	42,000	36,000	27,000	26,000	—	—	40,000	30,000
소계	84,000	72,000	54,000	52,000	60,000	30,000	80,000	60,000
총계	156,000		106,000		90,000		140,000	

대도시 소재 경영대학원, 단신 유학 기준

이 표를 보면 알 수 있듯이 학비와 생활비의 측면에서 유럽의 MBA 과정이 미국의 MBA 과정보다 소요되는 비용이 다소 적다. 하지만 최근 유럽 MBA 과정의 우수성이 국제적으로 인정을 받으면서 그 교육상품으로서의 가치가 올라감에 따라 학비도 상승하는 추세임을 감안해야 한다. 일부 유명 경영대학원들을 중심으로 유럽 MBA 과정의 소요비용이 미국 과정의 소요비용과 비슷해지고 있는 것이다. 따라서 그동안 유럽의 경영대학원이 갖고 있었던 비용 측면의 장점은 점차 약화되고 있다.

언어

유럽과 미국의 MBA 과정은 언어적 환경에도 차이가 있다. 이 차이는 해외생활 경험이 그리 많지 않은 한국의 지원자들에게는 민감하게 다가오는 문제다. 물론 유럽의 MBA 과정도 영어로 수업을 진행하므로 학업의 측면에서는 미국의 MBA 과정과 큰 차이가 없지만, 영어권에 속하지 않는 나라에서 MBA 과정을 밟기로 한다면 현지에서 생활하는 데서 불편을 겪을 수 있다.

해외에 나가 MBA 과정을 밟기를 희망하는 한국인 지원자들은 대부분 MBA

학위를 취득하는 것과 동시에 자신의 영어능력도 향상시킨다는 또 하나의 중요한 목적을 갖고 있다. 따라서 언어라는 요소도 지원할 MBA 과정을 결정할 때 신중하게 살펴야 한다. 예를 들어 가족을 데리고 유학을 가는 경우에는 현지생활에 적응해야 하는 문제 등을 생각해 비영어권 국가보다는 영어권 국가의 경영대학원을 우선적으로 고려하는 것이 더 나을 수 있다.

간혹 나에게 해외의 MBA 과정을 선택하는 문제와 관련해 미국식 영어와 영국식 영어의 차이나 장단점에 대해 질문하는 준비생들이 있다. 하지만 나로서는 진학할 MBA 과정을 선택할 때 지역에 따른 영어 발음의 차이에 대해서는 따져보거나 고민할 이유가 전혀 없다는 점을 여기서 강조해두고 싶다.

앞에서 MBA 과정의 학생구성을 살펴보기도 했지만, 해외의 MBA 과정은 학생들도 국제적으로 구성되고 교수들 역시 다양한 국적과 출신배경을 갖고 있기 때문에 그야말로 글로벌한 영어로 모든 과정이 진행된다. 따라서 자신이 지원할 해외의 MBA 과정을 선택할 때 지역별 또는 국가별 영어 발음이나 액센트의 차이에 대해 걱정하고 고민하는 것은 시간낭비다. 영어실력이 어느 정도 뒷받침되고 수업과 토론에 참여하는 데 큰 지장만 없다면 '한국식 영어'를 구사해도 얼마든지 존중받을 수 있다.

MBA는 학위가 아닌 비즈니스다

이 장에서는 MBA 자체가 비즈니스라는 시각에서 MBA 과정에 진학하기 위한 준비과정에 대해 설명하고, 어떠한 마음가짐을 갖고 MBA 과정을 준비해야 성공적인 미래를 만들어갈 수 있을지를 살펴보겠다. 이 장에서는 특히 'MBA 비즈니스 프레임워크(MBA Business Framework)' 라는 개념을 소개하려고 하는데, 이 개념은 MBA 과정에 진학하기 위한 준비와 지원, 그리고 바라건대 합격에까지 이르는 프로세스를 독자가 직접 수립하고 실행하는 데 도움이 될 것이다.

아울러 MBA 과정에 진학할 준비를 하는 사람들에게 보다 실질적인 정보를 주기 위해 GMAT와 TOEFL을 준비하는 방법, 에세이 작성법, 추천서를 준비하는 요령 등 MBA 과정에서 요구하는 필요조건(Requirements)을 충족시키는 절차와 방법을 일목요연하게 정리해 제시하고자 한다.

이 장의 내용을 숙지한다면 MBA 과정에 진학하기 위한 준비를 보다 효과적으로 하는 방법을 알게 될 것이고, MBA 학위 취득 이후의 경력개발 계획을 수립하는 데도 도움을 받을 수 있을 것이다.

MBA 준비과정 이해하기

한국의 대기업 또는 외국계 기업에서 직장생활을 3~5년 정도 한 직장인이라면 MBA 과정 이수를 고려해 보지 않은 사람이 없을 것이다. 많은 직장인들이 자신의 직무경험만으로는 원하는 보상수준이나 보직, 그리고 경력경로를 확보해 가기가 쉽지 않다는 현실적 자각에서 한번쯤은 MBA 과정 이수를 생각한다. 또 MBA를 취득하고 입사해 자신보다 더 많은 연봉을 받으며 보다 전문적이고 폭넓은 직무를 수행하는 동료를 회사에서 보게 될 경우에는 MBA 과정에 대한 관심이 더욱 커지기 마련이다.

그런데 내가 관찰한 바로는, 이런저런 이유로 MBA 과정에 대해 관심을 갖게 되어 알아보기 시작하는 직장인은 많지만 대부분은 얼마 지나지 않아 그런 관심을 접어버린다. 아마도 MBA 과정에 진학할 준비를 하는 절차가 만만치 않기도 하거니와 어디서부터 어떻게 준비해야 하는지에 대한 정확한 정보를 얻기도 쉽지 않기 때문일 것이다. 하지만 보다 근본적인 이유는 왜 자신이 MBA를 취득해야 하는지를 충분히 고민해서 그러한 당위성을 마음속에 분명하게 세우지 못하는 데 있다고 하겠다.

MBA 과정, 특히 해외의 MBA 과정에 진학할 것을 고려하는 경우에는 분명한 목표의식이 확립되지 않는 한 입학허가를 받기까지의 수고와 고통을 감내할 자신이 생기지 않을 것이다. '나는 MBA 학위를 취득하기 위해 경영대학원에 가겠다'라는 막연한 생각만 갖고 있어서는 준비계획조차 세우기가 쉽지 않다.

내가 MBA 과정에 진학할 준비를 하던 2000년에 누군가가 이런 비유의 말을 나에게 해준 적이 있다. "해외 MBA 준비과정에 들어서는 것은 다시 내려올 수 없는 자전거에 올라타는 것과 같다." MBA 과정에 입학하기 위해서는 상당한 기간에 걸쳐 부단히 노력하고 인내하는 준비절차를 거쳐야 하는데다가 도중에 그만두기 힘들 정도로 많은 것을 희생해야 한다는 것이다. GMAT와 TOEFL 시험을 준비하는 노력, 에세이 작성에 소요되는 시간, 제반 비용 등이 아까워서라도 도중에 그만두기가 힘들다. 게다가 MBA 과정에 지원하기 위한 준비를 직장생활과 병행하는 것도 역시 쉬운 일이 아니다. 입학허가를 받기까지의 준비기간은 짧게는 6개월로 마무리될 수도 있지만 보통 1년 정도는 소요된다.

또 기대와는 달리, 입학허가를 받는다고 해서 모든 문제가 다 해결되는 것도 아니다. 입학을 하고 MBA 과정을 시작하면, 준비기간에 겪었던 어려움은 저리 가라 할 정도로 막대한 양의 학업이 기다리고 있다. 쉴 틈 없이 토론 중심으로 진행되는 수업에 참여한다는 것 역시 쉬운 일이 아니다. 이러한 모든 어려움을 다 극복하고 졸업을 하게 된다고 해서 직장문제가 저절로 해결되는 것도 아니다. 오히려 사실상 실업자 신분이었던 MBA 학업기간이 인생에서 가장 행복했던 시기로 여겨질 만큼 까다로운 잡 인터뷰가 기다리고 있다. 기업 입장에서는 연봉을 더 줘야 하고 그만큼 기대가치가 높은 인력을 확보하려는 것이니 만큼 MBA 학업 이전의 업무경험, 직무수행 능력, 개인적 역량, 인성, 활용도 등을 다각적으로 파악하고 분석해야 하므로 스크리닝(Screening) 절차가 복잡하고 까다로울 수밖에 없다.

MBA 학위 소지자에 대한 최근 기업의 채용 트렌드를 보면 출신학교의 수준도 영향을 미치지만 지원자의 장단점과 경력, 학위의 효과, 향후의 활용 가능성 등이 중요한 평가요소로 작용하고 있다.

보다 구체적인 이해를 위해 예를 들어 보자. 만일 국내 상위권 대학을 졸업한 뒤 대기업에 입사해 마케팅 분야에서 2년간 경력을 쌓은 다음에 이른바 미국의 5위권 경영대학원에서 MBA 학위를 취득한 A라는 사람과, 국내 중위권 대학을 졸업하고 중견기업에 입사해 6년간 영업과 마케팅기획 업무를 수행하고 유럽의 30위권 경영대학원에서 MBA 학위를 취득한 B라는 사람이 국내 선두 대기업의 마케팅과 브랜드 전략 담당 경력직에 동시에 지원했다고 하자. 물론 여러 가지 요인이 영향을 미칠 수 있지만, 최근의 추세에 비추어 보면 그 대기업에서는 A보다 B를 채용할 확률이 훨씬 높다.

즉 최근에 한국의 대기업들은 MBA 소지자를 채용할 때 A와 같이 유명 경영대학원의 MBA 학위를 취득한 지원자라고 해서 그를 경력사원으로 뽑지는 않는다. 따라서 A로서는 경력사원보다는 신입사원으로 마케팅직에 지원하는 것이 보다 현실적인 선택이 될 것이다. 유명 경영대학원의 MBA 학위를 취득한다고 해서 무조건 고액 연봉을 받게 되는 시대는 지났다. 분명한 목표의식을 가지고 철저한 조사를 통해 자신의 가치를 최대한 높일 수 있는 곳을 선택해 지원해야 한다. 따라서 MBA에 대한 리쿠르터들의 인식 변화와 채용 트렌드에 대해서도 파악하는 것이 필수적인 일이 됐다.

그렇다면 이렇게 힘든 과정을 거쳐 MBA 학위를 취득한 뒤에 자신이 희망하는 'Post MBA Job(MBA 학위 취득 후의 첫 직장)'을 얻는 데 성공했다고 가정한다면, 그 개인에게는 어떠한 변화가 일어날까? 직장인으로서 가질 수 있는 '경력기회'가 활짝 열리게 된다고 보아도 무방하다. 회사 안에서 우수인력으로 인정받을 가능성이 높을 뿐 아니라 헤드헌팅 회사로부터 연락을 자주 받게 될 것이다. 그만큼 직업시장에서 자신을 찾는 수요가 늘어나게 되는 것이다.

이러한 성공적인 MBA 커리어의 출발점은 분명한 목표의식을 가지고 철저한 사전조사를 통해 자신의 가치를 최대한 높일 수 있는 경영대학원을 선택하는 것이다. MBA는 자신의 몸값을 최단기간 내에 극대화할 수 있는 기회를 준다. 따라서 MBA는 경력이라는 측면에서 일종의 투자상품으로 볼 수 있으며, 이 투자상품에 투자를 하려고 한다면 투자의 수익률을 극대화하기 위한 전략적 선택을 하는 데 소홀함이 없어야 한다.

MBA 준비를 위한 마음가짐

앞에서 살펴본 점들과 더불어 중요한 것은 MBA에 대한 올바른 마음가짐을 갖는 것이다. 그러나 MBA 과정에 지원할 준비를 하는 사람들 대부분이 MBA 학위를 통해 인생 또는 경력에서 자신이 바라는 바가 무엇인지를 분명하게 인식하지 못하고 있다. 무엇보다도 자기 스스로에 대한 냉철한 분석이 우선돼야 한다는 점을 잊지 말아야 한다. 여기서는 MBA 과정에 지원할 준비를 하는 사람이라면 반드시 가져야 하는 마음가짐을 두 가지로 압축해 제시하고자 한다.

첫째, 장기적인 관점에서 경력성공(Career success) 또는 직업성공이라는 것이 나 자신에게 어떤 의미인지를 정의해야 한다. 또한 MBA 학위가 자신의 인생에 어떠한 수준의 보상을 가져다주기를 원하는지에 대해 솔직해야 한다.

경력성공에 대한 정의는 사람마다 다를 수 있다. 자신의 기존 경력과 상황을 전제하고 MBA를 통해 이루고자 하는 경력성공의 범위에 대해 미리 생각해 볼 필요가 있다. 다만 경력성공의 범위를 너무 구체적으로 좁혀 놓으면 스스로 운신의 폭을 제한할 수 있으므로 그 범위를 어느 정도 넉넉하게 잡을 필요가 있다. 예를 들어 '나는 MBA 학위를 취득하고 반드시 투자은행에 관리자급으로 입사해 기업투자를 총괄하는 관리자가 되겠다' 라는 목표보다는 '나는 MBA 학위를 이수하면서 금융과 투자 분야에 대한 안목을 넓히고, 학위를 취득한 뒤에는 투자은행이나 일정 규모 이상의 은행, 증권회사, 보험회사에서 기업과 관련된 투자상품을 개발하는 전문가가 될 것이다. 그리고 그러한 경험을 바탕으로 장기적으로는 경영컨설팅회사의 투자전략 전문 컨설턴트 또는 투자은행의 기업투자 총괄 관리자로 성장할 것이다' 라는 목표가 보다 현실적이다. 다시 말해 경력목표를 지나치게 높거나 좁게 설정하기보다는 다소 넓은 범위로 설정함으로써 자신에게 찾아올 수 있는 다양한 기회에 대해 수용성을 높여두는 것이 필요하다.

둘째, MBA 과정에 지원할 준비를 하는 과정에서 상황에 따라서는 그동안 투자한 시간과 노력, 그리고 비용이라는 측면에서 손실을 감수하고서라도 언제든지 즉시 준비과정을 중단할 수 있어야 한다.

MBA 과정에 지원할 준비를 하는 과정은 결코 만만한 일이 아니다. 그러한 준비과정을 직장생활과 병행해야 한다면 정말로 고통스러운 나날을 보내게 될 수도 있고, 그러한 준비과정이 오히려 지금 단계의 경력개발에 부정적인 영향을 미칠 수도 있다. 이런 문제를 피해 가기 위한 한 가지 방법은 이런 것이다. 명확한 일정표(Timetable)를 작성하고 그것에 따라 준비과정을 진행하는 것이다. 일정표에 정해 놓은 기간 안에 필요한 만큼, 또는 만족스러울 정도로 준비과정을 진척시키지 못하게 된다면 즉시 계획한 내용을 수정하거나 최악의 경우에는 준비과정 자체를 중단할 수 있어야 한다. 즉 스스로 시간제한을 설정하고 준비과정을 진행하는 것이 바람직하다.

앞에서 "해외 MBA 준비과정에 들어서는 것은 다시 내려올 수 없는 자전거에 올라타는 것과 같다"라는 비유를 소개했지만 자전거에서 내려올 각오도 해야 한다. MBA 준비과정 자체가 자신의 경력개발에 오히려 부담이 된다고 판단된다면 목적지에 도달하지 못했더라도 그 즉시 준비과정을 중단하는 결단이 필요하다. 보다 일반화해 말하면, 나의 선택과 노력이 어떠한 결과를 가져오더라도 그 결과를 즉시 인정할 수 있는 마음가짐을 가져야 한다는 것이다.

나에게 적합한 MBA 과정은?

MBA 과정을 제공하는 학교나 기관은 전 세계에 2100여 개가 있다고 알려져 있다. MBA 과정의 수가 이렇게 많은 만큼 처음으로 MBA 과정에 지원할 준비를 시작한 사람들은 무엇보다도 먼저 그러한 학교나 기관, 그리고 그 교육과정에 대한 사전조사를 해야 한다.

MBA 지망생들은 매년 언론을 통해 발표되는 경영대학원 순위를 들여다보면서 어떤 학교들이 이른바 '톱 스쿨(Top school)'에 포함되며 학교별 순위가 어떻게 바뀌고 있는지를 집중적으로 살피곤 한다. 전 세계 경영대학원들에 대한 주요 언론기관의 평가와 그 순위는 기사를 통해 공개되어 전 세계에 알려지므로 리크루터의 채용방향과 학교의 평판에 큰 영향을 미친다. 따라서 MBA 지망생이 이러한 언론기관의 평가 결과에 관심을 갖는 것은 당연하며, 지원준비 과정에서 가장 먼저 그것을 조사해봐야 한다.

특히 해외 MBA 과정에 대한 정보가 제한적인 한국에서 해외 MBA 과정에 지원할 준비를 하는 사람들의 입장에서는 지원할 학교를 선택할 때 무엇보다 주요 언론기관이 매긴 학교별 순위를 비중 있게 고려하지 않을 수 없다. MBA 지망생들은 이런 순위정보를 바탕으로 삼고, MBA 진학 관련기관(유학컨설팅회사)의 도움을 받아 최종적으로 지원할 학교를 결정하는 경우가 대부분이다. 물론 MBA 페어(Fair)가 한국에서도 개최되고 있으므로 일부 경영대학원들이 홍보하는 내용을 직접 접해볼 기회는 있다. 그러나 MBA 페어 행사를 주최하는 기관은 한국을 '아시아 시장의 한 부분' 이라는 관점에서 다룰 뿐이며, 따라서 잠재적 지원자 집단의 규모가 더 큰 중국에 더 많은 노력을 기울이고 있는 실정이다.

한국에서 MBA 과정에 지원할 준비를 하는 사람들이 접할 수 있는 정보원과 얻을 수 있는 정보가 매우 제한적이라는 사실에 대해 나는 안타깝게 생각한다. 또한 지원자가 선택하는 MBA 과정이 그 지원자 개인에게 적합한 과정인지 아닌지를 판단하는 데 근거가 돼줄 정보도 절대적으로 부족하다. 게다가 명확한 근거도 없이 특정한 경영대학원에 대한 잘못된 정보가 알려지는 경우도 있고, MBA 관련 정보를 제공하는 기관에 따라 특정한 경영대학원에 대한 평가가 다른 경우도 있다. 전문적으로 MBA 정보를 제공한다고 자처하는 기관보다도 오히려 인터넷 상의 사적 모임에서 주고받는 정보가 오히려 더 정확한 경우도 많다. 어쨌든 정확하지 않은 정보는 지원준비를 하는 사람들이 학교선택을 하는 데서 혼란의 원인이 되며, 그러다 보니 결국은 언론기관이 발표하는 경영대학원 순위에 관한 정보에 너무 많이 의존하는 탓에 최선의 선택을 하지 못하게 될 가능성이 있는 것이다.

그렇다면 미국과 유럽 현지의 지원자들은 어떠한 과정을 거쳐 지원할 학교를 선택하고 있을까? 주요 도시에서 정기적으로 열리는 MBA 페어에 참가해 관심이 있는 학교에 관한 기본정보를 얻은 다음에 그 학교를 직접 방문해 입학담당자와 면담하고, 재학생과 만나 의견을 듣고, 수업을 참관하고, 학교의 시설과 주변환경을 파악하고, 면학 분위기를 확인해 보는 과정을 거쳐 실제로 그 학교에 지원할 것인지의 여부를 결정하는 것이 보통이다. 특히 입학담당자와 면담하는 것은 잠재적 지원자인 자신을 그 학교에 홍보하는 성격도 갖고 있으므로 실제로 그 학교에 지원할 때 유무형의 어드밴티지를 가져다준다.

일반적으로 미국과 유럽의 경영대학원들은 'MBA Open Day'와 같은 정기적인 행사를 통해 MBA 과정 지망생들의 관심을 끌기 위해 많은 노력을 기울인다. 경영대학원들이 매우 중요하게 여기는 이런 행사는 교수들과의 간담회, 수업 참관, 입학담당자와의 면담, 재학생들과의 교류 등 다양한 내용으로 진행된다.

따라서 미국과 유럽 현지의 MBA 과정 지망생들에게는 언론기관의 '랭킹'이라는 것이 압도적인 중요성을 갖지는 않는다. 그들은 그러한 '랭킹'을 지원할 학교를 선택하는 데 잣대로 삼기보다는 'MBA Open Day'에 방문할 학교를 선정하기 위한 기초자료 정도로 사용하는 경우가 많다.

그렇다면 한국인 지원자들은 MBA 과정을 선택할 때 어떠한 접근태도를 취해야 할까? 이 문제와 관련해 내가 강조하고 싶은 것은, 한국인의 입장에서 볼 때 해외의 경영대학원들은 국가에 따른 특성도 갖고 있지만 학교마다 다양한 개성을 갖고 있기도 한데 이러한 특성과 개성이 언론기관이 발표하는 '랭킹'에는 잘 나타나지 않는다는 점이다. 따라서 한국인 지원자들은 미리 학교별 특성을 최대한 파악할 수 있도록 보다 객관적인 정보와 자료를 입수해보는 노력을 기울여야 한다.

해외의 MBA 과정을 조사할 때 반드시 먼저 고려해야 하는 것은 MBA에 대한 기업들의 태도가 어떻게 변화하고 있고, 자신의 입장에서 MBA 학위가 앞으로 어떻게 활용될 수 있는가 하는 점이다. 한국에서도 MBA에 대한 기업들의 태도가 실용적으로 바뀐 지 오래다. 다시 말해 MBA 학위 소지자를 원하는 기업이 많아지고 채용분야도 넓어진 것은 사실이지만 최근에는 많은 기업들이 MBA 학위 소지자를 채용할 때 출신학교의 '네임 밸류(Name value)'보다는 실무적인 활용가치를 더 중요하게 보고 있다. 이는 곧 앞에서도 설명한 바와 같이 기업들이 이제는 MBA 소지자를 평가할 때 MBA 학업기간 이전과 이후 업무경력의 연관성과 MBA 학업이 지원자의 역량 향상에 기여했는가의 여부에 보다 중점을 두고 있는 것이다. 물론 평판이 보다 좋은 학교의 학위를 취득한 것이 구직활동을 할 때 보다 유리하겠지만, 이제는 'A라는 학교를 나왔기 때문에 어디에 입사했다더라'하는 식의 구시대적인 생각은 접는 편이 좋다.

따라서 학교별 평판과 순위는 기초적인 자료로는 고려해야 하겠지만, 자신이 지원하려고 하는 학교가 나중에 직업시장(Job market)에 나를 어떻게 차별화하고 포지서닝하는 데 도움이 될 것인가를 판단하는 것이 무엇보다 중요하다고 할 수 있다.

MBA 준비의 시작

해외 MBA 과정에 지원할 준비를 하려는 사람이라면 반드시 먼저 가봐야 하는 곳이 있다. 그것은 바로 'MBA Fair' 또는 'MBA Tour'라는 이름으로 개최되는 행사다. 이런 행사는 보통 20개 내지 30개 정도의 글로벌 경영대학원들이 참가해 자기 학교의 MBA 과정을 다양한 방법으로 홍보하는 방식으로 진행된다.

MBA Fair를 주관하는 곳 가운데 가장 공신력이 높은 곳은 QS(Quacquarelli Symonds)라는 회사다. 1990년에 설립된 QS는 전 세계 대학 및 대학원에 대한 평가를 전문으로 하는 회사이며, 매년 〈더타임스(The Times)〉와 함께 세계 100

대 대학교 순위를 발표하는 곳으로 유명하다. 이와 함께 이 회사의 대표적인 활동으로 'QS World MBA Tour'라는 행사가 꼽힌다(www.topmba.com/mba_fairs). QS는 한국에서도 이 행사의 일환으로 매년 국내 언론기관 및 MBA 관련 컨설팅 전문회사와 공동으로 MBA Fair를 열고 있다. MBA 과정 진학에 관심이 있는 사람이라면 반드시 이 행사에 참가해 관련 자료를 수집해볼 필요가 있다. 행사장에 가서는 학교별 브로셔만 받아 올 것이 아니라 미리 준비를 해서 학교별 입학담당자들과 상담을 해볼 것을 권한다. 그리고 관심이 많이 가는 학교가 있다면 행사장에서 한 번 상담하고 말 것이 아니라 그 뒤에도 이메일 등을 통해 그 학교 입학담당자에게 지원과 관련된 질문을 하는 등 그 학교에 지속적으로 자신을 알릴 필요가 있다. 또한 이런 MBA Fair에는 MBA와 관련된 유학원, 컨설팅회사 등에서도 사람이 나와 있으므로 행사장에 가면 최신정보를 얻기가 용이하다.

이제부터는 해외 MBA 과정에 지원할 준비를 할 때 기본적으로 가져야 할 마음가짐에 대해 이야기해보겠다.

우선 한국인 재학생이나 졸업생이 많은 MBA 과정에 가는 것이 좋겠다고 생각하는 사람들이 많지만, 유감스럽게도 이것은 현실과 매우 동떨어진 생각이다. 한국인이 많이 이수한 MBA 과정이라고 해서 더 인정해주는 리크루터도 없을뿐더러 MBA 과정의 선후배라는 인간관계가 취업을 하는 데 도움이 되는 것이 아니기 때문이다. 최근에 많은 기업에서 학연이나 지연으로 인해 조직 안에 발생할 수 있는 부작용을 우려해 사내 동문회 모임조차 엄격하게 금지하는 추세를 감안하면, MBA 과정의 선후배가 취업이나 입사 후 직장생활에서 서로 도움을 주고받을 일은 거의 없다고 보는 것이 맞다. MBA 과정의 선배가 베풀어줄 수 있는 도움은 재학 중에 새로 오는 후배를 위해 공항 픽업을 해주거나 학교 주변의 환경과 현지생활에 대해 안내해주는 정도일 것이다.

MBA 과정 자체의 학업이라는 측면에서도 선배로부터 도움을 받을 수 있을 만한 부분을 찾기 어렵다. MBA 과정의 교육내용(학과목, 강의주제, 사례연구 대상)이 모두 매년 바뀌기 때문이다. 경영대학원의 교수들 자신이 매우 엄격한 강의평가를 받기 때문에 매년 동일한 내용으로 강의를 하고 싶어도 그렇게 하기 어렵다. 게다가 경영대학원들 사이에 교환교수 제도가 매우 활성화돼있어 어느 한 교수가 이듬해에도 같은 학교에서 강의를 하게 될 가능성이 그리 높지 않다는 점도 알아둘 필요가 있다.

MBA 지원과 입학 절차

지금까지 MBA 과정에 지원하기 위한 준비과정을 개괄적으로 살펴보고, 그러한 준비를 어떻게 시작하는 것이 바람직한지에 대해 이야기했다. 다음으로는 MBA 과정에 지원해 입학허가를 받기 위해 반드시 준비해야 하는 필요요건 (Requirements)에 대해 자세히 살펴보고자 한다. 여기서는 특히 필요요건에 대한 설명과 더불어 각 필요요건별로 나 나름의 팁(Tip)도 제시함으로써 MBA 지망생에게 실질적인 도움을 주고자 한다.

GMAT

해외 MBA 과정에 지원하기 위한 준비사항으로 가장 먼저 떠오르는 것은 GMAT(Graduate Management Admission Test)일 것이다. GMAT 성적은 해외 MBA 과정에 지원하는 경우에 가장 중요한 필요요건 가운데 하나다. GMAT는 경영대학원의 입학사정위원회(Admission Committee)에서 MBA 과정 지원자가 학업을 원활하게 수행할 능력을 갖추었는지를 평가하는 데 도움을 주기 위

| GMAT의 구성

구분		문항 수	시간
Verbal	Critical Reasoning	약 14문항	75분
	Sentence Correction	약 14문항	
	Reading Comprehension	약 14문항	
Quantitative	Problem Solving	약 25문항	75분
	Data Sufficiency	약 12문항	
AWA(Analytical Writing Assessment)		2문항	각 30분

해 도입된 시험이다.

GMAT는 GMAC(The Graduate Management Admission Council)의 관리 아래 피어슨(Pearson)에서 주관하며, 한국에서는 피어슨 프로페셔널 센터(Pearson Professional Center)에서 시행한다. GMAT은 미국의 경영대학원들만이 아니라 유럽과 아시아 지역 대부분의 경영대학원들에서도 입학사정 자료로 이용하고 있다. GMAT에 합격, 불합격의 개념은 없으며, 경영대학원별로 자체적인 기준을 정해 일정 점수 이상의 지원자들을 선별하기 위해 이 시험을 활용한다. 최근에는 아시아 지역 학생들의 GMAT 점수가 급격하게 높아지는 추세를 보이고 있다. 일정 수준 이상의 해외 MBA 과정에 지원하기 위해서는 최소한 600점 이상의 점수를 확보해야 한다.

Tip ▶▶▶ TOEFL은 여러 차례 치른 경우에 가장 높은 점수만 학교 측에 통보되지만 GMAT는 마지막 3차례의 점수가 모두 학교 측에 통보된다. 따라서 GMAT는 시험 준비가 어느 정도 마무리된 상태에서 응시하는 것이 바람직하다. 마지막 3차례의 점수가 향상하는 추세라면 문제가 없겠지만, 점수의 편차가 심하거나 하향하는 추세라면 불이익을 받을 수도 있다.

취득한 점수의 유효기간을 보면 TOEFL은 2년인 데 비해 GMAT는 5년이다. 따라서 보다 장기적 관점에서 MBA 과정 진학을 준비하는 사람은 대학 졸업 후 첫 직장에 입사하자마자 GMAT 준비를 시작하는 것이 보다 전략적인 선택일 수 있다. 다만 최근에 미국의 일부 경영대학원들이 TOEFL과 마찬가지로 GMAT도 유효기간을 2년으로 제한하는 경우가 있으므로 주의할 필요가 있다.

GMAT는 아무리 영어실력이 뛰어나고 논리력에서 자신이 있다고 하더라도 혼자서 준비해서는 높은 점수를 받기가 쉽지 않다. 영어실력만 기르면 GMAT를 잘 볼 수 있을 거라고 생각하지 말고 시험문제의 난이도에 대해서도 알아두어야 하고 출제경향에 대해서도 파악해두어야 한다. 이런 점을 고려하면 GMAT 전문학원의 도움을 받는 것이 좋을 것 같다. GMAT 공부는 혼자서 할 수 있는 공부가 아님을 명심하라.

TOEFL

일반적으로 경영대학원에서 요구하는 TOEFL(Test of English As a Foreign Language) 점수는 100/250/600점(IBT/CBT/PBT) 이상이다. 학교에서 요구하는 점수가 100점(IBT)이라면 지원자의 점수가 100점이든 120점이든 입학사정에서는 그 효력이 똑같다. 이 경우에 자신의 최고점수가 100점(IBT) 미만이라고 해도 그것만으로 불합격이 되는 것은 아니며, 학교 측에서 입학 이전에 학교 안에 설치된 어학과정을 수강하도록 안내하는 경우가 있으므로 이런 제도를 활용하면 된다.

유럽의 경영대학원 중에는 TOEFL 점수 대신 IELTS(International English Language Testing System) 점수를 제출해도 되는 곳들도 있다. 따라서 이런 유럽의 경영대학원 MBA 과정에 지원하고자 하는 사람이라면 이 두 가지 시험 가운데 자신에게 적합하거나 유리한 것을 선택하면 된다.

Tip ▶▶▶ 자신의 TOEFL 점수가 지원하고자 하는 경영대학원이 요구하는 수준에 미달한다면 그 경영대학원의 어학과정이나 그 경영대학원이 속한 대학교의 어학과정을 수강하겠다고 역제안하는 것도 하나의 방법이다. 어학과정은 대학교의 중요한 수입원이므로 대학교 측에서 오히려 수익의 측면에서 어학과정을 적극적으로 활용하는 경우도 있다.

또한 외국기업에서 일해보았거나 외국인과 함께 업무를 수행해본 경험이 있다면 에세이를 통해 그러한 경험의 내용을 적극적으로 알리는 것도 미흡한 TOEFL 점수의 불리함을 상쇄시키는 데 좋은 방법이 된다. 최근에 해외의 경영대학원들은 아시아 지역 지원자들의 TOEFL 점수가 비정상적으로 높아졌다고 보고, TOEFL 점수보다 지원자의 실질적인 영어능력에 더욱 비중을 두는 추세임을 주목하라.

학점

결론부터 말하자면, 학점(GPA; Grade Point Average)이 MBA 과정 지원자의 당락을 좌우하지는 않는다. 경영대학원은 어느 하나의 필요요건이 충족되지 않았다고 해서 그것만으로 불합격 처리를 하지는 않기 때문이다. 만일 자신의 학점이 낮다면 에세이, GMAT, 직장경력 등 다른 필요요건을 넉넉히 충족시켜서 보완하면 된다. 학점이 낮다면 다른 부분에서 보완이 될 만한 자신의 장점을 적극적으로 찾아내어 학교 측에 제시할 필요가 있다.

Tip ▶▶▶ 학점 역시 가장 최근의 것이 중요하다. 대학교 졸업생을 기준으로 보면 3~4학년 성적이 1~2학년 성적보다 더 중요하다는 것이다. 그러므로 전반적인 평균학점(GPA)은 낮지만 3~4학년 성적은 그런대로 괜찮은 편이라면 3~4학년에 자신이 이룬 학업성취의 내용을 에세이에서 강조하는 것이 바람직하다.

GPA가 매우 낮아 다른 부분에서 보완할 자신이 없다면 자신이 지원할 경영대학원을 선정할 때 아카데믹한 과정을 중시하는 경영대학원은 지원대상에서 제외하는 게 좋다. 아카데믹한 과정을 중시하는 경영대학원은 대개 전통적인 학풍을 갖고 있는 곳이며, 미국에서는 하버드대학교, 예일대학교, 시카고대학교가 대표적이다. 영국의 옥스퍼드대학교와 캠브리지대학교도 GMAT 점수와 함께 GPA도 중요하게 보는 경향이 있다.

직장경력

직장경력(Job Experience)도 해외의 MBA 과정에 지원하는 데 필수적인 요건이다. 대부분의 경영대학원에서 직장경력을 요구하고 있는데다가 MBA 과정의 학습목적을 달성하기 위해서도 직장경력으로 대표되는 경험이 기본적인 요건이기 때문이다. MBA 과정에 입학하는 사람들의 직장경력은 평균 3~5년 정도이며, 학교 측에서는 적어도 2년 이상의 직장경력을 요구한다. 물론 직장경력을 요구하지 않는 경영대학원도 있지만, 이런 학교는 추천하고 싶지 않다. 아무리 학교의 명성이 높다고 해도 학부를 갓 졸업한 사람들이 나의 MBA 과정 동기가 된다면 그들에게 나의 경험을 전해줄 수는 있겠지만 내가 그들로부터 얻을 것은 없을 것이기 때문이다. 그 어떤 학위과정보다 비싼 MBA 과정에 들어가서, 게다가 내 인생에서 그 어느 때보다 중요한 시기에 내 돈과 시간을 낭비할 이유가 없다.

경영대학원은 지원자가 어느 분야, 어느 회사에서 일을 했는지도 보지만, 무엇보다도 지원자가 직장에서 얼마만큼 성장했는지를 중점적으로 본다. 즉 지원자가 다닌 회사의 명성보다는 그 회사의 실제 업무에서 지원자가 자신의 전문성과 잠재력을 얼마나 키웠는지를 중시하는 것이다. 지원자가 직장경력에서 강조해야 할 부분은 직장조직 안에서 자신이 성장한 정도, 팀워크와 리더십 발휘, 직무와 관련된 전문성 수준 등 세 가지다.

Tip ▶▶▶ 해외의 경영대학원들도 한국인 지원자의 군대경력은 징병제도에 의한 의무복무임을 너무나도 잘 알고 있다. 의무복무는 경력으로 인정되지 않는다. 따라서 해외의 MBA 과정에 지원할 때 직업군인 출신이 아니라면 자신의 군대경력에 대해 자세히 설명해봐야 도움이 되지 않는다. 오히려 불필요한 사족만 될 가능성이 높다. 다만 군대경력 기간 중에 특별한 성과를 낸 적이 있거나 기업의 현업에 도움이 될 만한 경험을 한 경우에는 그런 것이 감안될 수는 있다. 또한 의무복무라 하더라도 육군의 특수병과에 복무했거나 해군, 공군, 해병대에 자원입대해 군대생활을 한 경우에는 자신만의 전문분야를 갖거나 전문분야의 능력을 기르기 위해 스스로 지원해 복무했다는 식으로 에세이에서 그러한 경험을 강조할 수 있다.

에세이

해외 MBA 과정에 지원할 준비를 하는 사람들로 하여금 가장 많은 고심을 하게 하는 것이 바로 에세이(Essay)다. 에세이는 당락을 좌우할 정도로 중요하다. 에세이는 보통 지원하는 경영대학원 측에서 제시한 몇 가지 질문을 바탕으로 해서 작성하는 것이 보통이다. 에세이는 각 주제별로 작성해 나가되 가급적 비즈니스와 연관된 내용이나 사례를 곳곳에 배치하는 것이 좋다. 에세이는 결국 그것을 읽는 사람의 눈길을 어떻게 잡아당길 것인가가 중요하다. 따라서 읽는 사람이 흥미를 느낄 수 있도록 에세이를 작성해야 한다. 이런 맥락에서 스토리텔링(Storytelling) 기법을 적용하는 방법도 고려해보라.

에세이는 거창하게 작성하기보다는 자신의 단점이 무엇이며 그 단점을 극복하기 위해 어떠한 노력을 기울여 왔는가를 알린다는 태도로 작성하는 것이 낫다. 자신이 갖고 있는 장점도 분명하게 알리되 겸손한 자세를 버리면 안 된다. 미국에서나 유럽에서나 겸손은 경영자가 갖추어야 할 최고의 덕목 중 하나다.

내가 만났던 MBA 입학담당자들은 아시아 지역의 지원자들이 제출한 에세이는 대체로 너무 정형화돼 있다는 지적을 하는 경우가 많았다. 지원자의 입장에서는 에세이 작성에 좀 더 많은 시간과 정성을 들여야 하며, 보다 창의적으로 스토리 전개를 해야 한다.

Tip ▶▶▶ 최근에는 MBA 과정 지망생들을 대상으로 에세이 작성법을 소개하는 도서를 쉽게 찾아볼 수 있고, 에세이 작성을 대행해주는 업체도 여러 곳 있다. 짧은 기간에 좋은 에세이를 작성하고자 한다면 이러한 도서와 업체를 활용하는 것이 효과적일 수 있다. 잘 씌어진 에세이를 많이 접하다 보면 자신만의 에세이를 어떻게 작성해야 하는지 그 방향이 보일 것이다. 너무 정형화된 형식과 내용이 되지 않게 하기 위해서는 회사에서 자신이 어떤 프로젝트를 주도적으로 수행했고, 학교에서 어떤 연구과제를 수행했는지를 반드시 기술해야 한다.

추천서

추천서(Recommendations)는 지원자에 대한 평가에 결정적인 영향을 미치는 것은 아니지만, 긍정적이지 않은 내용의 추천서는 심사에 부정적 영향을 미칠 수 있으므로 가급적 자신을 잘 아는 사람에게 부탁하는 것이 좋다. 추천서의 내용과 에세이의 내용이 같은 방향성과 일관성을 갖는 것이 바람직하다.

또 한 가지 유의해야 할 점은 추천서의 내용이 칭찬 일변도여서는 안 된다는 것이다. 추천서는 지원자에 대한 긍정적인 내용 80%, 부정적인 내용 20% 정도의 비율로 구성되는 것이 적당하다고 본다. 다만 20%에 해당하는 부정적인 부분에 대해서는 MBA 과정 이수를 통해 어떻게 개선되기를 기대한다는 말이 덧붙여져야 할 것이다. 왜 이렇게 해야 하느냐면 미국이나 유럽의 교육분야에 보편화돼 있는 추천문화는 지원자에 대한 정확하고 솔직한 정보를 학교에 제공하는 데 비중을 두고 있기 때문이다.

Tip ▶▶▶ 추천인이 반드시 유명한 사람이나 고위 직급자일 필요는 없다. 추천인이 세 명이라면 한 명은 직장상사, 한 명은 자신이 졸업한 대학의 교수, 나머지 한 명은 자신이 현재 속해 있는 조직의 사람으로 구성하면 무난하다. 그리고 가능하면 추천서에 담길 내용의 초안을 자신이 미리 작성해서 추천인에게 전달해 참고하게 하는 것이 좋다. 이렇게 해야 추천서의 내용이 자신이 작성하는 에세이의 내용과 서로 보완해주는 역할을 할 수 있게 되기 때문이다.

작성된 추천서에 대해서는 원어민이나 영어문장에 익숙한 사람의 교정(Proofreading)을 받는 것이 바람직하다. 추천서는 추천인이 작성하는 것이라는 원칙을 지키느라 교정을 생략하는 지원자들도 있지만, 이런 태도는 좋지 않다. 모든 지원서류는 영어문법상 틀린 곳이 있으면 절대로 안 된다. 그러므로 추천서도 반드시 교정을 거치도록 한다.

인터뷰

모든 경영대학원이 다 지원자에 대해 인터뷰(Interview)를 실시하고 있지는 않지만, 최근에 인터뷰가 점점 더 중요시되면서 인터뷰를 실시하는 경영대학원이 부쩍 늘어나고 있다. 일부 유명 경영대학원들은 전 세계 투어를 통해 우수한 지원자들을 직접 만나 인터뷰를 실시하기도 한다. 어떤 경영대학원들은 전화로 인터뷰를 실시하기도 한다.

인터뷰를 준비하는 데는 왕도가 따로 있지 않다. 예상되는 질문과 답변을 미리 영어로 작성해 놓고 연습해두는 것이 최선의 방법이다. 인터뷰에서 긍정적인 인상을 줄 수 있도록 미리 연습을 많이 해두는 노력을 기울여야 한다. 인터뷰에서 던져지는 질문은 일반적으로 다음과 같다.

― 왜 MBA 과정을 이수하려고 하는가?
― 왜 우리 학교를 선택했는가?

— MBA 과정을 이수하면서 학교에 무슨 기여를 할 수 있는가?

— MBA 과정을 마친 뒤의 경력계획은 무엇인가?

— 직장경험에서 가장 크게 성취한 사례는 무엇인가?

— 조직에서 팀워크와 리더십을 발휘한 사례가 있는가?

Tip ▶▶▶ 영어로 인터뷰를 해야 한다는 부담감으로 인해 인터뷰를 할 때 당황해서 하고 싶었던 말을 다 하지 못하는 지원자들이 의외로 많다. 따라서 미리 대면 인터뷰와 전화 인터뷰라는 두 가지 상황을 가정하고, 직접 롤 플레이(Role play)를 해볼 것을 권한다. 대면 인터뷰를 연습할 때에는 외국인에게 요청해 예상되는 질문을 던져 달라고 하라. 전화 인터뷰는 전화라는 기계적 환경으로 인해 질문이 정확하게 전달되지 않아 그 뜻을 이해하는 데 애를 먹는 경우가 많으므로 평소에 전화 영어회화 과정 등을 이용해 전화 인터뷰의 형식에 익숙해지려는 노력을 해야 한다.

지원시기

지원시기(When to apply)에도 신경써야 한다. 지원시기와 관련해 반드시 기억해둬야 할 점은 학교 측에서 정한 서류제출 마감일에 임박해서 지원하면 입학허가를 받게 될 확률이 낮다는 것이다. 대부분의 해외 경영대학원들은 외국인에게는 가급적 일찍 지원하라고 안내하고 있다. 국가별 선발인원이 정해져 있다고 하더라도 우수인력이 일찍 지원해오면 마다할 경영대학원은 없다. 실제로 많은 경영대학원들이 '지원서류를 먼저 보내온 지원자를 먼저 평가(First come, First evaluate)'하는 방식으로 입학사정을 한다. 가을에 학기를 시작하는 학교는 대부분 입학사정을 11월에 시작해 이듬해 2월과 4월 사이에 마감한다.

경영대학원이 지원서류를 검토하는 방식에는 롤링(Rolling) 방식과 라운드

	시기	단계	내용
첫해 | 준비	3~4월	준비 시작	— MBA 과정에 대한 조사 실시
	6월	MBA Fair 참가	— 자료수집 및 학교담당자와 상담
	7월	조사 완료	— 조사내용 정리
	8월	학교 선정	— 자신에게 가장 적합한 MBA 과정 선정 — 학교에 지원의사가 있음을 이메일로 통지
	9월	필요요건 (requirements) 확인	— 학교별 구비요건 확인 — GMAT 및 TOEFL 점수 취득 — 학부 영문성적표 및 경력증명서 준비
	10월	점수 발송과 에세이 작성	— GMAT 및 TOEFL 점수 발송 — 학교별 에세이 작성
	11월	추천서 작성	— 추천서 작성 및 추천요청 대상자 선정
	12월	지원서 작성	— 입학원서 작성 및 구비서류 최종 확인
둘째해 | 지원 및 입학	1월	지원서 발송	— 지원서 및 구비서류 학교별 송부
	2월	인터뷰 참가	— 학교별 인터뷰 방식 확인 및 참가
	3~5월	사정결과 확인	— 합격통지 수령 및 입학할 학교 선정
	6~8월	출국	— 사전준비 및 현지 적응
	9월	입학	— MBA 과정 시작

(Round) 방식 두 가지가 있다. 롤링 방식은 서류접수 마감일을 1년에 1회로 정해 놓고 지원서류를 접수 순서대로 심사하는 것을 말하며, 라운드 방식은 1년을 1~4라운드로 구분하고 라운드별로 지원마감일을 정해 놓고 그 마감일까지 접수된 지원서류들을 한꺼번에 심사하는 것을 말한다. 한국인 지원자라면 2라운드의 마감일을 데드라인으로 생각하고 그 전에 지원절차를 마치는 것이 바람직하다.

경영대학원들은 특정 지원자의 지원서류가 모두 다 도착해야만 그 지원자에 대한 입학사정을 시작한다는 점에도 유의해야 한다. 지원서류를 준비하고 발송하는 과정에서 이 점을 잊지 말아야 한다.

위 표는 9월에 시작하는 가을학기에 입학하는 것을 목표로 해외 MBA 과정에 지원하는 일정을 어떻게 관리하는 것이 효과적인지를 알기 쉽게 정리해본 것이다. 단 경영대학원의 입학사정 일정은 학교별로 다소 상이하다는 점을 감안해야 한다.

MBA라는 비즈니스

MBA 과정을 이수하기로 결심하는 시점에서부터 학위를 취득하고 원하는 직장을 구할 때까지의 과정은 'MBA 비즈니스'라고 할 수 있다. 대학원에 가서 공부를 한 뒤에 다시 직장을 구하는 과정을 '비즈니스'라고 하는 말이 다소 생소하게 들릴 수도 있겠다. 하지만 MBA 과정, 특히 해외의 MBA 과정을 이수하는 것은 지원준비에서부터 학위취득 후까지의 과정 전체가 하나의 프로세스로 진행되기 때문에 비즈니스적인 관점에서 바라보고 준비하지 않으면 도중에 발생하는 다양한 변수와 문제에 적절히 대응하기가 쉽지 않다. 주위에서 쉽게 볼 수 있는 것처럼 MBA를 준비하다가 도중에 포기하는 사람들은 대부분 전략적이고 체계적인 준비와 지원을 하지 못한 경우에 해당된다.

MBA 과정에 대해 비즈니스적 관점을 갖는 것이 필요한 이유를 말해주는 예를 하나 들어보자. 국내외에서 개최되는 MBA 페어에 가보면 학교에서 나온 입학담당자와 많은 이야기를 나누려고 노력하는 사람들을 볼 수 있다. 이런 사람들은 해당 학교에 대한 자신의 관심과 입학의지를 입학담당자에게 적극적으로 피력한다. 면담을 마친 뒤에는 자신의 명함을 학교담당자에게 건네면서 자신을 기억해줄 것을 바란다고 말한다. 이런 사람들은 자기 자신을 '프로모션'하고 있는 것이며, 바로 'MBA 비즈니스'를 실천하고 있는 것이다.

이렇게 자신의 존재를 알리고 가치를 높이는 행위는 실제로 입학담당자로 하여금 자신의 이름을 기억하게 하고, 결국은 나중에 입학허가를 받는 데 도움이 될 수 있다. 내가 아는 한 사람은 MBA 페어에서 자신이 진학하고자 하는 학교의 홍보담당자와 많은 이야기를 나누었는데, 나중에 실제로 그 학교에 지원한 뒤에 진행된 인터뷰에서 바로 그 홍보담당자를 자신의 인터뷰어로 만났다고 한다. 이런 경우는 'MBA 비즈니스' 활동을 성공적으로 한 것이며, 그 활동이 좋은 결과를 가져다주었다는 말은 굳이 덧붙일 필요도 없다.

MBA 과정에 지원해 입학허가를 받기 위해서는 GMAT, TOEFL, GPA, 에세이와 같은 필수적인 요건을 충족시켜야 하는 것은 기본이지만, 이러한 요건을 충족시키는 것도 비즈니스의 관점에서 보면 전체 프로세스에서 부분적인 일일 뿐이다. 전체 맥락에서 본다면 학교 측에 자신의 이름을 알리려는 작은 노력 하나가 훨씬 더 중요한 역할을 할 수도 있는 것이다.

MBA 비즈니스 프레임워크

오른쪽 표는 앞에서 설명한 'MBA 비즈니스'의 프로세스 전체를 한눈에 파악할 수 있도록 정리해본 프레임워크다. 독자들은 이 프레임워크를 바탕으로 각자 자신만의 'MBA 비즈니스'를 어떻게 실행해 나갈 것인지를 고민해 보고 자신의 방향성과 실천계획을 가지고 자기만의 'MBA 비즈니스 프레임워크(MBA Business Framework)'를 수립해볼 수 있을 것이다. 즉 이 프레임워크를 참고해서 각자 MBA 과정에 지원하기 위한 준비과정과 그 뒤의 계획에 대해 나름대로 보다 체계적이고 전체적인 그림을 그려보라.

| MBA 비즈니스 프레임워크

1단계: 기본적인 점검	
단계	**자신에게 던져볼 질문**
기본전제 Premise	MBA 과정에 진학할 준비를 하는 데는 많은 투자와 시간이 필요한 만큼 철저한 계획과 조사, 그리고 MBA의 가치에 대한 명확한 판단이 전제돼야 하며, 다음 질문에 명쾌한 답을 할 수 있어야 함. — 자신의 직업목표와 인생목표에 MBA가 왜 필요한가?
자기 인식 Self Awareness	— 직무 전문성(job specialty)을 보유하고 있는가? 　　예) 사업전략, 영업/마케팅, HR, 재무, 회계, 구매 등 — 양질의 직장경력이 4~5년 이상 되는가? — 본인의 재정상황이 중장기 투자가 가능한 수준인가? 　　예) 학비, 생활비, 학업기간 중의 기회비용 등 — 학업과 현지생활에 필요한 어학능력을 보유하고 있는가?
직업 확장 Job Extension	— 직장경험과 MBA 과정을 연계시킬 구체적인 계획을 가지고 있는가? — MBA 과정을 통한 역량개발 계획이 명확하게 수립돼 있는가? — Post MBA Job에 대한 분명한 지향을 가지고 있는가? — 주위의 전문가(MBA 소지자, 헤드헌터 등)와 자신의 MBA 이수 및 그 후의 계획에 대해 상담해 보았는가?

2단계: 준비와 지원	
단계	**준비 사항**
가능성 분석 Feasibility Analysis	— MBA Fair에 참가해 학교별 장단점을 확인하고 해당 학교의 담당자와 교류활동 개시 — MBA 과정 지원자들을 돕는 전문기관의 커리어 컨설팅을 받아봄 — 지원가능 경영대학원 목록을 순위화해 작성
구비사항 Requirements	— GMAT와 토플 시험 준비 — 지원서류의 내용을 미리 분석해보고 지원일정을 수립 — 에세이를 작성하고 추천자를 확보 — 지원서류 작성을 완료하고 최종 교정을 실시
지원 Application	— 학교별 지원 마감일을 준수하되, 가급적 조기에 지원 — 입학허가를 받게 되면 출국 준비에 착수 　　예) 기숙사 신청, 비자 신청, 재정상황 확인, 가족 동반시 자녀의 학업 문제, 재직회사 퇴사 절차 등 — 입학허가를 내주지 않은 경영대학원에도 감사 메일 발송

다음 쪽에 3단계 내용이 이어짐

<table>
<tr><td colspan="2" align="center">3단계: 과정 이수와 그 후</td></tr>
<tr><td align="center">단계</td><td align="center">유념할 점들</td></tr>
<tr>
<td align="center">학업
MBA Experiences</td>
<td>— MBA 과정이 제공하는 교환학생 프로그램에 적극적으로 참여
— 강의에는 빠짐 없이 출석해 수업에 기여한다는 자세로 임함. 매 순간 순간이 내가 돈을 지불하고 산 것임을 잊지 말 것
— 산학 연계 프로젝트의 주제는 향후 취업하기를 원하는 회사와 밀접한 관계가 있는 것으로 선정</td>
</tr>
<tr>
<td align="center">관계 확장
Social Networking</td>
<td>— 동료를 사귀는 것도 전략적으로 할 것. 여러 나라에 친구가 있으면 졸업 후 직장생활에 큰 도움이 됨
— 유럽에서 MBA 과정을 이수하게 된다면, MBAT와 같은 이벤트나 행사에 반드시 참여</td>
</tr>
<tr>
<td align="center">직업 개발
Job Leveraging</td>
<td>— MBA 과정에 진학하기 전의 경력과 프로젝트 수행을 연계시키고, 그 결과물을 토대로 졸업 후 지원하는 회사에 자신이 어떠한 기여를 할 수 있는지를 강조
— Post MBA Job이 경력성공 여부를 좌우함. 최소 3년 이상 근무하겠다는 자세로 신중하게 선택</td>
</tr>
</table>

4장

MBA 비판에 올바로 대응하기

MBA 교육에 대해 비판론을 제기하는 사람들이 있다. 이는 2000년대에 들어 MBA 학위 취득자들이 직업시장에 부쩍 많이 등장하게 되면서 MBA의 희소성과 가치가 예전만 못해지는 추세와 연관된 현상이라고 볼 수 있다.

MBA에 대한 비판론은 다음과 같이 세 가지로 나눌 수 있으며, 나는 그 각각에 대해 반론을 제시하고자 한다.

비판론 1: MBA 교육의 비합리성에 대한 비판

비판론 2: MBA 교육의 비현실성에 대한 비판

비판론 3: MBA 출신자들의 비윤리성에 대한 비판

독자의 입장에서는 MBA에 대한 이러한 세 가지 비판론의 내용과 그 각각에 대한 나의 반론에 대해 이해하고 이어 내가 제시하는 제언까지 참고한다면 보다 근본적이고도 깊은 MBA관을 갖게 될 것이다.

MBA 비판론의 등장

2000년대에 들어 해외 MBA 학위 취득자들이 대거 국내 직업시장에 쏟아져 들어오면서 MBA의 희소성과 가치가 예전만 못해지고 있다. 이러한 흐름은 국내에 한국형 MBA 과정이 다수 생겨나기 시작하면서 더욱 가속화되고 있다.

그런데 이러한 변화가 진행되는 가운데 최근 들어 MBA 교육이 기업의 비즈니스 현실과 멀어지고 있다면서 MBA 교육을 비판하는 사람들이 등장하고 있다. 이런 사람들 중에는 세계적으로 저명한 경제사상가들도 포함돼 있어 주목된다. 그들이 주장하는 내용을 정리해 보면 대략 이러하다.

"MBA 출신 직원들은 다른 직원들보다 많은 연봉을 받고 일하지만 조직에서 제 역할을 다하지 못하고 있으며, 경영대학원에서 그들이 배운 내용은 기업의 현실에 적용하기에 무리가 있다."

심지어 일각에서는 이러한 비판에서 더 나아가 MBA 학위 자체에 대해 무용론까지 펴고 있다. 이러한 비판적 시각은 최근의 경제적 상황을 결과론적 관점에서 본다면 나름대로 일리가 있어 보이기도 한다.

예를 들어 2008년 9월에 미국의 대표적인 대형 투자은행 가운데 하나인 리먼브라더스(Lehman Brothers Holdings Inc.)가 파산한 것을 기점으로 선진화된 금융시스템을 기반으로 발전해온 파생금융상품 투자 위주의 금융 비즈니스 모델이 미국 경제위기의 주범으로 낙인찍히게 됐다. 이러한 비즈니스 모델의 개발과 보급에 앞장섰던 경영자들과 파생금융상품 개발자들은 대부분 MBA 출신이었으므로 결국 그들에게 비난의 화살이 쏟아졌다. 더 나아가 금융시스템의 붕괴로 인한 경제위기의 책임을 MBA 출신 경영자들에게 돌리는 양상까지 나타났다. 그러자 그들을 배출한 MBA 과정에 문제점이 있는 것이 아닌가 하는 비판적인 사고와 의견이 제기되기 시작한 것이다.

그런데 흥미로운 점이지만, 사실 MBA에 대한 비판론 또는 무용론은 세계적인 경기침체나 경제위기의 시기에는 어김없이 등장하곤 했다. 1990년대 후반에 동아시아가 경제위기에 빠졌을 때에도 MBA 학위에 대한 부정적인 시각이 국내외에서 크게 대두된 바 있다.

이처럼 불황이나 위기의 시기에는 교육제도나 교육방식에 대해 비판적인 목소리가 나오곤 하는데, 이러한 현상은 기업에서도 마찬가지로 나타난다. 즉 경기침체기에 기업의 실적이 나빠지거나 기업이 존립을 장담할 수 없을 정도의 위기상황에 빠지게 되면 기업 내부에서 인재의 양성과 활용 방식에 대한 비판적인 의견이 나온다. 기업은 실제로 우수인력 채용을 줄이거나 기존 직원들의 역량 향상을 위한 교육비용 지출을 삭감하는 방식으로 위기상황에 대응하기도 한다.

나는 위기상황에 대한 기업의 이러한 대응방식에 전적으로 동의하는 것은 아니지만, 단기적으로 비용절감의 필요성이 있을 때에는 이러한 대응방식이 효과적일 수 있다고 생각한다. 장기적으로 기업의 실적을 향상시키기 위해서는 인재양성이 반드시 필요하므로 일시적으로 위기가 닥쳤다고 해서 우수인력 채용을 줄이거나 사내 교육비용 지출을 삭감하는 것은 근시안적인 정책일 수 있겠지만, 경기가 워낙 어렵거나 기업의 실적이 좀처럼 향상되지 못하는 상황에서는 기업의 전반적인 인재양성 계획에 무리가 가지 않는 수준에서 그렇게 하는 것도 얼마든지 가능한 일일 것이다. 예를 들어 삼성그룹은 2008년의 경기불황 상황에서 닥친 위기상황에 대한 대응책의 하나로 글로벌 지역전문가 파견 제도의 규모를 축소한 바 있다.

그렇다면 MBA에 대한 비판론도 납득할 만한 타당성을 갖고 있는 것일까? MBA 과정을 운영하는 경영대학원의 교육방식에 어떠한 문제점이 있기에 MBA 학위 자체에 대한 무용론까지 나오는 것일까? MBA에 대해 비판하는 사람들이 MBA를 필요로 하고 실제로 활용하는 기업에 대해서는 왜 비판하지 않는 것일까? 나 자신이 해외 MBA 학위를 갖고 있는 동시에 기업의 인재양성 전략을 수립하고 운영해본 경험도 갖고 있기 때문인지 위와 같은 MBA 비판론에 대해 반론을 제시하고 나 나름의 제언을 하고 싶은 마음이 든다.

MBA 비판론에 대한 반론

'MBA 교육의 비합리성' 비판에 대해

"경영은 경험, 직관 또는 통찰, 과학적 분석능력 등 다양한 자질을 요구한다. 현재의 MBA 교육은 현장의 실무와 경험을 중시하기보다는 이론과 단순한 숫자계산을 지나치게 강조하고 있어 기업의 경영자를 양성하는 교육과정으로서는 현실과 거리가 너무 먼 교육을 하고 있다. MBA 교육이 경영자를 길러내는 데 목적을 두고 있다면 경험을 쌓고 통찰력을 키우는 교육을 제공해야 하는데 실제로는 그렇게 하지 못하고 있다. 따라서 MBA 과정은 비즈니스의 현장에서 요구하는 바와는 동떨어진 비합리적인 학위과정이다."

이것은 MBA 과정을 비판하는 사람들이 흔히 하는 주장이다. 그런데 사실은 경영대학원들 자신이 오히려 이러한 비판론의 내용에 대해 평소에 가장 유념하고 경계한다.

MBA 과정은 애초부터 피교육자의 직무경험, 직관 또는 통찰, 과학적 분석능력을 향상시킴으로써 경영 현장에서 그러한 것들을 활용할 수 있도록 돕는다는 목적으로 생겨난 것이다. 이러한 교육목적은 MBA 과정이 기존의 학문적 경영학 석사(미국에서는 'MA in Business Administration', 영국에서는 'MSc in Management') 과정과 그 형태와 운영방법을 달리하게 된 이유다. MBA 과정의 교육은 피교육자로 하여금 기업과 연계된 비즈니스 프로젝트를 수행하게 하는 방식을 활용하고 있고, 피교육자가 직업전선으로 돌아가서 보다 통합적인 시각에서 문제해결을 할 수 있도록 피교육자를 훈련시킨다.

최근에 MBA 과정은 대부분 액션러닝(Action learning) 형태의 교육방식을 적극적으로 적용하고 있다. 이는 피교육자로 하여금 실제의 업무현장에서 활동을 해보고 그 경험에 대한 분석과 성찰을 하게 함으로써 교육효과를 높이는 방식이다. 또 많은 경영대학원들이 기업 쪽의 요구를 일찌감치 수용해 산학연계 프로젝트를 교육과정에 필수적으로 포함시키고 있다. 이런 점들은 MBA 과정이 피교육자를 최대한 기업 현장의 현안 문제에 관여시켜 문제해결 능력을 기를 수 있도록 돕고 있다는 뜻이다. 이와 함께 피교육자들이 기업 현장으로 돌아가 관리자로서 기여할 수 있도록 리더십(Leadership)과 코칭(Coaching) 역량을 함양시키는 데도 최근 경영대학원들이 관심을 집중하고 있다.

나는 MBA 교육이 비합리적이라고 주장하는 학자들에게 이렇게 반문하고 싶다. 그렇다면 경영대학원의 MBA 과정을 제외하고 대학 또는 대학원의 어떠한 교육과정이 피교육자로 하여금 일선 기업이 직면하는 과제에 대해 고민을 하고 해결책을 강구해낼 능력을 기르게 하는 데 성공했는가? 아직은 MBA 과정만큼 기업의 현장과 밀착된 형태의 경영교육을 성공적으로 해내고 있는 전문적인 교육방식은 없다. 또한 MBA 과정만큼 직장인과 기업에 실용적인 교육성과를 가져다주는 교육방식도 없다.

MBA 과정과는 별도로 보다 현장감 있는 경영교육을 실시해보려는 시도가 일부 교육기관에 의해 이루어진 적은 있지만, 그러한 교육과정은 경영교육이라기보다는 직무교육에 치우쳤다. 이러한 직무교육은 기업에서 이미 이루어지고 있는 것이며, 경영교육보다 훨씬 제한된 범위의 전문가 양성교육이라고 할 수 있다.

'MBA 교육의 비현실성' 비판에 대해

"MBA 과정이 갓 대학을 졸업한 사람이나 신입사원급 직장인에게도 입학의 문호를 열어 놓고 있어, 비즈니스 실무경험이 전혀 없거나 거의 없는 사람들이 피교육자가 되고 있다. 이로 인해 기업 현장의 경험을 교류하며 경영상의 문제에 대한 해결책을 찾아낸다는 MBA 과정의 본래 취지가 흐려지고 있다. 현장경험이 일천한 피교육자들을 대상으로 과거의 성공적인 경영사례에 대한 분석을 중심으로 이루어지는 교육이라면 비즈니스의 현장에서 필요로 하는 경영에 대한 통찰력을 함양하는 데 한계가 있다."

이러한 비판에는 어느 정도 일리가 있다. 이러한 비판의 대상이 되는 현상은 주로 미국의 일부 경영대학원들에서만 문제가 되고 있다는 사실은 위와 같은 비판을 하는 사람들 자신도 잘 알고 있을 것이다.

미국에서는 일부 대학들이 산학연계 활동을 통해 학문적 성과를 높이는 동시에 대학 스스로 이익도 창출해야 한다는 이른바 고등교육 자본주의, 즉 '아카데믹 캐피털리즘(Academic capitalism)'을 이익창출에만 치중해 받아들임에 따라 그 영향이 MBA 과정에도 미치고 있다. 다시 말해 MBA 과정을 지나치게 상업적인 관점에서 바라보는 미국의 일부 대학들이 더 많은 학생을 유치하기 위해 입학자격 요건을 낮추어 직장경력이 없는 학부 졸업생에게도 입학허가를 내주고 있는 것이다. 경기침체기에는 MBA 과정에 대한 실질적인 지원율이 떨어지므로 이런 현상이 더욱 심해진다.

MBA 과정을 운영하는 경영대학원은 아카데믹 캐피털리즘이 '아카데믹 커머셜리즘(Academic commercialism)'으로 변질되지 않도록 스스로 경계해야 한다. 그렇게 하지 않으면 MBA 과정 자체가 상업화되면서 영리 위주로 운영되게 되어 그 교육의 질이 떨어질 수 있기 때문이다. 실제로 미국에서 MBA 학위를 취득한 뒤 귀국하는 한국인 가운데는 별다른 직장경력을 갖고 있지 않은 사람들이 적지 않은데, 이들은 MBA 학위 소지자라고 하더라도 대부분 신입사원으로 기업에 입사한다.

최근에 하버드 경영대학원을 비롯한 미국의 주요 경영대학원들이 MBA 과정 지원자의 최소 경력기간 요건을 3년에서 2년으로 낮추고 있는데, 이것도 경험을 통한 학습이라는 MBA 과정의 원형에서 다소 비켜가고 있는 것이 아닌가 하는 의구심을 갖게 한다. 이런 추세라면 앞으로 미국의 MBA 과정은 결국 기존의 일반 경영학 석사(MA in Business Administration) 과정과 비슷해져 가는 것 아닌가 하는 생각에 아쉬움이 남는다.

이러한 추세는 MBA 과정 자체에 치명적인 문제점을 초래할 수 있다. 직장경력이 없는 학생들이 높은 비중을 차지하도록 MBA 과정의 피교육자 구성이 이루어진 상태에서는 MBA 교육의 효과가 낮을 수밖에 없다. 그렇게 해서는 피교육자의 경험과 경영이론을 융합시키고 그 결과로 도출된 비즈니스상 해결책을 기업 현장에 적용한다는 MBA 교육의 목적과 취지를 살릴 수 없게 되기 때문이다.

유럽의 경영대학원들은 다르다. 앞에서도 말한 바와 같이, 유럽 경영대학원의 MBA 과정에 참여하는 학생들을 살펴보면 보통 5~7년에 이르는 양질의 직장경험을 가진 사람이 대부분이며, 그들은 한국 기업의 직급을 기준으로 보면 대리 말년, 과장, 또는 차장 초년 정도에 해당한다. 유럽의 경영대학원들은 대체로 3년 이상의 직장경험을 갖고 있지 않은 지원자는 심사대상에서 아예 제외하고 있다. 교육학적 관점에서 보아도, 유럽의 경영대학원들은 오래 전부터 인식적 접근법(Cognitive approach)을 통해 피교육자가 갖고 있는 경험과 지식을 활용하는 것이 교육의 과정에서 중요함을 강조해 왔다는 사실은 이런 맥락에서 시사하는 바가 크다.

따라서 MBA 과정이 실무경험이 없는 사람들을 대상으로 교육을 실시함으로써 그 원래의 취지에 부합하는 효과를 제대로 가져오지 못하고 있다는 MBA 비판론은 미국, 그것도 700개가 넘을 정도로 많은 미국의 경영대학원들 가운데 일부에 대해서만 타당할 뿐이다.

'MBA 출신의 비윤리성' 비판에 대해

"2008년에 열린 하버드 비즈니스스쿨 100주년 기념행사에서 하버드 비즈니스스쿨 학장은 'MBA 출신들은 그동안 세상이 얼마나 많이 변했는지를 이해하지 못하고 실수를 저질렀다'라고 말했다. 2007년 이후의 경제위기 속에서 미국의 대형 투자은행들이 연이어 파산하고 파생금융상품의 시장교란으로 인해 주가가 폭락하는 사

2007년 이후 미국에서 잇달아 드러난 것과 같은 기업 스캔들은 사실 어느 기업에나 있을 수 있는 도덕적 해이의 결과다. 부도덕한 일부 기업이나 경영자의 오류와 잘못에 대한 책임을 MBA 출신들에게 돌리는 것은 무리한 주장이다. 경제위기, 파생상품 문제, 주가폭락 등이 MBA 출신들의 오판에서 비롯됐다는 주장에도 나로서는 동의하기 어렵다.

예를 들어 주가의 폭락은 기업가치의 폭락을 의미하는 것인데, 기업 내 MBA 인력과 기업가치의 하락 사이에 어떠한 인과관계가 있다는 말인가? 이보다는 오히려 각 기업에서 그동안 MBA 인력이 업무 프로세스를 개선하고 현안문제 해결 중심의 업무수행을 통해 기업가치의 향상에 기여해 왔다는 것이 보다 일반적이고도 보편적인 평가일 것이다.

2007년 이후에 미국을 시작으로 전 세계에 파급된 경제위기는 미국 정부의 재정적자와 방만한 경제정책, 그리고 일부 기업들의 무리한 투자관행과 도덕적 불감증 등에서 비롯된 것이지, 그동안 기업의 성과 향상을 위해 노력해온 MBA 인력들에게 문제가 있었기에 발생한 것이 아니다.

MBA 비판론 극복을 위한 제언

사실 MBA 과정은 비판론자들이 제기한 위와 같은 문제들에 대한 해결책을 찾기 위해 필요한 학문적인 지식, 기업 현장의 정보, 과정참여자의 경험이 집중되고 공유되는 곳이다. 피교육자의 경험을 기반으로 해서 교육이 실시된다는 점에서 MBA 과정은 가장 진보된 형태의 교육제도라고 할 수 있다. 만일 앞에서 소개된 바와 같이 MBA를 비판하는 기업이 있다면 그 기업은 그렇게 비판만 하기보다는 오히려 자사에 진정으로 필요한 MBA 인력을 올바르게 선발해 활용하고 있는가를 스스로에게 질문해보는 것이 더 나을 것이다.

최근의 세계적인 경제위기 또는 경영위기에 대한 책임소재를 따지는 논의가 일어나자 MBA 교육을 문제 삼으면서 MBA 과정과 학위에 대해 비판하고 무용론을 내세우는 양상이 나타나고 있는데, 이는 다소 기회주의적이고 면피주의적인 발상에서 연유한 것이 아닌가 하는 게 나의 생각이다. 앞에서 MBA에 대한 여러 가지 비판론에 대한 나의 의견을 제시하기도 했지만, 그러한 비판론의 대부분이 현실적으로 타당성이 없음을 보여주는 증거는 주위에서 쉽게 찾을 수 있다. 예를 들어 기업들이 그러한 비판론을 받아들여 MBA 인력의 채용을 중단하거나 축소하는 추세를 보이고 있을까? 그렇지 않다. 기업들은 오히려 위기상황을 극복하기 위해 MBA 인력을 채용하는 데 더 적극적인 태도를 보이고 있다. 위기상황으로 표출된 더욱 복잡해지고 글로벌화된 경영환경 속에서 시장을 리드하기 위해 핵심인력의 역할을 예전보다 더 강조하면서 우수한 인적자원을 더 많이 확보하기 위해 MBA 인력의 채용을 늘리는 추세다. 다만 기업들은 이제 우수인력 채용에 대한 결정을 쉽게 내리지 않는다. 투자 대비 수익성에 근거해 우수인력의 필요성에 대해 면밀하게 분석해보고 우수인력의 활용방식과 채용으로 기대되는 실익을 철저히 따져보고 나서 우수인력을 채용하는 결정을 내리고 있는 것이다. 또한 일단 확보된 우수인력에 대해서는 그 활용도를 높인다는 관점에서 계속해서 관리하고 투자한다.

그렇다면 경영대학원들도 기업과 보다 밀접하게 연계하여 기업이 원하는 인재를 양성해낸다는 시대적인 요구를 적극 수용해야 한다. 최근에 유럽의 많은 경영대학원들이 기업과 연계된 프로젝트를 필수 교과목으로 편성하고 있는 것은 바로 이러한 시대적인 요구를 반영하려는 노력의 일환이다. 또한 서로 전략적 제휴 관계를 맺고 있는 경영대학원들이 교수진을 교환하면서 교육과정을 함께 개발하거나 실행하는 방식으로 학생들을 공동으로 가르치는 이른바 '팀 티칭(Team teaching)' 이 많이 이루어지고 있는데 이러한 팀 티칭에 기업의 경영자들도 참여시킴으로써 교육의 효과를 높이고 있는 추세도 주목할 만하다. 비즈니스 교육의 최상위, 최일선에 서 있는 MBA 과정은 이러한 일련의 개선을 시도하며 계속 발전하고 있는 중이다.

MBA의 핵심은 프로젝트다

이 장에서는 MBA 과정의 학생들이 수행하는 다양한 과제 가운데 프로젝트(개인 프로젝트 또는 그룹 프로젝트)에 대해 자세히 살펴볼 것이다. 경영의 현장에서 현안문제를 해결하는 능력을 함양시키기 위한 액션 러닝(Action learning)이 최근 MBA 교육에서 가장 주목받고 있는 교육방법이라는 점에서도 프로젝트는 갈수록 더 중요해지고 있다.

나는 여기서 프로젝트에 대한 일반적인 설명을 하고 나서 나 자신이 MBA 과정에서 수행한 개인 프로젝트의 결과물인 프로젝트 리포트(Applied research project report)를 소개하고자 한다. 이 장을 차분하게 읽고 나면 MBA 과정에서 프로젝트의 주제를 선정하는 방법과 주제에 대한 분석의 절차 및 구조, 프로젝트에서 요구되는 분성의 수준과 완성도 등에 대해 어느 정도 감을 잡을 수 있을 것이다. 아울러 높은 품질의 프로젝트 리포트를 작성하는 것이 MBA 과정을 이수한 뒤의 경력개발에 어떻게 도움이 되는지에 대해서도 이야기해보겠다.

프로젝트의 중요성

MBA 과정에서 자신이 선택할 수 있는 부분은 많지 않다. 선택과목(Electives)을 통해서도 희망하는 분야에서 심도 있는 학습을 할 수는 있지만, 이런 선택의 범위는 제한적이다. 그런데 개인 또는 그룹에게 부여되는 프로젝트에서는 자신 또는 자신이 포함된 그룹이 희망하는 주제를 자유롭게 선택할 기회가 주어진다.

만일 자신이 해외마케팅 분야의 업무경력을 가지고 있고 MBA 과정을 이수한 뒤에 글로벌 마케팅 및 브랜딩 분야에서 자신의 경력을 더욱 발전시키고자 한다면, 프로젝트에서 자신이 나중에 입사하기를 원하는 기업을 대상으로 정하고 그 기업이 안고 있는 당면 문제와 관련된 주제를 선택한 다음에 조사와 분석을 거쳐 그 문제에 대한 최선의 해결책을 도출하고 그 해결책을 리포트로 정리해 제시할 수 있다. 이러한 방향의 프로젝트 수행과 그 결과물은 나중에 자신이 바로 그 기업에 입사지원을 할 때 효과를 발휘해줄 것이다. 해당 기업에서는 자사에 대한 지원자의 관심이 매우 높다고 평가할 것이며, 그 지원자가 자사의 성과에 기여할 수 있다는 확신을 갖게 될 가능성이 높다.

사실 기업에서 MBA 학위 소지자를 채용할 때 지원자의 MBA 학업성적은 그다지 중요하게 고려하지 않는다. 지원자가 기업에 어필할 수 있는 부분은 직무와 관련된 전문성과 업무수행 능력인데, 이러한 것들은 MBA 학업성적보다는 오히려 과정 중에 수행한 프로젝트의 결과물을 통해 더 잘 보여줄 수 있다.

경영대학원들은 프로젝트의 중요성을 강조하고 있으며, MBA 과정들은 대부분 액션 러닝 형태의 교육방식을 채택해 피교육자들로 하여금 실제의 업무현장에서 벌어지는 활동을 경험하게 하고 그 과정에서 문제해결을 위한 분석능력을 기르도록 유도하고 있다. 앞에서도 언급한 바 있지만, 산학연계 프로젝트가 MBA 과정에 필수적인 구성요소로 포함되는 추세도 같은 맥락에서 이해할 수 있다. MBA 과정이 이런 방향으로 진화하고 있는 것은 기업 현장의 현안 문제에 피교육자들이 직접 관여해볼 수 있게 하기 위한 것이다.

프로젝트의 주제 선정

개인 프로젝트의 주제는 MBA 과정을 시작하기 전에 일찌감치 정해둘 것을 권하고 싶다. 최근에는 어느 MBA 과정이든 대체로 개인 프로젝트를 반드시 1개 이상 수행하게 한다. 또한 MBA 과정은 피교육자 개인의 자율성과 창의성을 존중하므로 프로젝트의 경우에도 그 주제가 큰 방향에서 문제가 없는 한 피교육자 개인이 사전에 미리 정해두어도 무방하다.

나는 개인 프로젝트의 주제를 MBA 과정의 첫 학기가 시작되자마자 선정했다. 그것은 항공산업의 미래전략이었다. 내가 개인 프로젝트의 주제를 이렇게 정하게 된 데는 2001년 9월 11일에 미국 뉴욕의 월드트레이드센터에 대한 테러가 계기로 작용했다. 당시에 나는 항공기를 이용해 자행된 그러한 엄청난 테러가 경제와 기업경영에 어떠한 영향을 미칠 것이고 그 과정에서 어떤 산업이 가장 큰 영향을 받게 될 것인가에 대해 관심을 갖게 됐다.

그래서 내린 결론이 바로 항공사 또는 항공기 제작사의 미래전략을 주제로 삼자는 것이었다. 프로젝트의 대상 기업으로는 캐나다의 대표적인 항공기 제작 업체인 봄버디어(Bombardier Inc.)를 선택했다. 이 회사는 보잉과 에어버스라는 두 거대기업이 지배하는 세계 항공기 시장에서 절묘한 제품 포지셔닝으로 큰 수익을 창출하는 것으로 유명했다. 그런데 9.11 사태가 일어남에 따라 이 회사의 전략적 포지셔닝에도 큰 변화가 요구될 것으로 예상됐고, 이에 따라 나는 9.11 사태 이후에 이 회사가 취해야 할 경영전략에 대해 연구해보는 것이 큰 의미가 있을 것이라고 판단했다.

당시에 나는 프로젝트의 대상 기업으로 한국 기업을 선정하는 것도 고려해보았지만 삼성, LG, 현대자동차 등이 진정한 글로벌 플레이어의 반열에 속하는 수준에는 미달한다는 점을 감안해 그렇게 하지 않았다. 하지만 그 뒤로는 방금 거론한 한국 기업들이 글로벌 시장에서 크게 주목받기에 이르렀으므로 지금이라면 프로젝트의 대상 기업으로 한국 기업을 선택해도 무리가 없을 것으로 본다. 지금이라면 MBA 과정에서 한국 기업의 성장전략을 주제로 삼는다면 동료 학생들이나 교수들이 큰 관심을 보여줄 것이다.

프로젝트 결과물 작성시 유의사항

프로젝트의 결과물을 작성하고 제출할 때 반드시 유념해야 할 점으로 영문법에 어긋나지 말아야 한다는 것을 강조하고 싶다. 이것은 물론 MBA 과정의 모든 교과목에 다 해당되기는 하지만 프로젝트의 결과물을 작성할 때 특히 유념해야 한다.

나의 경우를 예로 들어 말한다면, 두 번째 학기의 한 과목에서 나로서는 수

업참여, 과제수행 등 모든 평가요소에서 나름대로 높은 성과를 보여주었다고 자신했는데 막상 평가결과를 보니 그 과목의 성적이 매우 낮게 나와 교수에게 어필한 적이 있다. 하지만 그 교수는 리포트의 영어 표현과 단어 선택이 적절한가, 그리고 영문법에 맞게 글을 썼는가 하는 점도 자신은 중요한 평가요소로 삼는다고 말하면서 나의 조정요구를 거부했다. 나는 영어가 모국어가 아닌 유학생이라는 점을 그 교수가 배려해주지 않는다는 점에 대해 억울하다는 생각을 했다. 하지만 다시 생각해 보니 나 자신이 과제의 결과물을 제출하기 전에 영문교정을 철저하게 하지 못했다는 자각이 들었고, 그 과목에서 낮은 점수를 받은 것은 나 자신의 그러한 과실 탓임을 인정하지 않을 수 없었다.

여기서 강조하고 싶은 점은, 특히 프로젝트의 결과물은 나중에 자신이 입사하려는 회사에 제출하게 될 수도 있고 자신의 실력과 노력을 평가받는 자료가 될 수도 있으므로 그 품질에 신경을 써야 한다는 것이다. 뿐만 아니라 MBA 학위를 취득한 뒤에 박사(Ph.D.) 과정에 진학하고자 하는 사람의 경우에는 MBA 과정에서 작성한 프로젝트 결과물이 석사논문을 대신하는 역할을 할 수도 있다는 점에 주의할 필요가 있다.

프로젝트의 사례 - 봄버디어

나의 경우에는 MBA 과정에서 수행한 개인 프로젝트가 나 자신의 경력개발에 큰 영향을 미쳤고, 직접적으로 큰 도움이 되기도 했다.

앞에서도 말한 바 있지만, 나는 봄버디어(Bombardier Inc.)를 프로젝트의 대상 기업으로 선정했다. 이 회사는 중소형 항공기, 철도차량, 레저보트, 스노모빌 등의 운송수단 분야에서 시스템과 서비스를 아우르는 혁신적인 솔루션을 전문으로 생산하고 공급하는 기업이며, 캐나다에 본사를 두고 있다. 이 회사는 2009년 1월 31일에 마감된 회계연도에 197억 달러의 총매출을 기록했고, 이 회사의 주식은 토론토 증시(BBD)에 상장되어 거래되고 있다.

나의 프로젝트 수행 목적은 이 회사의 대내외 경영환경, 조직구조, 핵심역량, 경쟁우위, 포지셔닝 등을 분석해서 그 결과를 가지고 이 회사의 미래를 위한 전략적 선택이 무엇인가를 제시하는 것이었다. 구체적으로는 봄버디어의 제품 다양화 정책이 계속해서 전략적 타당성을 갖고 있는지의 여부를 판단해보고 향후의 지속적인 성장을 위해 미래의 전략적 포지셔닝을 어떤 방향으로 가져가야 할 것인가를 파악해 제시하는 것이 목적이었다.

이 프로젝트를 수행하는 과정에서 나는 학교 측의 지원을 받아 봄버디어의 전략수립 담당자와 의견교환을 할 기회를 가질 수 있었다. 이 프로젝트를 수행한 경험은 내가 나중에 항공사에 입사하는 과정에서 회사 측에 항공산업에 대한 나의 이해수준을 증명하는 데 도움이 됐다. 또한 나는 이 프로젝트를 수행하는 과정에서 기업의 인적자원 관리 실무에 대해 보다 깊은 이해를 할 수 있었고, 이런 이해는 나의 전문분야인 HR 분야와 관련해 기업의 역량수준을 평가해보는 업무를 수행하는 데도 큰 도움이 됐다. 결과적으로 나는 국내의 항공사에 전문가급 간부로 입사하게 됐는데, 이렇게 된 데는 내가 MBA 과정에서 수행한 프로젝트가 큰 영향을 미쳤다고 할 수 있다.

그렇다면 MBA 과정에서 실제로 작성하게 되는 프로젝트 결과물은 어떤 구조, 형태, 내용으로 이루어지는 것일까? 이 질문에 대해서는 나 자신이 MBA 과정에서 수행한 개인 프로젝트의 결과물을 그대로, 다만 우리말로 번역해서 제시하는 것이 가장 좋은 답변이 될 것 같다.

내가 쓴 리포트를 읽어보면 MBA 과정에서 요구하는 프로젝트 수행의 내용과 수준 등에 대해 감을 잡는 데 도움이 될 것이다. MBA 과정 진학을 준비하는 사람이라면 프로젝트의 주제 선정, 분석의 절차와 구조, 분석내용의 수준, 완성도 등에 초점을 두고 이 리포트를 찬찬히 읽어보기 바란다.

프로젝트 리포트를 제시한 뒤에는 그 뒤로 지금까지, 즉 2002년 이후 2010년까지 봄버디어가 어떻게 성장하고 발전했는지를 간단히 알아보고자 한다. 이렇게 하는 것은, 내가 그 리포트에서 제안했던 봄버디어의 전략적 선택이 그 뒤로 8년이 지난 지금에 와서 돌아볼 때 과연 어떤 의미를 가진 것이었는지를 살펴보는 것도 흥미로울 것 같아서다.

항공기, 전철, 그리고 스노모빌
─ 봄버디어(Bombardier Inc.)의 전략적 선택

지도교수: 엘리너 오히긴스 박사 (Dr. Eleanor O' Higgins)

제출일: 2002년 3월

작성자: 구정모

차례

1. 개요

본 프로젝트 리포트의 목적은 봄버디어의 경영, 경영 프로세스, 전략적 선택에 대한 이해를 돕는 것이다. 이를 위해 봄버디어의 내부환경과 외부환경, 핵심역량과 경쟁우위, 포지셔닝과 전략적 선택에 대한 상세한 분석을 실시할 것이다. 이 보고서에서 우리는 전반적인 분석을 위한 구조화된 틀을 제공하는 다양한 분석도구와 분석모델을 사용할 것이다.

이러한 과정을 통해 우리는 봄버디어의 전략과 그 전략을 뒷받침하는 논리를 파악할 수 있을 것이고, 회사가 직면한 위협요인과 기회요인을 식별해내는 데 필요한 토대를 얻게 될 것이며, 더 나아가 미래 경영환경의 변화에 대응해 회사가 취할 수 있는 전략적 선택에 대한 제안을 할 수 있을 것이다. 본 리포트는 다음과 같은 다섯 개 부분으로 구성된다.

- — 회사의 역사
- — 회사의 내부환경
- — 회사의 외부환경
- — 회사의 전략적 방향성
- — 회사의 전략적 선택에 관한 제안

2. 회사의 역사

봄버디어는 중형 제트 항공기, 터보프롭 항공기, 자가용 소형 제트기, 대중교통 시스템, 금융 등을 사업영역으로 하는 회사로서 〈포춘〉이 선정한 500대 기업에 속하며, 본사는 캐나다의 몬트리올에 있다.

이 회사는 1942년에 캐나다의 밸코트라는 소도시에서 설립됐다. 설립자는 조지프 아먼드 봄버디어다. 그는 독학으로 스노모빌을 만든 기술자였고, 그의 스노모빌 제작기술은 독보적이고 독창적이었다. 그는 자신의 기술특허를 구매하려는 많은 기업들의 유혹을 뿌리치고 자신의 이름으로 회사를 설립했다. 그는 개인용 스노모빌과 기업용 스노모빌을 만들 수 있는 당시로서는 혁신적인 일관 생산 체제를 완성하게 된다. 당시에 회사가 위치한 퀘벡 주에서는 학생의 등하교, 직장인의 출퇴근, 우편배달, 화물운송, 응급환자 이송 등에 스노모빌이 절대적으로 필요했으므로 그의 사업은 날로 번창했다. 2차 세계대전 이후에 그의 사업은 꽤 성공적이었다. 1960년대 초반에 이르면 연간 수익이 1천만 달러가 넘고, 종업원 수는 700명에 이르렀다.

그러나 이 회사가 본격적으로 성장한 시기는 1960년대였다. 1964년에 창업자인 봄버디어가 사망함에 따라 1966년에 그의 사위인 로런트 보도인(Laurent Beaudoin)이 회사를 이어받았다. 그는 회사의 조직구조를 전면적으로 개편하고, 봄버디어의 최신 발명품인 스키두(Ski-Doo, 개인용 스키 스쿠터)의 거대한 잠재력을 현실화했다. 그는 마침내 1970년에 2억 달러의 매출을 달성할 정도로 회사를 성장시켰다. 그는 제품의 개발과 디자인, 제작, 프로젝트 관리에서 탁월한 경영능력을 보였다.

봄버디어의 사업이 이렇게 발전한 것은 이 회사가 스노모빌을 제작하는 데 필요한 모든 부품의 개발, 디자인, 생산을 직접 수행할 수 있는 기술력을 보유하고 있었기 때문이다. 이러한 기술력은 사업 초기에 이미 강력한 시장지배력을 갖게 해주었다. 그런데 1973년에 일어난 석유파동이 결정적인 요인으로 작용해 1972년에 50만 대였던 스노모빌 판매량이 1974년에 20만대 수준으로 떨어지게 된다. 봄버디어는 그동안 인적자원과 기술, 생산능력은 쌓아왔지만 시장이 축소되는 상황에 직면하게 됐던 것이다. 이에 따라 이 회사는 기존의 보유기술을 활용할 수 있는 다른 분야로 시선을 돌리게 되는데, 결국 예상하지 못했던 곳에서 새로운 사업기회를 찾게 된다. 엔진과 전동모터 전문업체인 오스트리아 기업 로택스(Rotax)를 인수한 것이 바로 그것이었다. 로택스와 함께 로너 베르케(Lohner Werke)라는 기업도 인수했다. 이 기업은 트램(궤도전차)과 일반 전동차를 만드는 엔지니어링 역량이 뛰어난 회사였다.

그렇다면 봄버디어는 왜 오일쇼크로 모든 기업들이 너도나도 투자를 유보하는 시기에 이렇게 다른 기업들을 공격적으로 인수했던 것일까?

당시의 경영환경이라는 측면을 고려하면, 이 회사는 매우 중요한 전략적 선택을 한 것이었다고 평가할 수 있다. 그 전략적 선택의 배경은 이렇다. 오일쇼크로 인해 에너지난이 심화되자 세계 각국은 에너지 효율이 높은 운송수단에 관심을 갖기 시작했다. 석유 대신 전기를 이용하는 대중운송 시스템, 즉 지하철과 전동차에 관심을 갖게 됐던 것이다.

오일쇼크가 일어난 이듬해인 1974년에 캐나다 몬트리올 시가 지하철 전동차와 그 운영시스템을 봄버디어에 발주하게 된다. 스노모빌 조립과 궤도전차 조립을 병행하는 것을 통해 시너지 효과를 실현하는 일은 로너 베르케가 담당했고, 이런 일에서 로너 베르케의 역량은 탁월했다. 이러한 기술력을 바탕으로 해서 봄버디어는 몬트리올 시가 발주하는 대중교통수단 계약을 수주하기로 결정했던 것이다. 보도인은 대중교통수단 산업은 경기와 거꾸로 가는 특성을 갖고 있다고 파악했다. 봄버디어는 에너지 효율이 높은 대중교통 시스템의 개발에 본격적으로 나섰고, 관련 제품군으로 제품을 다각화했다. 몬트리올 계약 수주에 성공한 뒤에는 캐나다와 미국에서 다수의 기업인수를 성사시켰고, 그 결과를 토대로 스노모빌 사업부와 별도로 대중교통 사업부를 발족시켰다. 1970년대에는 이 회사가 기술 라이선스와 국제적인 기업인수를 통해 더욱 성장했다.

봄버디어는 1982년에 뉴욕 지하철 프로젝트를 단독으로 수주함으로써 세계 운송수단 산업에서 명실상부한 글로벌 플레이어로 떠오르게 된다. 10억 달러 규모에 이르는 이 거대한 프로젝트를 통해 유입된 막대한 현금은 이 회사가 교통신호 시스템과 같은 일괄 솔루션 기술 분야에서 더 많은 기업을 인수하는 데 유용한 금전적 실탄이 돼주었다.

1980년 중반부터 이 회사는 사업다각화를 더욱 진전시켰다. 특히 1980년대 후반에는 주로 유럽 기업에 대한 인수전에 적극적으로 나섰다. 당시 이 회사는 이미 GE, 알스톰, 지멘스와 같은 유수한 기업들을 경쟁상대로 삼고 그들에 도전하는 단계에 접어들었다.

한편 캐나다 정부는 1986년에 만성적자에 시달려온 캐나다의 항공기 제작사인 캐나다에어를 봄버디어에 인수시키기 위해 다양한 정책적 지원에 나서게 된다. 캐나다 정부가 이런 조치를 취한 것은 항공기도 운송수단이라는 점에서 항공기를 제작하는 사업도 대중교통 수단이나 스노모빌을 제작하는 사업과 비슷한 특성을 갖고 있다고 판단했기 때문이다. 봄버디어는 캐나다에어를 인수하기로 결정했고, 이를 계기로 항공기 제작사업에 본격적으로 뛰어들게 됐다. 캐나다에어를 인수한 봄버디어는 기존의 대중교통 사업부에서 개발해 놓은 다양한 기술을 활용해 적자였던 캐나다 에어의 경영상태를 흑자로 돌리는 데 성공하게 된다. 봄버디어는 1986년부터 1991년까지 중요한 기술을 보유하고 있는 다양한 다른 기업들을 인수했다. 항공부품 전문기업으로 벨파스트에 위치한 쇼트 브라더스(Short Brothers), 상용항공기 제작사인 하빌랜드(Havilland), 소형 사업용 제트기 제작사로 유명한 리어제트(Learjet) 등이 이 기간에 봄버디어에 인수된다. 이들 회사를 인수함으로써 봄버디어는 항공기 제작의 핵심기술을 획득하게 되어 자사의 시장지배력을 대폭 강화했다.

1990년대에는 성장세가 빠른 동남아시아, 중국, 멕시코와 같은 곳에서도 봄버디어는 새로운 사업기회를 적극적으로 찾았다. 2001년에 이르면 봄버디어는 세계에서 가장 큰 대형 운송수단 메이커들 가운데 하나로 자리 잡게 되며, 최대의 경쟁기업이었던 독일의 아트트란츠(Adtranz)까지 인수하게 된다. 이때 봄버디어는 우수한 기술역량을 바탕으로 캐나다에어의 단거리 제트기도 개발해 생산하게 되는데, 그 결과는 매우 성공적이었다. 또한 중형 제트 항공기와 기존의 전통적인 터보프롭 소형 항공기도 지속적으로 생산했다. 2001년 현재 이 회사는 30~90석 규모의 터보프롭 항공기에서부터 제트기에 이르는 다양한 단거리 항공기를 동시에 생산할 수 있는 체제를 갖추고 있다. 이러한 점은 이 회사가 시장에서 경쟁우위를 갖는 데 크게 기여하고 있다. 봄버디어는 하나의 생산라인에서 다양한 종류의 항공기들을 동시에 생산할 수 있는 기술력을 갖추었고, 이런 제작공정을 통해 훈련, 정비, 부품을 표준화함으로써 비용을 절감하고 있다. 봄버디어의 항공기는 크기가 다양하고 엔진의 특성도 서로 다르기 때문에 전 세계의 다양한 지역과 노선에 각각 알맞게 투입될 수 있다.

봄버디어는 1990년대 호황의 시기에 커다란 경영성과를 올렸다. 이는 미국에서 '허브 앤드 스포크(Hub and spoke airport)' 형태의 공항망을 이용하는 지역항공사들의 승객이 늘어나는 동시에 유럽에서도 저가 지역항공의 운항노선이 다각화되는 변화가 진행된 데 크게 힘입은 것이었다. 이 시기의 항공산업 붐은 봄버디어가 자사의 리어제트 제품군을 앞세워 사업용 제트기 시장을 적극적으로 공략해서 이 분야의 선두주자였던 걸프스트림(Gulfstream)을 제치는 데도 도움이 됐다.

봄버디어는 이 시기에 자사 제품에 대한 지분 부분보유 제도(Fractional ownership scheme), 유지보수 서비스, 인터넷 기반의 사업용 제트기 대여 등을 새로이 시도하게 된다. 이는 시장에서 자사의 포지션을 지키고 강화하는 데 필요한 보다 전문화된 제품과 서비스를 지속적으로 개발하는 노력이었다고 볼 수 있다. 또한 봄버디어는 수색과 구조, 산불 진화 등에 사용되는 수륙 양용의 특수 항공기를 제작하고 있고, 캐나다 군대에 유지보수와 훈련 서비스를 제공하고 있다. 이러한 사업은 규모는 작을지 모르지만 캐나다라는 국가와 여러 측면에서 문화적, 정신적 유대를 강화시켜주는 효과를 내주는 사업이다.

봄버디어는 항공기뿐만 아니라 레크리에이셔널 운송수단, 대중교통 시스템에 이르기까지 다양한 유관분야에서도 시장을 이끌어왔다. 이러한 성공적인 사업확장에는 금융 계열사인 봄버디어 캐피털의 역할이 컸다. 봄버디어 캐피털은 고객이 봄버디어의 제품을 보다 편리하게 구매할 수 있도록 지원하는 다양한 금융 프로그램을 운용하고 있다.

대중교통 사업부와 항공사업부가 성장함에 따라 봄버디어 캐피털의 금융서비스는 전동차와 항공기 리스, 공공부문과 민간부문의 기업에 대한 융자, 재고관리 금융으로 확대됐다. 회사는 또한 소매금융과 모기지금융에도 뛰어들었지만, 이 분야의 사업은 그리 오래 가지 못하고 2000년에 중단됐다. 모든 사업분야는 국제사업부의 지원을 받으며, 특히 이 사업부는 개발도상국에서의 사업 성공을 적극 지원한다. 더 나아가 이 사업부는 봄버디어의 모든 사업분야에서 협력사들과의 위험과 수익 분담제를 개발하고 도입하는 일도 맡아 하고 있다.

봄버디어는 사업을 다각화하는 과정에서 어려움을 겪기도 했지만 전반적으로 보면 기존의 보유기술을 최대한 활용하는 방향에서 다각화를 실현했고, 이는 전략적 선택을 탁월하게 한 결과라고 할 수 있다. 봄버디어는 2001년 현재 연 매출 210억 달러를 달성했고, 전 세계에 걸쳐 다양한 고객의 니즈를 충족시킬 수 있는 다양한 제품을 생산해 공급하고 있다. 아래에서는 봄버디어의 이러한 지속적인 성장과 놀라운 성과를 뒷받침해온 회사의 내부환경에 대해 분석해보자.

3. 내부환경

가. 조직구조

기업을 기능별 구조(Functional Structure)로 보면 제조, 공급관리, 마케팅, 영업, 재무회계, 인사, 전략기획 등으로 나누어진다. 이러한 기능들이 서로 유기적으로 결합돼야 기업이 성과를 올릴 수 있다. 또한 기업은 조직 내 사업부가 얼마나 다양하며 사업이 얼마나 다각화돼 있느냐에 따라 사업부 구조(Multidivisional structure)를 채택하기도 한다. 봄버디어도 사업부 구조를 갖고 있다.

사업부 구조에서 가장 문제가 되는 것은 사업부간 조정과 통합이다. 각 사업부는 회사 전체의 성과를 달성하기 위해 설치된 것이지만, 각 사업부의 경영활동은 독자적인 권한 아래 이루어지기 때문이다. 어찌 보면 사업부 구조에서는 갈등과 반목이 어느 정도는 불가피할 수 있다.

따라서 사업부간 갈등에 대한 조정과 통합은 봄버디어가 지속적으로 관심을 두어야 할 과제다. 이 회사가 갈등관리를 위해 중점을 두고 있는 방식은 조직문화적 접근이다. 즉 창업주의 기업가정신을 바탕으로 공유된 의식, 회사의 구성원 모두의 공통된 목표, 그리고 핵심가치 등을 통해 갈등관리를 하고 있는 것이다. 이러한 방식은 그 효과를 측정하기가 쉽지 않다. 조직문화(Organizational culture)라는 개념이 학계와 경영계에서 아직 명확하게 정립되지 못한 것도 이 때문일 것이다. 하지만 봄버디어는 전략을 실행하는 과정에서 경영본부가 각 사업부에 공통의 경영목표와 같은 상위전략을 분명히 인식시킴으로써 사업부간 갈등관리에 어느 정도 성과를 거두고 있는 것으로 보인다.

이 회사의 경영본부는 일종의 네트워크 허브(Network hub)의 역할을 하고 있다. 사업부 조직을 통해 기업활동을 하는 회사에는 이러한 네트워크 허브가 반드시 필요하며, 네트워크 허브가 그 역할을 어떻게 수행하느냐가 기업 전체의 성과를 좌우한다. 따라서 네트워크 허브는 기업 전체의 지식, 프로세스, 기술, 정보 등을 효과적으로 관리하거나 분배해야 한다. 봄버디어의 경영본부는 이러한 허브 관리에서 상당한 노하우를 갖고 있는 것으로 평가된다.

봄버디어의 조직운영은 네트워크를 기반으로 하는 관계(Relation)가 새로운 가치와 성과를 창출한다고 보는 관점에서 사회적 자본(Social capital)이라는 개념을 기업 수준에서 실현하고 있는 사례로 볼 수도 있다. 각 사업부는 경영상의 의사결정 권한을 일정하게 위임받고 있고, 경영본부는 기업전략 전체의 일관성 유지와 사업부간 조율에 중점을 둔다. 이러한 조직구조는 정보, 지식, 기술, 업무 프로세스와 관련된 각 사업부의 핵심역량을 유기적으로 결합시키는 것을 통해 새로운 아이디어를 기반으로 혁신적인 제품이 개발되도록 유도한다.

이런 측면에서 봄버디어는 '사회적 자본' 개념에서 강조되는 '약한 연결(Weak tie)'의 장점을 기업 수준에서 입증하는 사례로 볼 수 있다. 만일 경영본부가 '강한 연결(Strong tie)'을 통해 엄격한 통제정책을 실행함으로써 사업부간 역량요소의 다양성이 상실된다면 새로운 아이디어를 기반으로 혁신적인 제품을 개발해서 새로운 시장수요를 창출해 수익을 거둔다는 회사 전체의 경영전략에 차질이 빚어질 것이다.

기업은 자사의 전략적 포지션과 전략적 선택을 뒷받침하는 구조와 형태의 조직을 갖추어야 한다. 이런 관점에서 봄버디어의 조직구조를 보다 자세히 살펴보자.

봄버디어의 각 사업부는 다시 세부 사업단위(Units)로 나뉜다. 예를 들어 항

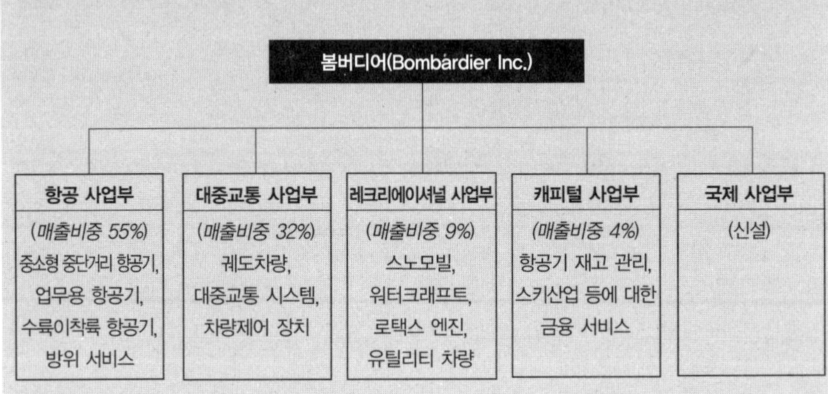

공 사업부는 네 개의 소단위 조직으로 나뉜다. 그것은 지역 항공기, 사업용 항공기, 수륙 이착륙가능 항공기, 그리고 방위 서비스를 각각 전담하는 조직이다. 위의 도표를 보면 봄버디어의 사업부 조직이 어떻게 편성돼있고, 각 사업부별 매출비중이 어떠한지를 알 수 있다. 이 표에서 국제사업부는 개발도상국에서 새로운 사업기회를 개발하는 일을 맡고 있는 사업부다.

봄버디어의 사업내용이 갖고 있는 특성을 고려하면 봄버디어의 조직구조가 합리적임을 알 수 있다. 구조가 지나치게 복잡해지는 것을 방지하기 위해 각각의 사업부에 폭넓은 제품군이 배속돼있고, 따라서 각 사업부별로 세부적인 하위 사업단위들이 설정돼있다. 제품 중심으로 사업부 편성이 이루어져 있으므로 사업부간 경계가 분명하고도 자연스럽게 존재하게 된다. 각 사업부 내부의 조직구조는 사업부별로 다르다. 이것은 각 사업부가 직면하게 되는 환경이 서로 다르다는 점과 사업부별로 주어지는 책임이 서로 다르다는 점이 고려된 결과다. 예를 들어 항공 사업부를 보면 사업부 자체는 제품을 기반으로 설치됐지만 하위단위로 가면 고객을 기반으로 편성돼있음을 알 수 있다. 반면에 레크리에이셔널 사업부는 하위단위도 제품이나 부품의 종류에 따라 나누어져 있다.

이러한 사업부 구조는 회사에 많은 이점을 준다. 사업부별 전문화는 분야별로 핵심역량을 강화할 수 있게 해준다. 사업부 구조는 고객의 니즈를 충족시키는 데도 효과적이고, 제품개발에서 규모의 경제를 실현하는 데도 크게 도움이 된다. 게다가 사업부간 시너지도 발생한다. 예를 들어 봄버디어는 대중교통 사업부에서 효과적인 생산기술을 개발하고 규모의 경제를 향상시켰는데 이러한 핵심역량은 항공 사업부의 성공에도 크게 기여하게 된다.

사업부 구조는 비즈니스를 관찰하고 관리하는 측면에서 복잡성을 약화시킨다. 그리고 이러한 구조를 통해 경영상의 의사결정과 관련된 권한의 위임도 가능해져 사업실행에 대한 결단이 빠르게 된다. 각 사업부의 경영자들은 자신이 담당하는 사업부의 비즈니스 사이클을 정확하게 이해하고 있으며, 각 사업부의 업무에 정통한 관리자들이 그들을 뒷받침하고 있다.

굴드와 캠벨(Goold & Campbell)의 '편향(선입견) 관점'에서 보면 봄버디어는 전략적 통제를 잘 활용하고 있는 것으로 볼 수 있다. 이런 평가에는 봄버디어가 재무관리와 전략기획을 잘 조화시키고 있다는 점이 중요하게 작용하고 있다. 그리고 전략은 전체적인 전략기획을 수립하는 기업본부에서만 나오는 것이 아니라 각 사업부 단위의 계획에서도 나온다.

직원들에 대한 보상정책을 살펴보자. 인센티브 플랜 역시 각 사업부별로 독자적으로 운영되는데, 실제 영업활동을 통한 이익에 기반을 두고 인센티브를 결정하는 방식, 즉 경제적 부가가치(EVA: Economic Value Added)를 기준으로 삼는 인센티브 정책이 실시되고 있다. EVA는 기업이 영업활동을 통해 얻은 영업이

익에서 법인세와 자본비용 등을 제외한 금액을 말한다. 봄버디어가 EVA를 기준으로 해서 인센티브를 산정해 지급한다는 것은 곧 경영실적(성과)에 기반을 둔 보상제도를 운영하고 있다는 의미다.

기업이 재무관리 방식을 지나치게 획일적으로 적용하면 회사의 다양한 사업분야를 분석하고 관리하기가 어려워진다. 예를 들어 레크리에이셔널 사업부와 항공 사업부에 동일한 원칙과 기준을 적용해서 똑같은 총자산이익률(RoA: Return on Assets)을 요구할 수는 없다. 따라서 봄버디어는 각 사업부의 특성에 따라 재무관리 방식을 상이하게 적용하고 있다.

봄버디어의 경영본부는 2년마다 한 번씩 전략수립을 위한 포럼과 경영이사회를 개최한다. 이 회사는 이러한 정기적인 행사를 통해 모든 사업부에 영향을 주는 전략적 이슈를 다루고 전체적인 전략적 방향과 관련된 주요 의사결정을 내리고 있다. 봄버디어의 각 사업부는 개별적으로 사업성과에 대해 책임을 지는 독립채산 체제를 갖추고 있지만, 이와 동시에 모든 사업부가 해마다 5개년 정도의 중장기 경영계획과 사업계획을 수립해 경영본부에 제출한다. 이러한 프로세스는 각 사업부의 자율성을 최대한 보장하면서도 중장기 사업추진에서는 본사와의 커뮤니케이션을 극대화하기 위한 것이다.

이와 같은 의사결정 프로세스상의 전략적 일관성은 미래의 변화에 대비하기 위한 최선의 방법이라고 볼 수 있으며, 새로운 제품과 비즈니스를 개발하는데도 크게 도움이 되는 것으로 평가할 수 있다.

나. 운영구조

봄버디어의 운영구조를 살펴보면 제품의 최종 조립 단계보다 부품과 제조 프로세스에 더 큰 비중을 두고 있는 것을 알 수 있다. 이는 일반적으로 제조업체들이 최종 조립 단계에 초점을 두는 것과 다른 특징이다. 이러한 운영구조는 사업부별로 특정한 기술 분야에서 핵심역량을 구축하는 데 효과적이며, 일관된 제품 생산체제를 구축하는 데도 유리하다. 이러한 운영구조는 또한 제품생산에서 전문분야별 클러스터 체제를 형성시키며, 이런 과정은 창업주가 사업 초기부터 일관생산 체제를 강조한 것과도 일맥상통한다. 계열사별로 보면 쇼츠(Shorts, 쇼트 브라더스)는 복합소재 개발에서 선두업체이고, 로택스는 첨단 항공엔진 분야에서 리더 업체라고 많은 사람들이 생각한다. 이러한 다양한 기술역량을 가진 계열사들이 전문분야별 클러스터에 각각 포함되어 있다.

봄버디어는 제품생산에 핵심적으로 필요하고 가치를 창출해주는 부품만을 직접 개발하고 제조한다. 이러한 전략은 최근에 더욱 강화되어 보다 많은 부품의 제조를 협력사들에 아웃소싱하고 있다. 이는 자사가 직접 모든 부품을 만드는 것보다 아웃소싱을 적극적으로 하는 것이 보다 높은 품질과 낮은 가격의 부품을 조달하는 데 유리하다고 판단하고 있기 때문이다. 봄버디어는 이러한 아웃소싱을 통해 협력사들과 부품공급 파트너십을 공고히 함으로써 자사는 높은 품질과 낮은 가격의 제품을 디자인하고 조립하는 데 역량을 집중할 수 있게 됐다.

이러한 부품공급 업체들과의 제휴는 새로운 제품을 개발할 때 경영상의 위험을 분산시키는 데도 도움이 된다. 이런 점은 특히 자본비용이 많이 들고 위험도가 높은 항공기와 전동차 개발에서 중요하다.

이러한 아웃소싱과 부품공급 업체들과의 긴밀한 제휴는 봄버디어의 성공에 큰 역할을 하고 있다. 특히 이를 통해 봄버디어는 매우 유연한 사업체제를 갖게 됐으며, 이런 점은 경기의 영향을 많이 받는 사업분야에서 중요한 성공요인으로 평가받고 있다. 이와 같은 유연성에 힘입어 봄버디어는 경기침체의 시기에도 대대적인 구조조정을 하지 않아도 생산규모를 줄이면서 어려운 시기를 견딜 수 있는 기업체질을 갖게 된 것이다. 또한 이런 사업체제는 엔진, 제어시스템, 전기장치 등의 개발과 제조를 아웃소싱함으로써 이들 분야에서 적은 비용으로 보다 높은 경영효율을 달성하게 해준다. 봄버디어는 이와 같은 운영구조를 갖춤으로써 디자인, 개발, 조립, 유통, 마케팅에 보다 집중할 수 있게 됐다.

다. 내부 프로세스

봄버디어는 사업 다각화와 기술역량 향상을 위해 많은 기업들을 인수했는데, 인수대상 회사의 조직문화를 최대한 존중하고 공통된 조직문화로 발전시키는 데도 매우 적극적이다. 이러한 방침은 회사 설립자인 조지프 아만드 봄버디어의 경영이념을 받드는 것으로 볼 수 있다.

봄버디어는 인수한 회사의 조직운영에 대한 개입은 가능한 한 최소화하고 있으며, 통합적인 조직문화를 만드는 프로세스 역시 최대한 느리게 가져간다. 또한 회사를 인수하더라도 일정 기간 동안 원래의 회사이름을 바꾸지 않는다. 리어제트(Learjet)의 경우는 봄버디어에 인수된 뒤에도 기존의 회사이름을 그대로 사용하고 있다. 이는 리어제트의 브랜드 가치가 매우 높다는 점도 고려된 결과이지만, 분산화된 경영구조를 추구하는 봄버디어의 전략에 따른 것으로 볼 수 있다. 이러한 정책은 봄버디어의 혁신적인 기업문화를 보다 효과적으로 확산시키고 지탱하는 데 도움이 되고 있다.

봄버디어는 봄버디어 엔지니어링 시스템(BES)과 봄버디어 제조 시스템(BMS)이라는 이니셔티브를 통해 기술의 표준화와 사업부간 의사소통을 이루어내고 있지만, 이와 더불어 분산화된 경영 시스템을 통해 사업부별 독립성을 보장하고 있다.

봄버디어는 제품 디자인, 제조 시스템, 품질 시스템 등과 같은 분야에서 각 사업부가 갖고 있는 기능의 독립성을 강조하면서도 그러한 사업부별 기능을 통합시켜 기업성과를 올리고 있다. 봄버디어가 모든 사업부에 걸쳐 추진하고 있는 식스 시그마(6 Sigma) 품질 프로그램이 대표적인 예다. 식스 시그마 프로그램은 각 사업부가 가지고 있는 다양한 지식과 기술의 공유를 촉진하고 있다. 또한 회사는 다양한 기술역량 향상 프로그램을 통해 기술의 공유를 유도한다. 이러한 교육활동은 내부 커뮤니케이션의 활성화라는 차원에서 이해할 수 있다. 그 가운데 하나로 중간 관리자들의 경우에는 '봄버디어 변화 방법론(Bombardier Change Methodology)'이라는 변화관리 프로그램을 통해 관리 기술, 코칭 스킬, 리더십, 커뮤니케이션 능력 등을 기르는 교육을 받고 있다. 또한 회사는 내부에서 선발한 우수인력을 대상으로 차세대 리더를 양성하고 있다. 이러한 인재양성 프로그램은 사업부별 관리자와 간부사원을 대상으로 하고 있으며, 전사적으로 조직의 목표가 공유되게 하는 데 도움이 되고 있다.

봄버디어는 기업문화 조성에도 많은 관심을 기울이고 있다. 기업문화를 원숙하게 만드는 원동력은 임직원들 사이의 커뮤니케이션에서 나온다. 변화관리 과정에서 커뮤니케이션은 매우 중요하다. 봄버디어 역시 커뮤니케이션의 중요성을 강조하고 있는데, 그 이유는 사업부 단위 중심의 조직운영이 낳을 수 있는 조직간 장벽을 방지해야 하기 때문이다. 따라서 봄버디어는 커뮤니케이션의 활성화를 위한 기업문화 또는 HR 관련 제도에 대한 내부고객, 즉 사원들의 수용도를 높이기 위한 다양한 활동을 펼치고 있으며, 이를 통해 회사 고유의 기업문화를 유지하고 더 나아가 발전시킴으로써 결국은 그 효과로 기업성과가 더욱 향상될 수 있는 선순환 구조를 만들기 위해 노력하고 있다.

라. 핵심역량

앞에서 회사의 운영구조와 내부 프로세스에 대해 살펴본 것을 토대로 여기서는 봄버디어가 보유하고 있는 핵심역량에 대해 살펴보도록 하겠다. 리서치를 통해 파악한 이 회사의 핵심역량은 다음과 같다.

- 신상품 디자인 및 개발의 혁신
- 생산 프로세스의 통합과 관리
- 엔지니어링 테크놀로지의 전문성
- 협력사 및 고객과의 관계 관리
- 마케팅과 신규 비즈니스 개발

이러한 주요 핵심역량은 봄버디어의 기업문화 속에 자리 잡고 있다. 봄버디어의 핵심역량은 사실 드문 것이 아니고, 다른 기업들도 쉽게 모방할 수 있는 것이다. 그러나 그러한 핵심역량의 바탕에는 창업자의 기업가정신을 이어받아 혁신과 새로움을 추구하는 기업문화가 깔려 있다. 이런 점을 간과한 경쟁기업들은 봄버디어가 거둔 성공의 비결을 파악하지 못했다.

사실 봄버디어의 성공은 대부분 다각화된 비즈니스에서 얻게 된 경험의 결과였다. 오랜 세월에 걸쳐 회사는 명시적인 지식과 암묵적인 지식을 흡수하거나 창출해 새로운 사업에 활발하게 적용해 왔다. 아울러 회사를 이끌어 나가는 경영진은 물론이고 직원들도 회사의 강점과 약점, 그리고 미래 기회요소를 정확하게 파악하고 있었다. 이러한 것들이 바탕이 되어 봄버디어는 지난 30년 동안 지속적으로 성공을 거둘 수 있었다. 회사의 다각화 전략은 기존 사업과 연관된 비즈니스로의 사업확대에서 매우 성공적이었으며, 조직구성원들의 마음속에 자리 잡은 문화적 요소 역시 회사의 핵심역량을 발전시키는 데 기여했다.

즈니스로의 사업확대에서 매우 성공적이었으며, 조직구성원들의 마음속에 자리 잡은 문화적 요소 역시 회사의 핵심역량을 발전시키는 데 기여했다.

4. 외부환경

가. 외부환경의 영향

외부환경은 기업의 전략에 영향을 미치는 것이 분명하다. 봄버디어는 다양한 사업분야를 갖고 있으므로 외부환경에 일어나는 변화에 민감할 수밖에 없다. 여기서는 PESTEL 프레임워크를 통해 봄버디어의 외부환경을 분석해보자. 여기서 PESTEL이라는 말은 정치적(Political), 경제적(Economical), 사회문화적(Socio-cultural), 기술적(Technological), 환경적(Environmental), 법률적(Legal)이라는 여섯 개 단어의 머리글자를 따서 이어붙인 것이다.

오른쪽 도표에서 볼 수 있는 바와 같이 봄버디어는 다양한 외부환경 요인으로부터 영향을 받고 있다. 이러한 다양한 외부환경 요인에 노출돼 있는 점을 고려하면 봄버디어가 사업부 구조를 형성하게 된 이유를 보다 쉽게 이해할 수 있다. 왜냐하면 다양한 외부환경 요인은 각각의 사업부에 상이한 영향을 미치고 있기 때문이다(PESTEL 분석의 보다 자세한 내용은 부록을 참고하라).

이러한 PESTEL 분석은 봄버디어의 전략에 대해 정부정책이 큰 영향을 미친다는 사실을 알려준다. 캐나다 정부는 막대한 연구개발자금을 지원해줄 뿐만 아니라 세계시장에서 이 회사가 굳건하게 위치를 지킬 수 있도록 보호해준다. 캐나다 정부가 이러한 지원을 하는 것은 봄버디어가 국가 차원에서 갖고 있는 전략적 중요성 때문이다. 봄버디어는 캐나다의 고용, 기술수준, 국제적인 위상을 강화해주는 기업이다. 캐나다라는 국가와 봄버디어 사이의 전략적 관계를 잘 보여주는 사례는 바로 봄버디어의 국방서비스 관련 부서다. 이 부서는 캐나다 공

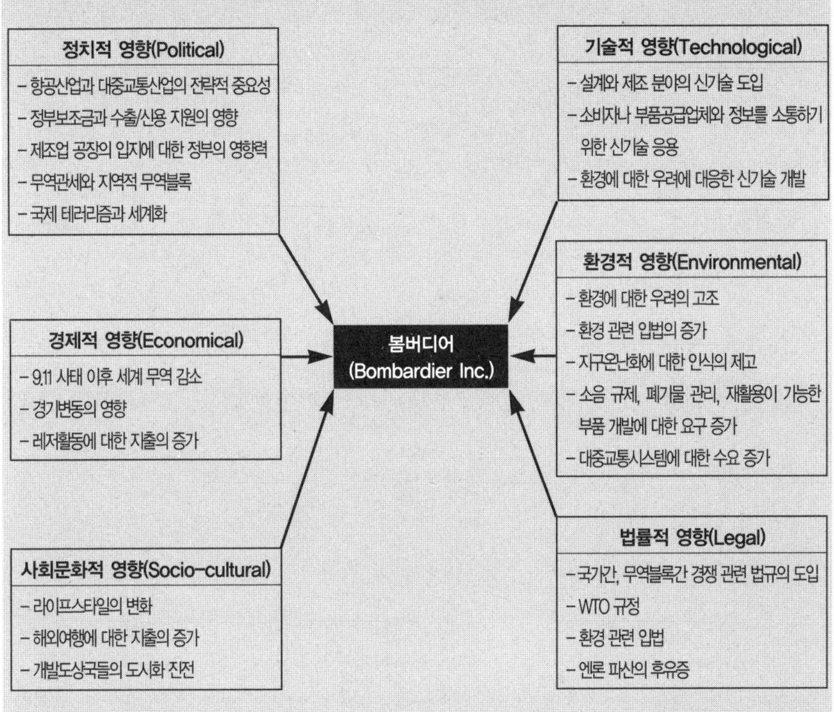

군의 전투기 및 훈련기에 대한 유지보수 업무를 맡고 있다. 캐나다뿐만 아니라 외국의 정부들도 자국에 봄버디어의 생산공장을 유치하기 위해 노력한다. 이러한 점은 봄버디어가 세계의 주요 시장들에 각각 본부를 설립하고 사업을 벌이는 배경이 되고 있다. 예를 들어 봄버디어는 독일, 프랑스, 벨기에, 영국에 유사한 규모의 생산라인을 운영하고 있다.

봄버디어는 또한 국제사업부를 만들어 운영하고 있다. 이 사업부는 특히 개발도상국가들과 협상을 하고 중장기 유대관계를 발전시키는 역할을 하고 있다.

흥미롭게도 봄버디어 인터내셔널의 해외본부는 중국에 있다. 이 점은 봄버디어가 중국 정부와 밀접한 관계를 발전시키는 데 얼마나 큰 비중을 두고 있는지를 말해준다.

정치적 외부환경을 보면, 2001년 9.11 사태 이후 세계의 교역에서 정치적 안정이 더욱 중요해졌다. 세계의 정치적 불안정은 지역주의와 국수주의의 강화로 이어질 것이라는 점이 봄버디어와 같은 글로벌 기업을 위협하고 있다. 지역주의와 국수주의는 봄버디어의 주력제품인 항공기나 열차와 같은 제품에 대한 구매가 '애국심'과 밀접하게 연관되게 만든다.

9.11 사태는 항공산업에 영향을 미치는 경제적 외부환경 요인의 위력을 더욱 강화시켰다. 테러 이후 많은 수의 항공기 주문이 취소되거나 유보됐다. 봄버디어가 창사한 이래 처음으로 항공 사업부가 일감 부족으로 생산시설을 대거 놀려야 했다. 소비심리가 위축되고 보안에 대한 우려가 고조된 것이 봄버디어의 최대 사업부문에 심각한 타격을 준 것이었다. 그러나 봄버디어는 그동안의 다각화 전략 덕분에 경쟁기업들에 비해 경기위축의 영향을 훨씬 덜 받았다. 대중교통 사업부와 레크리에이셔널 사업부가 항공기 주문 취소가 증가한 것의 타격을 완화시켜주었다.

환경적 영향도 봄버디어에 상당한 영향을 주고 있다. 교토의정서에 따라 세계 각국의 교통정책은 대중교통 시스템을 장려하는 반면에 자동차 운행을 제한하고 있다. 게다가 점점 더 엄격해지는 환경 및 폐기물 관련 법률이 기업들에 보다 환경친화적이고 에너지 효율이 높은 기술을 개발하도록 압력을 가하고 있다. 유럽연합의 예를 들면 제품이 수명을 다하면 제조업체가 그 제품을 직접 수거하여 폐기하게 하는 법률 제정을 고려하고 있다. 이러한 추세는 환경친화적이고 폐기물을 덜 발생시키는 부품을 개발하도록 요구하는 것이다. 이에 대응해 봄버디어는 저소음 제트 엔진, 저공해 스노모빌 엔진, 천연가스 추진 버스를 개발하기 위한 파트너십을 구축하는 동시에 부품 공급회사들에 대해 엄격한 환경기준을 적용하는 노력을 기울이고 있다. 지구온난화와 같은 보다 지구적인 환경문제도 봄버디어에 고민거리를 안겨주고 있다. 최근의 겨울은 과거보다 온도가 상당히 높아졌고, 이런 사실은 스노모빌 사업에도 영향을 미치고 있다.

인구구조, 소득분배, 생활방식, 교육수준과 같은 요인들은 봄버디어에 기회를 부여한다. 중국의 경우 인구구조의 변화는 중국정부로 하여금 보다 많은 철도를 깔게 하고 교통시스템을 구축하도록 유도한다. 또한 선진국들의 소득분배와 생활방식의 변화는 레크리에이셔널 제품에 대한 수요증대를 가지고 온다. 문화적 의식의 발전, 학력수준의 상승, 국제무역의 증가는 보다 많은 사람들이 해외여행을 떠나도록 이끄는 요인들이다. 이러한 변화는 항공기에 대한 수요를 증가시키고 있다. 이러한 추세는 또한 10년 전부터 사업용 제트기에 대한 수요를 증가시켜왔다. 봄버디어는 이러한 기회요인을 아주 잘 포착하였으며, 그것을 사업기회와 수익증대로 연결시키는 데서 발 빠른 행보를 보여왔다.

봄버디어는 제품 생산라인을 세계 주요 국가에 배치하고 해당 국가 또는 지역사회와의 유대를 공고히 함으로써 외부의 위협요인을 회피하는 전략을 구사해왔다. 회사는 2001년 현재 9.11이라는 위협요인에도 불구하고 여전히 외부환경의 변화로부터 이익을 취할 수 있는 입장이다. 이러한 봄버디어의 입장은 다각화된 제품 포트폴리오가 뒷받침하고 있다. 만일 9.11로 인해 항공기의 수요가 줄어든다면 대중교통 시스템 사업의 비중을 증대하여 사업손실을 최소화하는 전략을 채택할 것이다. 예를 들어 최근 전동차와 전철시스템에 대한 수요가 급격하게 증가하고 있는 신흥시장에 대한 적극적인 진출을 추진할 것으로 예상된다.

환경문제에 대한 각국의 관심이 증대되고 있는 것도 봄버디어의 입장에서는 대중교통 시스템과 친환경 기술에 대한 수요의 증가로부터 이익을 취하게 해 주는 기회가 될 수 있다.

이와 같이 현재 봄버디어가 직면하고 있는 외부환경의 영향은 적지 않을 것이다. 따라서 그동안 겪어 보지 못한 보다 큰 외생적 요인에 어떻게 대응하느냐에 회사의 성패가 달려 있다고 하겠다.

나. 경쟁환경

주요 외부환경 요인을 분석해 보면 봄버디에 외부 경쟁환경이 얼마나 중요한지를 알 수 있다. 이 회사는 다양한 사업을 영위하고 있는데 사업부마다 외부 경쟁환경이 다르다. 여기서는 이러한 경쟁환경을 분석하기 위해 포터(Porter)의 '다섯 가지 경쟁세력 분석 틀(Five Forces Framework)'을 이용해 항공사업, 운송사업, 레크리에이셔널 사업에 대해 각각 분석해 보겠다.

아래 표는 이러한 분석을 요약하여 제시하고 있다. 보다 상세한 분석은 부록을 참고하기 바란다. 우리는 여기서 국제사업부와 캐피털 사업부는 분석대상

| 봄버디어의 다섯 가지 경쟁세력 분석

다섯 가지 경쟁세력	항공 사업부	대중교통 사업부	레크리에이셔널 사업부
진입의 위협	높음	낮음	높음
협력업체들의 힘	중간	중간	중간
구매자들의 힘	높음	높음	낮음
대체의 위협	낮음	낮음	낮음
경쟁업체들의 힘	높음	높음	높음

에서 제외하기로 한다. 이 두 사업부는 자체적인 주도력을 갖고 있는 별도의 사업부라기보다는 항공 사업부, 대중교통 사업부, 레크리에이셔널 사업부를 뒷받침하는 사업부라는 성격을 다분히 갖고 있기 때문이다.

이 분석에 따르면 봄버디어는 매우 경쟁적인 환경에 놓여 있다. 보잉과 에어버스의 시장진입 가능성은 봄버디어의 총 수익 중 55%를 담당하는 항공 사업부에 큰 위협이 되고 있다. 아마도 이러한 위협의 압박이 봄버디어로 하여금 2001년에 아트트란츠를 인수하는 것을 통해 대중교통 시장에서 자사의 위상을 더욱 강화하게 한 요인이 됐던 것으로 보인다. 이러한 상황은 봄버디어가 지난 5년간에 걸쳐 협력사와의 협력관계를 강화해온 이유도 설명해준다. 협력사와의 유대를 강화해온 결과로 봄버디어는 적어도 다음 세대의 지역항공기에 대해서까지는 보잉과 에어버스의 위협을 막아낼 수 있을 것으로 보인다.

경쟁관계에 있는 다른 두 거대기업 역시 나름대로 협력사 관리에 많은 노력을 기울이고 있으나 여전히 수직통합의 수준이 높고, 부품공급에 대한 직접통제를 많이 하고 있다. 이에 비해 봄버디어는 제품 전반에 걸쳐 협력사와의 협력관계에 강점을 갖고 있고, 이 때문에 봄버디어는 경쟁회사들에 비해 유연성이 훨씬 높다. 봄버디어는 또한 협력사가 디자인과 조립, 그리고 보다 다양한 제품의 공급에 힘을 쏟는 것을 허용하고 있다. 봄버디어가 경쟁기업들의 공격을 물리치기 위해서는 협력사와의 이러한 관계에 바탕을 둔 유연성과 비용효율을 계속 유지할 필요가 있다.

협력사와의 이러한 제휴관계를 유지하는 데서 봄버디어 캐피털의 역할이 점점 더 중요해지고 있다. 이 금융 계열사는 항공기 리스와 바이백(Buyback) 계약과 같은 장기 금융 프로그램을 운영함으로써 매출증대를 도모하고, 이를 통해 협력사와의 제휴관계가 원활하게 가동될 수 있도록 하고 있다.

캐나다 정부 역시 봄버디어가 국제적인 경쟁압력에 잘 대응할 수 있도록 도움을 주고 있다. 사실 보잉과 에어버스는 미국과 EU 정부로부터 오랜 기간에 걸쳐 천문학적인 자금과 정책적 지원을 받아왔다. 이런 상황에서 항공기 산업에 대한 캐나다 정부의 정책적 지원은 비교적 늦게 시작됐다는 점을 감안하면 봄버디어가 국제경쟁력을 확보하고 있다는 사실은 주목할 만하다.

브라질의 항공기 제작회사인 엠브라에르(Embraer)에 대한 브라질 정부의 수출보조금 지급을 둘러싸고 캐나다와 브라질 사이에 분쟁이 벌어진 바 있다. 이 분쟁은 앞으로 봄버디어가 보잉 및 에어버스와 경쟁을 벌여나가는 과정에서 캐나다 정부의 지원을 어떻게 활용하게 될는지를 보여주는 예고편이라고 할 수 있다.

| 항공산업의 전략지도(Strategic Map)

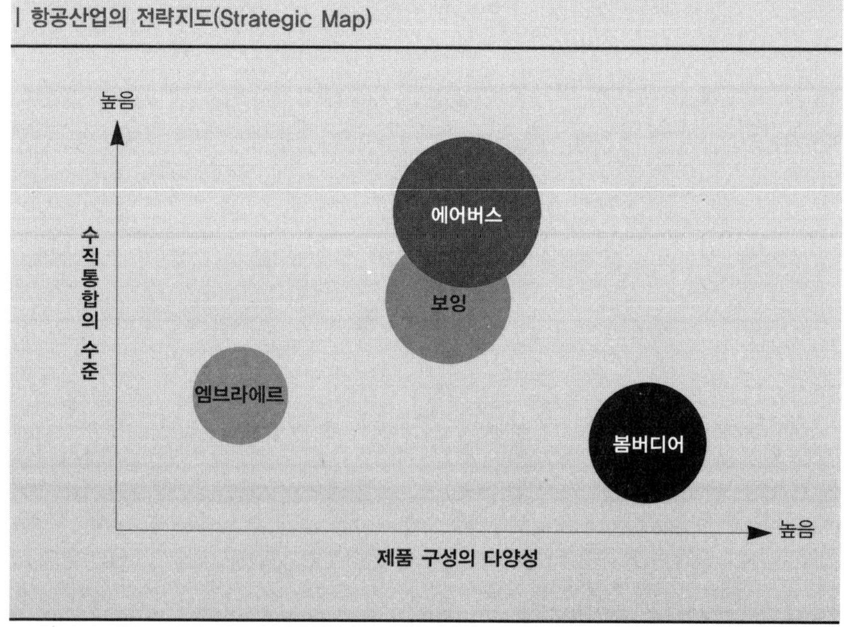

봄버디어는 주요 고객을 대상으로 조종사 훈련, 항공기 유지보수 등과 같은 서비스에도 초점을 맞춤으로써 보다 큰 부가가치를 창출하고 있다. 봄버디어가 이런 노력을 기울이는 것은 고객에게 일괄 솔루션을 제공하는 것이 보다 큰 부가가치를 확보하게 해주는 동시에 주요 고객들을 붙잡아주는 효과도 내주기 때문이다.

항공 사업부만이 아니라 다른 사업부들도 각자의 사업분야에서 치열한 경쟁에 직면하고 있다. 최근에 많은 선진국 정부들이 전동차를 이용하는 대중교통 시스템을 발주하고 있는데, 이 분야는 수익성이 매우 좋아 봄버디어가 관심을 집중하고 있다. 특히 유럽연합(EU) 내 발주처와의 계약은 입찰시 공공성과 객관성이 매우 강조되는 가운데 모든 회원국 기업들에게 입찰자격이 주어지며, 가장 낮은 가격을 제시한 입찰자에게 계약이 돌아간다. 공개입찰제도 아래서는 낮은 금액을 제시하는 기업이 계약을 수주하는 것이 당연하지만, 국가 기간산업에 해당하는 경우에는 국제적인 정치경제 상황이 많이 고려되면서 낙찰기업 선정이 이루어지는 경우가 많다. 하지만 EU 안에서는 이제 더 이상 국가별로 제시금액과 무관하게 자국 기업을 우대하는 낙찰 결정을 내릴 수 없다.

이에 따라 EU 안에서는 기업들 사이에 기술과 비용을 중심으로 매우 치열한 경쟁을 벌이지 않으면 안 되게 됐다. 이러한 상황에서 봄버디어는 미국의 GE, 독일의 지멘스, TGV로 유명한 프랑스의 알스톰과 같은 쟁쟁한 기업들에 대해 비용우위를 확보하려고 지난 10년간 규모의 경제 효과를 향상시키기 위한 노력을 기울여왔다. 그 결과로 봄버디어는 GE나 지멘스와 같은 공룡기업과 경쟁하면서도 대중교통 시스템 분야에서 1위의 자리를 지켜올 수 있었고, 이 점은 캐나다인들이 자긍심을 갖게 될 정도로 그 성과가 큰 것이었다.

스노모빌과 워터크래프트(Watercraft: 수상제트스키 또는 소형보트) 시장의 경쟁환경은 다소 다르다. 이러한 레크리에이셔널 제품은 기업에 판매되는 제품과 달리 개개인의 요구를 충족시킬 수 있어야 하기 때문이다. 따라서 각 제품별로 상이한 고객층을 대상으로 영업과 마케팅을 해야 하고, 브랜드 이미지가 매우 중요한 역할을 한다. 이 분야의 주요 경쟁기업은 일본의 야마하와 스즈키인데, 이 두 기업의 시장장악력과 제품기술력 수준이 매우 높아 경쟁이 매우 치열하다. 봄버디어는 이러한 경쟁환경 속에서도 지난 3년간 마켓 리더의 자리를 굳건히 지켜냈다. 이러한 놀라운 성과에는 지속적인 제품혁신과 레이싱 팀에 대한 강력한 스폰서십이 큰 역할을 했다. 레크리에이셔널 사업부는 고속보트, 낚시보트, 전지형 차량(ATV), 아웃도어 패션의류 등으로 제품 라인업을 확대해왔다.

매우 경쟁적인 시장상황으로 인해 봄버디어가 계속 성장해 나가는 데 위협이 되는 요인들이 존재한다. 가장 큰 위협요인은 역시 보잉과 에어버스라는 양대 경쟁기업이다. 이렇게 볼 수 있는 것은 봄버디어의 매출구조에서 항공 사업부가 차지하는 비율이 가장 크기 때문이다. 이 두 거대기업과 계속 경쟁을 해야 한다는 점을 고려하면 봄버디어의 수익구조가 앞으로 어떻게 바뀔지에 대해 장담하기가 쉽지 않다. 봄버디어가 이 두 거대기업에 대한 경쟁력을 지켜나가기 위해서는 제품혁신, 협력사들과의 협력관계 강화, 고객과의 관계 긴밀화 등에 지속적으로 노력하고, 비용을 통제하면서 새로운 시장과 새로운 비즈니스 기회를 적극적으로 발굴해나가야 한다.

이런 맥락에서 봄버디어 캐피털의 역할이 기대되고 있다. 이 계열사는 제품구매자에 대한 다양한 금융 프로그램을 개발해 시행함으로써 고객으로 하여금 봄버디어 제품을 구매하도록 유도하고 있다. 또한 협력회사에 대한 금융지원을 통해 봄버디어에 대한 협력회사의 충성도를 높이는 역할도 하고 있다.

다. 지배구조

봄버디어의 지배구조를 가장 잘 설명해주는 모델은 기업의 중장기적 성장보다 단기 주주이익을 중시하는 앵글로색슨 모델(월스트리트 모델)이다. 하지만 봄버디어 일가가 소유하고 있는 약 20%의 지분이 발휘하는 영향력이 이러한 미국식 지배구조의 단기수익 지향성을 경감시키고 있다.

이러한 사실을 잘 보여주는 증거는 바로 레크리에이셔널 사업부에 대한 봄버디어의 태도다. 레크리에이셔널 사업부는 2000년에 흑자전환을 달성하기까지 무려 10여 년 동안이나 손실을 기록했다. 봄버디어의 경영진 가운데 일부는 저조한 경영실적을 이유로 이 사업부를 축소하거나 폐지해야 한다고 주장했지만, 창업주 일가의 경영철학에 영향을 받은 최고위 경영진은 인내심을 갖고 장기적인 관점에서 이 사업부를 존속시키고 지원했다.

레크리에이셔널 사업부가 생산하는 다양한 고객지향적 제품들은 창업주가 회사설립 초기에 다양한 고객의 니즈를 충족시키기 위해 노력했던 경영방침과 부합하는 것이다. 창업주의 이런 경영철학을 잘 알고 있는 최고위 경영진은 장기적인 관점에서 제품의 수준을 높여 고객의 눈높이에 맞추는 노력을 기울인 것이다. 그들은 장기간 손실이 이어지는데도 불구하고 제품에 대한 확고한 믿음을 가지고 장기적으로 그 가능성을 높게 평가했다.

이와 같은 사례는 다른 경쟁기업들에서는 찾아보기 어렵다. 봄버디어와 같은 사업분야에 속하는 다른 경쟁기업들에서는 어떤 사업이 수익을 내지 못하는 기간이 5년 정도가 넘으면 그 사업에서 철수하는 것이 일반적이다.

하지만 주주이익의 극대화를 최우선적인 목적으로 삼고 있다는 점에서는 봄버디어도 다른 앵글로색슨 모델 기업들과 다르지 않다. 또한 증시에 상장된

다른 공개기업들과 마찬가지로 봄버디어도 대규모 기관투자가들의 요구에 부응하지 않으면 안 된다. 이에 따라 봄버디어는 분기별 보고서, 애널리스트와의 정기적인 컨퍼런스 콜, 다양한 IR 활동 등을 통해 경영실적 등 회사의 내용을 알리고, 투자자들의 요구를 수용하고 있다.

봄버디어의 지배구조에는 이사회 외에 경영위원회, 보상위원회, 연금위원회, 감사위원회 등도 포함돼 있다. 봄버디어는 이러한 다양한 위원회를 통해 주주들의 니즈에 부응하는 노력을 기울이고 있고, 그 다음 순번이기는 하지만 이해관계자들의 니즈에 대해서도 적극적으로 대응하고 있다. 다양한 위원회 조직은 또한 회사 창립자의 기업철학과 주주이익 극대화라는 목적 사이에서 최고위 경영진이 균형을 잡아가며 최선의 의사결정을 할 수 있도록 돕고 있다.

봄버디어는 캐나다 정부의 지원에 크게 의존하고 있다. 아무래도 사업내용의 특성상 정부의 정책적 배려를 필요로 하기 때문이다. 그 대신에 봄버디어는 고용 창출, 기술인력 양성, 생산제품 수출 등을 통해 캐나다의 국가경쟁력 향상에 기여하는 것으로 보답하고 있다.

5. 전략의 논의

가. 기업 수준의 전략

봄버디어의 성공은 시의적절한 제품구성을 갖고 있었다는 데 크게 힘입었다. 1970년대 초에 전 세계를 강타한 오일쇼크는 각국 정부로 하여금 화석연료를 사용하지 않는 대중교통 시스템의 도입에 나서도록 자극했다. 봄버디어는 이러한 외부환경을 적극 활용함으로써 새로 열리게 된 시장에서 사업기회를 잡아내는 데 성공했다. 또한 봄버디어는 높은 기술역량을 바탕으로 시장이 요구하는 최적의 제품을 만들어 공급했고, 이와 동시에 필요한 기술을 보유하고 있는 우량한 기업들을 인수하는 데도 성공했다.

봄버디어는 경쟁우위를 확보하는 데 도움이 되지 않는다고 판단되는 경우에는 M&A 기회에 대한 미련을 버렸다. 자사의 제품을 보다 다각화하고 특허권 확보에 도움이 되는 기업들만 봄버디어의 인수대상이 됐다. 인수대상 기업을 선정하는 데 최우선적인 기준은 성과, 성장 잠재력, 그리고 전략적 정합성이었다.

사업의 다각화는 대체로 10년 내지 15년 주기로 추진됐다. 이런 다각화의 주기는 상당히 긴 것이다. 이러한 느긋한 태도는 새로 진출한 사업분야에서 마켓 리더가 될 정도로 위상을 구축하는 데 회사의 역량을 집중할 수 있게 했다. 다각화를 지나치게 빠르게 추진할 경우에는 재무적인 부담이 예상을 뛰어넘을 수 있지만, 봄버디어는 이런 위험을 잘 피해갔다. 봄버디어는 새로운 다각화 계획이 감당할 수 있을 때에만 그 계획을 실행했다.

예를 들어 1982년에 캐나다 정부가 만성 적자에 시달리던 항공기 제작사인 캐나다에어를 인수하도록 봄버디어에 압력을 가했지만, 봄버디어는 그 당시에는 항공기 제작사를 인수할 시기가 아니라고 판단하고 더 기다리다가 4년 뒤인 1986년에야 캐나다에어를 인수하기로 결정했다. 봄버디어가 왜 이렇게 했느냐면, 항공기 제작업체 인수는 자칫하면 봄버디어의 기존 사업 전부를 위기에 빠뜨릴 수도 있을 정도로 규모와 파급효과가 큰 사업이었고, 따라서 기존의 조직이 항공기 제작사업에 적응할 수 있을 정도로 기술과 마케팅 역량을 향상시키는 준비작업이 필요하다고 판단했기 때문이다. 봄버디어는 캐나다에어 인수를 유보한 4년의 기간 동안에 자사의 기존 사업역량, 기술역량, 인적역량, 재무역량 등을 종합적으로 재점검하고 더욱 향상시켰다. 결국 이 기간은 회사의 미래를 위해 반드시 거쳐야 할 단계를 거치는 데 필요했다고 볼 수 있다.

봄버디어의 역사를 통틀어 이 회사의 전략을 한마디로 표현한다면 '다각화'라고 할 수 있다. 물론 봄버디어가 다각화 전략을 취할 수밖에 없었던 환경적인 요인이 있었다. 그것은 1973년의 오일쇼크였다. 하지만 봄버디어는 그 뒤로 디자인 및 제조와 관련된 자사의 지식과 기술을 잘 활용하면 새로 진출하는 사업분야에서 성공을 거둘 수 있다는 점을 인식하게 됐다. 이에 따라 봄버디어의 다각화 전략은 경기변동의 위험을 피하고 회사 전체적으로 장기적인 성장을 추구한다는 경영진의 확고한 의지 하에 추진되기에 이르렀고, 각 사업부 단위 조직으로도 퍼져나갔다.

2001년 현재 봄버디어의 경영진은 이러한 다각화 노력을 한층 더 강화해야 한다는 생각을 하고 있는 것 같다. 왜냐하면 회사의 재무구조상 항공 사업부에 대한 의존도가 여전히 너무 높기 때문이다. 9.11 사태 이후에 전개되고 있는 비즈니스 환경의 변화를 고려하면 항공 사업부에 대한 과도한 의존은 봄버디어 경영진에게 가장 큰 걱정거리일 것이다. 이 문제는 보잉과 에어버스로부터의 경쟁

위협과 더불어 현재 봄버디어가 직면하고 있는 가장 중요한 전략적 문제로 대두되고 있다. 이런 상황에서 세계 항공산업의 격변기를 봄버디어가 어떻게 헤쳐 나갈 수 있을 것인지를 전 세계 항공업계가 주목하고 있다.

나. 사업단위 수준의 전략

유감스럽게도 사업의 다각화 하나만으로는 특정한 산업분야에서 지속적인 위상을 보장받지 못한다. 봄버디어는 자사가 진출한 산업분야에서 선도회사가 되기를 바란다. 다양한 사업분야에서 이러한 목적을 달성하기 위해서는 사업단위별로 상이한 전략과 전술이 필요하다. 봄버디어의 분권화된 사업부 구조는 각각의 사업부로 하여금 자체적으로 전략을 세우도록 하며, 다만 그 전략이 봄버디어 전체의 전략과 일관되게 조화되는 것이어야 한다. 봄버디어의 모든 사업부는 제품혁신, 린(lean) 제조기법, 고객의 눈높이 마케팅에 중점을 둔다는 공통점을 갖고 있다. 그리고 봄버디어의 모든 사업부는 다음 세 가지 전략 위에서 활동한다.

첫째, 현재의 제품 라인업을 방어하고 더욱 확대한다.

둘째, 신흥시장에서의 성장을 적극 추진한다.

셋재, 미래의 성장을 위한 장기적인 관점의 투자를 실행한다.

이러한 전략은 곧 사업단위 수준에서도 다각화 전략이 그대로 적용되고 있음을 보여준다. 예를 들어 레크리에이셔널 제품의 경우 봄버디어는 제품 라인업을 2인승 제트 스키에서 4인승 제품으로, 더 나아가 가족용 스포츠 보트, 낚시 전용 보트, 스포츠 웨어 등으로 확대해 나갔다.

각 사업부가 상이한 비즈니스 전략을 구사하지 않고 모든 사업부가 유사한 비즈니스 전략을 구사하는 것을 통해 봄버디어는 혁신적이고 창의적인 자사의 기업문화를 더욱 증폭시킬 수 있었다. 사실 이러한 혁신적이고 창의적인 기업문화야말로 봄버디어가 확보한 시장 주도력의 원천이었다. 그리고 사업단위 수준에서 일어나는 혁신이 봄버디어가 보여준 활력의 근원이었다.

핵심역량에 집중한 것도 봄버디어가 시장을 주도하는 위상을 지킬 수 있게 해주었다. 핵심적이지 않은 활동을 아웃소싱한 것은 부가가치를 많이 창출해주는 핵심활동 분야에서 우월한 지식을 축적하는 데 도움이 되고 있다. 앞에서도 살펴보았지만 봄버디어는 협력회사들과의 지속적인 유대를 통해 그들의 기술을 적극적으로 활용하고 제품 개발에 따르는 위험을 분산시켰다. 치열한 경쟁환경 속에서 봄버디어는 바로 이러한 관계를 통해 비용을 최소화할 수 있었다. 또한 지난 5년간 봄버디어는 고객들과 보다 가까운 관계를 구축해왔다. 특히 항공 사업부와 대중교통 사업부에서 이런 양상이 두드러졌다. 이렇게 된 이유는 부분적으로는 고객의 요구에 부응할 필요가 있었다는 데 있고, 부분적으로는 봄버디어가 장기적인 계약을 확보해야 할 필요가 있었다는 데 있다.

여기서 주목할 만한 점은 유지보수 서비스다. 유지보수 서비스는 단거리 제트기, 자가용 제트기, 대중교통 시스템 분야에서 매우 수익성이 높은 성장사업이다. EU 지역의 대중교통 시스템에서는 유지보수가 매우 큰 비중을 차지한다. 봄버디어는 현재 디자인과 제작에 더해 이러한 서비스를 제공하고 있다. 항공 사업과 대중교통 사업 양쪽에서 봄버디어는 '누가 제품 생산자보다 제품에 대해 더 많이 알겠는가?' 라는 입장에서 성공적으로 유지보수 서비스를 판매해왔다. 중단거리 제트기와 업무용 제트기 운영자들이 점점 더 많이 봄버디어의 원스톱 서비스를 이용하려고 하고 있다. 고객과의 깊은 관계를 바탕으로 하는 고객 지향적 서비스는 보잉과 에어버스와 같은 공룡기업들과 경쟁을 해야 하는 봄버디어의 입장에서는 중요한 전략적 사업이다.

다. 주요 질문

봄버디어가 현재 갖고 있는 회사 전체의 전략과 사업단위 수준의 전략을 전제로 할 때 봄버디어는 어떻게 하면 시장주도 업체의 지위를 미래에도 유지할 수 있을까? 또한 성장해나가는 과정에서 어떻게 하면 다양한 사업부서 모두에 걸쳐 혁신적이고 창의적인 기업문화를 유지하고 발전시켜 나갈 수 있을까? 앞에서 내부환경과 외부환경, 그리고 핵심역량을 살펴본 결과를 고려하면, 이러한 질문들에 대한 답변은 다음과 같은 시나리오를 염두에 두고 시도해야 할 것으로 보인다.

— 중단거리 제트기와 업무용 제트기 분야로 보잉과 에어버스가 진입할 가능성
— 테러활동이 중단되지 않고 이어지거나 중동에서 전쟁이 일어날 경우에 세계시장이 불안정해질 가능성
— 보다 환경친화적인 제품에 대한 수요의 증가

다음 6장에서는 이러한 질문들에 대한 현실성 있는 답변을 제시하고, 아울러 봄버디어가 선택할 수 있는 전략적 대안들에 대해서도 살펴볼 것이다.

6. 제언

봄버디어의 전략은 지금까지는 매우 성공적이었다. 특히 항공 사업부를 발족시킨 1980년대 후반 이래로 매년 수익이 증가해 왔다. 그런데 역설적이게도 현재 항공산업의 상황은 이 회사가 계속 성장해나가는 것을 가로막을 수 있는 주된 위협요인이 되고 있다. 만일 보잉과 에어버스가 중단거리 제트기 시장에 진입한다면(이러한 가정은 현실화될 가능성이 높아 보인다) 봄버디어가 그동안 쌓아온 사업역량과 성과가 허물어질 수도 있다.

따라서 항공사업 분야에서 봄버디어는 고객과의 관계를 지속적으로 유지하고 협력업체와의 전략적 유대를 보다 공고히 할 필요가 있다. 자사가 제공하고 있는 서비스를 더욱 확대해 나가는 것만이 봄버디어가 시장점유율을 지키거나 더 높일 수 있는 길이다. 항공사들이 훈련과 유지보수를 아웃소싱하는 지속적인 추세는 봄버디어와 같은 회사에게는 커다란 기회가 될 수 있다. 이와 동시에 봄버디어는 아웃소싱을 더욱 확대하고 내부생산성을 더욱 높임으로써 제품가격을 계속 더 낮추어가야 한다. 보잉과 에어버스 같은 회사들과 경쟁하기 위해서는 봄버디어는 스스로를 차별화시켜야 한다. 이러한 차별화는 경쟁력 있는 가격으로 제품과 서비스를 공급하는 것에 의해 가장 잘 달성될 수 있다.

봄버디어는 새로운 분야들로 사업을 더욱 다각화해 나가야 한다. 하나의 가능한 선택지는 환경친화적인 운송수단을 미래의 전략적 수종사업 분야로 정하고 제품개발에 박차를 가하는 것이다. 봄버디어의 대중교통 사업부는 궤도열차에 초점을 두고 있지만, 가스나 연료전지를 동력원으로 하는 운송수단을 상용화하는 데 충분한 자원과 기술도 갖추고 있다. 실제로 미국 캘리포니아 주

정부는 최근 연료전지를 동력원으로 하는 버스를 도입하기 위한 준비에 들어 갔다.

아마도 현 시점에서 봄버디어가 인수대상으로 삼기에 가장 좋은 기업은 밸 러드파워 시스템(Ballard Power System)일 것이다. 이 기업은 연료전지 개발과 생산을 전문으로 하는 회사인데, 연료전지에 대한 특허를 많이 보유하고 있다. 이 회사의 기술이 봄버디어의 제조 및 마케팅 역량과 결합된다면 이 회사 자체는 물론이고 봄버디어로서도 신제품의 상용화를 통해 시장을 주도하는 지위를 확 보할 수 있다. 이러한 기업인수 시도는 현재 각국의 환경정책과 교통운송 정책이 급변하는 시기인 점을 감안할 때 매우 중요한 전략적 선택이 되기에 충분하다. 만일 9.11과 같은 사태가 다시 발생하거나 중동에서 전쟁이 일어난다면 항공산 업과 석유제품을 연료로 사용하는 운송시스템 분야는 큰 타격을 입게 될 것이 뻔 하다. 따라서 봄버디어로서는 대안의 운송시스템 분야에서 확고한 포지션과 기 술력을 갖추는 것이 잠재적인 위기에 대한 대응을 위해 반드시 필요하다.

내부환경적 측면에서 봄버디어는 사업에 대한 장기적 관점을 견지해야 한 다. 주주에 대한 책임을 다하는 것이 우선이라고 하더라도 봄버디어의 성공은 협력업체를 비롯한 다른 이해관계자들에 크게 의존하기 때문이다. 이러한 점을 염두에 두는 가운데 추가적인 사업확장은 점진적으로 해야 한다.

이제는 대규모의 국제적 인수합병은 자제돼야 한다. 그동안에는 다른 기업 을 인수합병할 때 기업문화적 융합보다 기술적 융합이 보다 강조됐기 때문에 인 수합병 대상 기업의 기술만 흡수하더라도 인수합병이 봄버디어 전체에 이득이 됐다. 하지만 이제는 인수대상 조직 구성원들의 몰입도까지 염두에 두고 인수합 병을 추진해야만 한다. 이는 곧 인수대상 기업의 직원들이 봄버디어의 기업문화 를 잘 받아들일 수 있는지도 따져봐야 한다는 이야기다.

마지막으로 봄버디어는 캐나다 정부와의 유대관계에 한치의 소홀함도 있어서는 안 된다. 캐나다 정부의 지원이 없이는 앞으로 봄버디어가 항공산업에서 생존해 나가기가 현실적으로 어렵다. 경쟁업체인 보잉과 에어버스는 각각 미국과 EU의 국영기업체라고 해도 과언이 아니기 때문이다.

본 리포트는 봄버디어의 기존 사업전략에 대해 분석해보고, 그 결과를 토대로 향후의 전략적 선택과 관련해 대안을 제시하고자 했다. 아무쪼록 본 리포트가 봄버디어의 전략적 의사결정에 도움이 되기를 바란다.

7. 부록

가. PESTEL 분석

(1) 정치적 영향

세계 각국의 정부정책은 봄버디어의 여러 사업분야에 매우 중요한 영향을 미친다. 대중교통 사업부와 항공 사업부는 특히 정부의 정치적 결정에 크게 영향을 받는다.

세계 각국의 정부는 자국 내에 항공기 제작 산업을 갖기를 희망하는데, 그 이유는 항공산업 자체가 국방과 주권, 그리고 국가의 국제적 지위와도 관련이 있는데다가 수출을 통한 수익, 관련 산업으로의 기술이전 효과, 고임금 일자리 창출 등 경제적인 이익과도 관련이 있기 때문이다. 따라서 세계 항공기 제작산업의 발전과정에는 각국 정부의 개입이 보편적이었고, 각국 정부는 관세와 비관세 장벽, 보조금 지급, 연구개발 지원, 수출에 대한 금융지원, 정부 조달상의 특혜 등과 같은 방법을 활용해 항공기 제작산업을 지원해왔다. 더욱이 항공기 구입 결정을 좌우하는 요인 가운데 항공기 구입가격만큼이나 자금조달 비용 등의 비중이 높아져 가고 있다. 경기에 영향을 크게 받는 항공 산업의 특성과 항공기 구입자금 조달기법의 복잡성 때문에 항공사들은 항공기를 직접 구입하기보다 리스 방식을 점점 더 선호하고 있다(2001년 기준으로 전 세계에서 새로 제작된 민간 여객기의 20~30%가 항공사에 리스되고 있다).

따라서 항공사들은 리스의 조건에 대해, 그리고 항공기 제작사나 그 제작사가 소속된 국가의 정부가 제공하는 신용제공이나 금융지원 수준에 관심이 높을 수밖에 없다. 항공금융(Aircraft financing)은 특히 지역항공기 시장에서 매우 중요한 요소인데, 이는 이 시장의 고객사들이 재정상태가 그리 좋지 않으며 시장의 경쟁이 매우 치열하기 때문이다. 이러한 상황은 제품가격에 인하압력을 가하고, 항공기 제작사들로 하여금 신용제공을 보다 공격적으로 하게 하거나 고객사에게 항공기를 판매한 후 일정기간 이후 일정 비율의 가격으로 되사주는 바이백(Buy-backs) 형태의 판매방법 또는 다양한 저금리 판매조건을 제시하도록 한다. 이 시장에서는 리스임차인이 지급불능 상태가 되는 경우나 리스기간이 만료되기 전에 리스임대인에게 항공기가 반납될 경우에 대비한 지급보증이라는 형태로 정부가 지원을 하는 경우가 흔하다.

국제적인 협약으로 인해 정부의 개입에 대한 일정한 제한과 조건이 생겨나고 있다. 이러한 협약에도 불구하고 봄버디어가 여전히 경쟁기업인 브라질의 엠브라에르와 수출신용 제공 수준을 놓고 분쟁을 벌이게 됐다. 브라질의 엠브라에르가 지역항공기 시장에서 높은 시장점유율을 갖도록 하기 위해 브라질 정부가 엠브라에르에 과다한 보조금을 지급해서 봄버디어에 불이익을 주고 있다고 봄버디어는 주장했다. 캐나다 정부와 브라질 정부 간에 진행된 몇 차례의 협상이 결렬된 후 WTO는 2001년 7월 브라질이 국제적인 시장금리로 수출신용을 제공하는 것은 무방하지만 그보다 낮은 금리로 수출신용을 제공해서는 안 된다는 결정을 내렸다. 이 사례는 경쟁이 치열한 항공기 시장에서 봄버디어에 대한 캐나다 정부의 지원이 이 회사에 얼마나 중요한지를 잘 보여주며, 아울러 캐나다 정부와 브라질 정부 양쪽 다에 자국 항공산업의 전략적 중요성이 얼마나 큰지도 잘 보여준다.

정부정책은 봄버디어의 대중교통 사업부에도 영향을 미친다. 세계의 모든 철도망은 정부가 운영하거나 규제한다. 따라서 이 분야의 투자결정은 정부의 장기적 운송정책에 의해 큰 영향을 받는다. 예를 들어 유럽연합(EU) 운송정책의 상당부분은 유럽 도로의 많은 구간에서 정체가 상습화되는 데 대응해 철도망의 화물 및 통근자 수송 비중을 확대하는 데 목표를 두고 있다. 이와 비슷하게 중국 정부도 국제무역의 급격한 증가로 인해 도시화가 빠르게 진행되는 추세에 대응해 철도운송에 대한 투자를 크게 늘리고 있다. 이러한 국가 운송정책들은 모두 봄버디어의 전략적 선택에 영향을 미친다.

또 정부들은 철도 제작회사의 생산라인이 어느 국가에 위치하는가에도 높은 관심을 기울이고 있다. 왜냐하면 철도산업은 관련 산업에 대한 파급영향과 고용유발 효과가 워낙 크기 때문이다. 봄버디어의 인수합병 전략은 주요 국가들에 생산거점을 만드는 데 큰 비중을 두어왔다. 예를 들어 독일, 영국, 미국, 중국에 각각 이 회사의 지역본부와 생산라인이 위치하고 있다. 아울러 개발도상국 정부들을 상대하고 그들에게 영향을 미치기 위해 국제 사업부라는 부서를 새롭게 만들어 운영하고 있다. 이 사업부는 개발도상국들에서 생겨나는 새로운 사업 기회를 포착하고 분석하는 일을 하고 있다.

(2) 경제적 영향

앞에서 살펴본 바와 같이 1973년 석유파동 이후 세계경제의 하강은 봄버디어로 하여금 기존의 보유기술을 활용할 수 있는 새로운 산업을 찾도록 만들었다. 경제상황은 모든 비즈니스에 토대가 되며, 산업별로 상이한 영향을 미친다. 이와 마찬가지로 경기순환은 봄버디어의 각 사업부에 상이한 영향을 미친다. 실제로 경기순환은 봄버디어가 사업전략을 수립함에 있어서 핵심적인 고려대상일 수밖에 없다. 주기적인 경기순환과 반대로 움직이는 산업부문으로 다각화를 해야 하는 것이다. 이러한 점은 봄버디어의 항공 사업부와 대중교통 사업부를 비교해보면 쉽게 이해할 수 있다.

항공기 시장은 대단히 변동이 심한 시장인데, 이는 정부의 정책과 규제뿐만 아니라 경기순환으로부터도 영향을 받기 때문이다. 시장의 변동성이 크기 때문에 그 결과로 항공산업은 경기순환의 과정에서 공장가동률이 낮아져 인력감축이 불가피한 시기를 겪게 된다. 또한 항공기 시장의 변동은 전반적인 경제활동의 변동보다 그 진폭이 훨씬 더 크다.

이는 항공기 주문 시점에서부터 항공기 인도시점까지 3~5년, 신기종의 경우는 7년 이상이라는 매우 긴 시간이 소요되기 때문이다. 그리고 생산과정에서 고객사의 주문이 약간만 변경되어도 많은 추가 비용이 소요된다. 따라서 항공기 제작사는 경기순환을 충분히 고려하여 순차적이고도 체계적인 제작일정을 수립해야 한다. 하지만 불행하게도 세계의 많은 항공사들이 항공기를 주문하는 경기 회복기에 항공기 주문이 몰리는 경우가 대부분이다. 그래서 어떤 시기에는 '주문폭발 사태(Ordering frenzy)'에 직면하는 경우도 있지만, 주문받은 다수의 항공기를 제작해 고객사에 인도할 시점에 경기가 하강기에 본격적으로 접어드는 경우도 있다. 더 큰 문제는 경기주기상 침체기 동안에는 기존에 발주되었던 많은 주문이 취소되거나 유보되는 것이다. 이러한 산업상의 특징은 항공기 제작사에게 큰 타격을 입히는 주요한 요인 중 하나다.

이러한 항공산업의 특성은 한마디로 '붐과 붕괴(Boom & Bust)'라고 표현할 수 있다. 게다가 2001년 9.11 사태의 영향으로 인해 그동안 수익성이 높던 항공기 제작사들도 매우 어려운 상황에 빠질 가능성이 높아지고 있다. 앞서 내부환경 분석에서도 살펴보았지만 봄버디어는 전략적 제휴를 통한 위험분산 정책을 통해 이러한 변동성을 억제시키려고 노력해 어느 정도 효과를 거두고 있다.

항공 사업부와 달리 대중교통 사업부는 경기순환과 반대로 움직이는 특성을 갖고 있다. 각국 정부는 장기적인 관점에서 운송정책을 수립하거나 실행하며, 따라서 운송분야의 정부지출은 경기순환의 영향을 덜 받는다. 실제로 국가적 인프라 사업의 경우 고용 창출과 경기 활성화를 위해 경기가 침체되어 있을 때 시작되는 경우가 많다. 봄버디어의 입장에서 보면 이런 점은 보다 일관성 있고 변동성이 작은 비즈니스 환경이며, 봄버디어는 이러한 비즈니스 환경을 잘 이용하고 있다. 즉 경기순환상 항공 사업부가 낮은 이익률을 올리는 시기에는 대중교통 사업부가 현금을 창출할 수 있는 사업에 적극적으로 뛰어들고 있다.

경제적 요인은 이 회사의 레크리에이셔널 사업부과 캐피탈 사업부에도 영향을 미친다. 경기가 상승기에 있으면 가처분 소득이 늘어나게 되며, 대부분의 서구 사회에서는 가처분 소득이 늘어나면 여가산업에 대한 지출이 늘어나기 마련이다. 이러한 소비지출 증가는 스노모빌과 워터 크래프트 시장에 직접적인 영향을 주며, 이 회사에 큰 수익을 안겨준다.

반면에 경기 침체기에는 이 분야의 도매상들이 어려움을 겪을 수 있으므로 회사는 이들에게 정책적으로 금융적 지원을 실시한다. 즉 경기 침체기에는 봄버디어 캐피탈이 협력사들의 사업이 유지될 수 있도록 금융적 지원과 투자를 하고, 이런 과정에서 도매상 등 협력사들과 쌓은 제휴와 유대 관계를 바탕으로 향후 경기회복이 이루어져 수요가 증가할 때에는 주문을 사전에 확보할 수 있어 높은 수익을 거두는 것이다.

(3) 사회문화적 영향

사회문화적 요인 역시 봄버디어의 사업에 큰 영향을 미친다. 인구구조, 소득분

배, 생활방식, 교육수준과 같은 사회문화적 요인들은 모두 이 회사의 외부환경을 이루며 간접적인 영향을 미치기 때문이다. 예를 들어 중국 인구구조의 변화는 중국 정부로 하여금 출퇴근용 전철과 열차를 보다 확충하도록 압박하고 있다.

개발도상국들의 급격한 도시화는 봄버디어와 같은 회사에게 새로운 사업기회를 열어주고 있다. 또 소득배분과 생활방식의 변화 역시 봄버디어가 레크리에이셔널 관련 제품 사업을 새로운 시장에서 펼치는 데 많은 도움을 준다. 교육수준 향상과 해외여행 증가는 항공기에 대한 수요를 증가시킨다.

(4) 기술적 영향

회사의 현재 상황으로 볼 때 기술은 회사 내부적으로나 외부적으로나 사업에 영향을 줄 가능성이 있는 가장 핵심적인 요소라고 할 수 있다. 하지만 기술의 극적인 변화가 외부환경에서 일어나지는 않을 것이다. 항공기와 대중교통 운송수단에서 급격한 기술발달은 단기간 내에는 일어나지 않을 것으로 보인다. 사실 봄버디어가 주요 부품 제조회사들과 협력관계를 맺고 있는 것은 관련 산업에서 그 회사들이 기술적으로 앞서나가도록 도와주는 것으로 볼 수 있다.

그동안 봄버디어는 새로운 기술을 잘 받아들였으며, 신기술을 신속하게 기존 기술과 융합하여 발전시키는 역량이 탁월했다. 새로운 항공기와 스노모빌의 디자인과 개발을 위한 가상현실 소프트웨어의 사용은 이러한 사실을 설명해주는 좋은 예다. 또 항공기 동체용 복합소재를 만들기 위한 최첨단 기술을 개발하고, 고속전철에 틸팅 서스펜션(tilting suspension)을 적용한 것과 같은 사례도 빠뜨릴 수 없다. 회사의 튼튼한 재무상태는 봄버디어가 필요로 하는 기술특허를 구입하는 데 도움이 되고 있다. 이러한 기술확보 전략은 대중교통 사업 분야에서 가장 폭넓게 실행됐고, 회사가 미래의 대중교통 신기술을 보유하고 개발해 나가는 데 중요한 역할을 하였다.

봄버디어는 인터넷을 매우 성공적으로 활용하고 있기도 하다. 무엇보다 업무용 제트기 임대사업에 인터넷을 적극 활용하고 있고, ERP 시스템을 각 사업부 및 공급망과 통합시켜 운영하고 있다. 인터넷을 활용한 이러한 고객관리 및 업무 시스템은 고객과의 의사소통과 사내 기능별 그룹 간 원활한 의사소통 활성화에 큰 기여를 하고 있다. 봄버디어는 인터넷 활용과 관련해 아일랜드의 더블린 공항에 본부를 두고 있는 라이언에어(Ryanair)를 벤치마킹한 것으로 보인다. 라이언에어는 낮은 항공운임과 높은 안전도를 바탕으로 유럽의 항공시장에서 비약적으로 발전하고 있는 저가 항공사다. 이 회사의 급속한 성장은 인터넷을 매개로 소비자들과 보다 편리하고 빠르게 의사소통을 할 수 있는 시스템을 일찍 구축한 결과다.

봄버디어는 앞으로도 기술과 관련된 외부환경을 지속적으로 관찰하면서 회사의 핵심역량과 연계시켜 활용할 수 있는 기술을 찾아내고 개발해야 한다. 이를 위해 봄버디어는 최근 몇 년간 주요 기술전문 대학교 및 주요 부품제조 협력사들과의 관계를 보다 강화해 왔다. 봄버디어의 이러한 노력은 이 회사가 기술적 주도력과 경쟁우위를 확보하는 데 크게 도움이 된 것으로 평가할 수 있다.

(5) 환경적 영향

지난 20년 동안 환경에 대한 관심이 높아짐에 따라 보다 환경 보호, 폐기물 관리, 에너지 효율 개선과 관련된 많은 법률이 제정돼 왔으며, 또 그 기준도 강화되고 있다. 봄버디어가 글로벌 네트워크를 구축하고 있다는 점을 고려하면 이러한 환경적 요인들은 각국에 위치한 지사와 사업부에 정도는 다를 수 있으나 상당한 영향을 미칠 수밖에 없다.

예를 들어 소음과 대기오염에 대한 우려는 봄버디어가 인수한 로택스 (Rotax)로 하여금 저소음 친환경 엔진을 만들도록 했다. 또 봄버디어는 항공기 엔진 공급회사들이 저소음 터보프롭 엔진을 개발하도록 다양한 지원을 했다. 항 공기와 항공기 부품 산업은 제품을 만드는 공정에서 다양한 환경오염 물질이 배 출되며, 이러한 환경오염 물질이 제대로 처리되지 않으면 환경에 극심한 피해를 줄 수 있다.

항공기 산업은 카드뮴, 크롬, 니켈을 많이 사용하는데 이런 물질들은 항공 기 부품의 마무리 공정에서 집중적으로 사용된다. 따라서 봄버디어는 부품을 납 품하는 협력사들과 함께 친환경적인 공정과 대체소재 개발에 적극적으로 나서 고 있고, 이런 노력을 통해 자사의 제품을 구매하는 나라들의 환경기준을 충족 시키려고 하고 있다.

항공산업은 지난 몇십 년 동안 더욱 환경친화적이고 에너지 효율적인 항공 기와 부품을 개발하는 데 집중적인 노력을 기울여왔다. 이는 항공여행이 늘어나 면서 각국이 항공기 소음을 줄이고 항공기의 대기오염 물질 배출을 줄이게 하기 위해 보다 엄격한 환경 관련 법률을 도입해온 것이 배경으로 작용한 결과다. 이 러한 환경적 영향을 고려할 때 봄버디어는 앞으로도 친환경 제품 개발에 전사적 인 역량을 집중할 필요가 있으며, 이러한 방향의 노력이 회사의 지속가능한 성 장을 뒷받침하게 될 것이라는 결론을 내릴 수 있다.

환경적 요인 가운데 또 한 가지 주목할 만한 것은 중국과 같은 개발도상국 에서 도시의 인구가 과밀해지면서 자동차 배기가스로 인한 피해가 늘어나는 상 황에 대응해 친환경적인 대중교통 시스템에 대한 수요가 폭발적으로 증가할 것으로 예상된다는 사실이다. 그리고 대중교통 시스템의 동력원으로는 천연가스와 전기가 선호되고 있다. 특히 전기 사용량이 적은 저전력 대중교통 시스템에 대한 관심이 날로 높아지고 있다. 봄버디어는 이러한 저전력 대중교통 시스템에 대한 연구개발에 많은 투자를 하고 있다.

(6) 법률적 영향

봄버디어는 규제가 많은 산업분야에서 글로벌한 위상을 갖고 있는 만큼 여러 국가들에서 다양한 법률적 규제 또는 견제를 받고 있다. 노동, 경쟁, 환경과 관련된 법률은 그 내용이 국가마다 다르므로 이런 종류의 법률에는 매우 신중하게 대응해야 한다.

게다가 봄버디어는 세계시장에서 점점 더 영향력이 커져가는 세계무역기구(WTO)의 규정에도 당연히 따라야 한다. 봄버디어는 이미 WTO 분쟁조정절차의 제소대상이 되고 있고, 앞으로도 제소대상이 되는 일이 종종 일어날 수 있다. 따라서 봄버디어는 WTO는 물론이고 EU를 비롯한 국제기구들에서 일어나는 일들을 잘 관찰해야 하며, 그 과정에서 필요하면 캐나다 정부의 지원을 받도록 노력해야 할 것이다. 예를 들어 봄버디어가 경쟁기업이었던 독일의 아트트란츠(Adtranz)를 인수할 때 우선 EU 반독점 당국으로부터 허가를 받아야 했는데, 그 과정에서 캐나다 정부의 지원을 필요로 한 바 있다.

나. 포터의 Five Forces 분석

(1) 항공 사업부

봄버디어는 항공기 제작 산업에 진출한 뒤로 이 산업 안에 독특한 틈새분야를 개척하고 그 틈새분야에서 자리를 잡는 데 성공했다. 중단거리 지역항공기와 사업용 소형 제트기 사업으로의 집중은 두 거대 항공기 제작사인 보잉과 에어버스를 크게 놀라게 하지 않으면서 규모의 경제를 통해 시장에서 우위를 차지할 수 있게 했다.

이 시장을 개척하고 최초로 진입한 기업이라는 위상은 봄버디어로 하여금 그 뒤에 진입한 경쟁업체들에 비해 경험상의 우위를 갖게 해주었다. 그러나 유감스럽게도 경험과 규모의 경제만으로는 경쟁우위를 지속적으로 보장받을 수 없다. 만일 새로 진입한 기업이 충분한 자본, 자기 나라 정부의 지원, 기술적 역량을 확보하고 있다면 그 기업이 봄버디어를 밀어내고 경쟁우위를 가져갈 수 있는 것이다.

봄버디어는 최대 경쟁기업인 브라질의 엠브라에르에 주목해야 한다. 엠브라에르는 특히 중단거리 지역항공기 시장에서 봄버디어와 가장 치열하게 경쟁을 펼치고 있는데, 봄버디어가 위기감을 느낄 정도로 지난 몇 년간 이 시장에서 점유율을 급격하게 높여왔다. 또한 보잉과 에어버스라는 양대 항공기 제작사의 움직임에도 주의를 기울여야 한다. 왜냐하면 이 두 회사는 막강한 자본력, 정부의 지원, 규모의 경제를 실현할 능력을 갖추고 있기 때문에 마음만 먹으면 언제든지 중단거리 지역항공기 시장에 진입할 수 있기 때문이다. 당분간은 두 회사가 이 시장에 진입하리라고 여겨지지 않는다. 왜냐하면 두 회사는 대형 민간항공기 시장을 독점하고 있고, 이미 주문받은 항공기 수량만으로도 당분간은 문제가 없기 때문이다. 게다가 보잉은 2002년에 중단거리 지역항공기 업계에서 봄버디어와 엠브라에르의 뒤를 잇고 있는 도니어 페어차일드(Dornier-Fairchild)와 전략적 협력관계를 구축하려다가 실패했다.

보잉이나 에어버스가 엠브라에르와 손을 잡는다면 이 시장을 석권할 수 있을 것이다. 그러나 엠브라에르는 이미 알레니아 아에로마치라는 이탈리아의 소형 제트기 및 전투기 생산업체와 밀접한 지분협력 관계를 갖고 있다는 점에서 추가로 보잉이나 에어버스와의 협력관계를 추구할 가능성은 낮다고 하겠다.

항공산업의 이러한 역학관계 속에서 봄버디어는 앞으로 받게 될 수 있는 도전에 대응하기 위해 어떠한 전략적 선택을 해야 할까? 봄버디어는 무엇보다 구매자 및 공급자들과의 협력체제를 보다 강화할 필요가 있다. 이는 보다 나은 제품을 보다 저렴한 가격으로 공급하면서 충성도가 높은 고객을 보다 많이 확보할 수 있는 방법이다.

이러한 정책은 위험분산에 유리하기도 하지만, 무엇보다 구매고객과 부품 공급업체들을 묶어두는 효과를 거둘 수 있다. 특히 고객이 다른 회사로 구매처를 바꿀 경우에 비용부담이 커지게 된다는 점이 이런 효과를 더욱 증대시킨다. 항공기는 그 특성상 한 대를 구매하게 되면 엔진관련 소모품 교체, 엔진 수리, 동체 수리, 동체 세척, 항공 전자장비 유지보수, 운항 프로그램 소프트웨어 업그레이드 등의 서비스가 수반된다.

(2) 대중교통 사업부

대중교통 산업의 경우 전체적으로 신규진입이 쉽지는 않지만 진입장벽이 아주 높지는 않다. 물론 대중교통 산업 역시 항공산업과 마찬가지로 기술도 기술이거니와 정부의 지원 없이는 추진할 수 없는 경우도 있다. 하지만 경량철도 사업이나 관련부품 사업의 경우 비교적 진입이 수월한 편이라고 할 수 있다. 또 기술이전을 받은 국가들을 중심으로 해당 시장에 적극적으로 진입하는 사례가 종종 있어 이러한 사실을 뒷받침한다.

최근 대중교통 산업에서 핵심적인 위치로 부상하고 있는 고속전철의 경우

국가 차원의 기술개발과 해외진출이 이루어지고 있는 전형적인 국가 기반산업이다. 아시아에 위치하고 있는 한국의 경우도 1980년대 후반에 국토를 종단하는 고속전철사업을 시작하였는데, 당시 세계 고속전철 시장을 나누어 가지고 있던 독일, 일본, 프랑스가 치열한 수주전에 참여하였다. 결국 프랑스의 알스톰이 TGV를 내세워 사업권을 따게 된다. 프랑스가 한국 정부에 고속전철 제작기술 이전 수준을 보다 높게 제시한 것이 수주전에서 승리한 요인으로 평가받고 있다. 이러한 사례는 고속전철과 같은 대중교통 시스템은 국가적 차원에서 관리되고 개발되는 분야라는 사실을 잘 말해주고 있다.

봄버디어는 최근에 다수의 인수합병을 통해 고속전철 관련 기술을 습득해 왔다. 여타 주요 경쟁기업들보다는 다소 늦게 이 시장에 뛰어들었지만 기술역량 만큼은 최고 수준의 경지에 있다.

이러한 상황에서 봄버디어의 대중교통 사업부가 주목해야 할 점은 경쟁기업들과의 차별화 전략을 어떻게 가져갈 것인가다. 앞에서도 수차례 강조한 것과 같이, 대중교통 사업부의 경우 경쟁기업들과의 격차를 더욱 벌이고 차별화할 수 있는 열쇠는 중국과 같은 신흥시장에서 찾아야 할 것이다. 아마도 해외토픽 같은 뉴스에서 중국의 연휴기간 동안 벌어지는 인구이동 장면을 본 적이 있을 것이다. 이 장면을 회상해 본다면 가장 먼저 떠오르는 것이 사람들을 실어 나르는 교통수단일 것이다. 수많은 사람들이 열차를 이용하고는 있으나, 그 여건은 열악하기 그지없기 때문이다.

중국 정부도 국민의 생활수준 향상과 해외 교역의 증가로 인한 내륙의 물동량 증가에 대응하고 대도시와 지방 간의 소득격차 문제를 해결하기 위해 국가 차원에서 교통 인프라의 대대적인 개편을 추진하고 있다. 따라서 중국 정부가 선택할 수 있는 최선의 방법은 기존 철도망을 그대로 사용할 수 있는 보다 빠른 고속전철을 도입하는 것이고, 또한 기존 교통 인프라가 제대로 깔리지 않은 외곽 지역으로 철도망을 확대하는 것이다. 이를 위해서는 고속전철과 그 운영시스템을 설치하고 운영할 역량을 갖춘 글로벌한 수준의 회사를 선택해야만 한다. 다행히 아직까지는 자동차나 철도와 같은 대중교통 수단에 대한 중국 자체의 개발 능력은 걸음마 단계에도 미치지 못하고 있다.

조심스러운 판단이기는 하지만, 아마도 이 분야에서 세계적인 베테랑 기업인 봄버디어는 중국의 철도사업을 수주하는 데 총력을 기울일 것으로 여겨진다. 일본의 경우는 이 사업의 수주경쟁에 참여할 가능성이 그리 높아 보이지 않으며, 참여한다고 해도 수주에 성공할 가능성은 낮다고 판단된다. 일본이 중국의 국가적인 사업에 참여하려고 한다면 중국 국민의 심리적 저항이 만만치 않을 것이기 때문이다. 왜냐하면 일본은 이미 1900년대 초에 현재의 중국 영토인 만주 지역에서 중국대륙 침탈을 위해 철도를 건설했던 정의롭지 못한 이력을 갖고 있기 때문이다. 공정무역(Fair trade)이 중시되는 오늘날의 세계에서도 민족감정이 개입되는 탓에 객관적인 상식과 판단이 힘을 발휘하지 못하는 경우도 있기 때문이다.

결국 중국시장에서 봄버디어는 프랑스와 독일의 기업들과 경쟁을 해야 할 것으로 예상되는데, 독일의 경우 최근 고속전철 기술의 발전이 다소 답보상태에 있는 점을 감안한다면 프랑스의 알스톰과 양자대결을 펼쳐야 하는 상황으로 판단된다.

(3) 레크리에이셔널 사업부

봄버디어, 스즈키, 야마하는 레크리에이셔널 운송수단을 생산하고 시장을 점유하고 있는 세계 3대 기업이다. 이들 세 기업이 국제시장에 세워놓은 장벽을 허물

기란 수월해 보이지 않는다.

앞서 살펴본 항공 산업과 대중교통 산업의 경우에는 구매자가 대부분 거대 기업이나 각국의 정부들이다. 따라서 구매를 결정하는 과정에 다양한 정치경제적 역학관계가 작용한다. 반면에 레크리에이셔널 운송수단의 경우에는 구매자가 대부분 개인들이다. 또한 그 제품의 대부분이 중산층 이상의 계층을 위한 것이라는 사실을 감안한다면 새로운 회사가 유사한 제품을 만든다고 해서 그들의 구매 욕구를 자극하는 것이 그리 쉽지는 않을 것이다. 이러한 점은 해당 산업이 높은 진입장벽을 가지고 있음을 의미한다.

사실 세 회사는 동일한 분야의 사업을 영위하고 있지만 회사마다 주력 제품군의 종류가 다소 다르기 때문에 시장의 경쟁은 어느 정도 안정화되어 있다고 할 수 있다. 상대방이 사업을 포기할 때까지 출혈경쟁을 벌이는 치킨게임(Chicken game)이 일어날 가능성은 그리 높지 않다.

봄버디어는 스노모빌, 스즈키는 산악오토바이, 야마하는 제트스키와 소형 보트 등을 대표적인 제품으로 내세우고 있다. 이들 기업의 제품들을 관심을 가지고 지켜본 사람이라면 기업들이 서로 담합이라도 하면서 시장을 나눠 갖고 있는 게 아닐까 싶을 정도로 상대방 제품에 대한 간섭의 수준이 높지 않다.

하지만 주력상품이 겹치는 경우가 많지 않을 뿐이지, 사람들이 여가를 즐기게 한다는 차원으로 시야를 확대한다면 이들 세 기업 사이에도 경쟁이 매우 치열하다고 볼 수 있다. 또 가까운 미래에는 세 기업이 각각 주력으로 내세우고 있는 제품들의 경우도 한국이나 중국과 같은 국가의 기업들이 상상할 수 없을 정도의 낮은 가격표를 붙여 판매하는 전략을 구사한다면 세 기업의 위상이 타격을 입을 가능성도 배제할 수 없다.

참고문헌

Exploring Corporate Strategy, Johnson & Scholes.

Strategic Management, Saloner, Shepard, Podolny.

The Growth Philosophy of Bombardier, McKinsey Quarterly 1997, No. 2.

Bombardier Financial Post, March 2002.

Bombardier Annual Report 2000/2001, Bombardier.com.

Bombardier Financials 2001/2002, Bombardier.com.

General information, Bombardier.com.

Boeing plots $2bn bid for Fairchild, Sunday Telegraph, 10th March 2002.

Bombardier revamps Flexjet Programme, Flight International, 23rd October 2001.

The Dogfight for Bombardier's Niche, Industrial Management, 6th August 2001.

Embraer Claims Victory, airwise.com, 27th July 2001.

Sector Competitiveness Framework Series, Strategis.gc.ca, 1997.

Regional Aircraft Market, Rolls-Royce Industry Forecast, 2001.

Embraer Annual Report 2000/2001, embraer.com.

2002년 이후 봄버디어의 변화

그렇다면 봄버디어는 2010년 현재 전 세계 항공 및 운송수단 시장에서 어떠한 위치에 서 있을까? 내가 MBA 프로젝트를 통해 전략적 선택의 방향을 제안한 것은 지난 2002년 초였으므로 그동안 약 8년의 세월이 흘렀다. 8년은 기업의 라이프사이클을 고려할 때 회사의 흥망이 갈리기에 충분한 시간이다.

회사의 위기

내가 프로젝트 리포트를 완성한 지 약 3년 뒤인 2004년 8월에 캐나다 토론토 현지의 한 언론매체가 봄버디어의 경영상황에 대해 다음과 같이 보도했다.

캐나다의 봄버디어, 실적호전 기미 없어

캐나다를 대표하는 항공/운송 기업인 봄버디어는 2004년 2분기 순익이 전년 동기에 비해 3분의 1로 급감했다. 이렇게 된 가장 큰 원인은 이 기업의 주요 고객인 유에스 에어웨이스(US Airways)와 델타 에어라인(Delta Airline)의 경영 악화다. 이 두 미국 항공사가 지속적으로 비용절감과 정리해고에 나서고 있는 가운데 봄버디어는 시장의 침체에 따른 경영실적의 부진을 면치 못하고 있다.

신용평가회사인 무디스는 봄버디어의 경영난이 계속될 경우 이 기업의 신용평가등급을 Baa에서 한 단계 더 낮출 수 있다고 발표했다. 만약 신용평가등급이 하향조정된다면 봄버디어는 투자부적격(Junk Status) 수준으로 떨어지게 될 것이다. …

내가 프로젝트 리포트를 작성한 지 불과 3년의 기간 동안 봄버디어에 무슨 일이 일어났기에 위와 같은 기사가 나오게 됐을까? 나는 객관적인 데이터와 사실에 근거하여 그 경위를 추적해 보았다.

2001년에 발생한 9.11 테러 이후 전 세계 항공산업이 침체된 것이 봄버디어를 위기에 빠뜨린 가장 큰 원인이었던 것으로 판단된다. 봄버디어는 2003년에 본사에서만 2000명의 직원을 해고하는 등 강도 높은 구조조정을 실시했다. 경기침체로 인해 기업들의 제트기 주문이 급격하게 감소하고 주된 고객인 유에스 에어웨이스와 델타 에어라인의 경영실적이 갈수록 부진해짐에 따라 소형 제트기 구매 수요 또한 줄어들었기 때문이다. 이 두 미국 항공사는 매년 봄버디어가 생산하는 소형 제트기 총량의 40%를 공급받고 있었는데, 2004~2005년에 이 두 회사가 경영상의 위기를 맞게 됨에 따라 봄버디어의 항공 사업부가 직격탄을 맞게 된 것이다. 가장 큰 매출이 항공 사업부에서 나오는 봄버디어의 매출구조상 항공 사업부의 부진은 곧 봄버디어 전체의 위기로 이어질 수밖에 없었다.

또한 보잉 및 에어버스와 함께 봄버디어의 주된 경쟁업체인 브라질의 엠브라에르(Embraer)의 공격적인 시장진출 확대 정책도 영향을 미쳤다. 매출 기준으로 세계 4위의 항공기 제작업체인 엠브라에르는 뛰어난 기술력을 바탕으로 봄버디어가 다소 소홀하게 여겼던 70~100석 규모의 중형 항공기 시장에 본격적으로 뛰어들었다. 9.11 사태를 계기로 대형 항공기에 대한 테러위험이 커짐에 따라 일부 항공사들이 중형 항공기를 중심으로 한 지역항공 노선에 더 큰 비중을 두기 시작했는데, 엠브라에르는 바로 이러한 상황을 활용하고 나선 것이었다. 엠브라에르의 이런 전략은 성과를 거두었다.

내가 프로젝트 리포트에서 제시한 항공산업의 전략지도를 보면 알 수 있듯이 엠브라에르는 제품군의 다양성에서는 봄버디어에 크게 못미치는 수준이었다. 봄버디어는 사업다각화를 통한 제품의 다양화에 치중한 반면에 엠브라에르는 어느 한 분야에 역량과 기술을 집중시키는 데 탁월한 능력을 갖고 있었다. 그래서 엠브라에르는 봄버디어가 다소 소홀하게 여겼던 중형 항공기 시장에 전사 차원의 역량을 집중시켜 성과를 거두게 된 것이다.

위기의 극복

항공 사업부의 부진으로 인해 위기에 몰렸던 봄버디어의 경영상황은 2006년부터 극적으로 바뀌게 된다. 철도차량 사업을 펼치고 있는 대중교통 사업부가 약진하기 시작했기 때문이다. 2006년 이후 온실가스 배출에 대한 국제적인 규제의 기준이 강화되고 환경에 대한 각국 정부의 관심이 높아짐에 따라 친환경 저탄소 운송수단이 각광을 받게 됐다. 또 이전과는 달리 환경보호에 대한 국제법의 구속력이 보다 강화됨에 따라 친환경 운송수단 개발은 국가적 산업의 명운을 좌우하는 중대한 과제가 된 것이다.

이에 따라 자동차의 경우에는 최근 차체 결함으로 인한 경영상의 어려움을 겪고는 있지만 도요타(Toyota)가 프리우스(Prius)를 비롯한 하이브리드(Hybrid) 차량을 내놓으며 업계의 판도를 바꾸어 놓았는데, 대중교통 시스템 분야에서는 전력 사용량이 적은 전철이 친환경 운송수단으로 급부상하게 된다.

그런데 이 분야는 바로 오랜 기간에 걸쳐 관련 기업들을 인수합병하면서 기술력을 축적해온 봄버디어의 독무대였던 것이다. 우리나라에는 잘 알려져 있지 않은 사실이지만, 현재 철도와 관련된 업무에 종사하는 사람들에게 전동차와 그 운행시스템을 제작하는 기업들 가운데 세계 최고인 회사가 어디냐고 물어보면 십중팔구는 '봄버디어'라고 대답할 것이다.

봄버디어는 2009년 9월에 중국 정부로부터 40억 달러가 넘는 규모의 초대형 고속전철 프로젝트를 단독 수주하는 데 성공했다. 이 고속전철 프로젝트는 중국대륙을 동서남북으로 가로지르는 고속전철망을 건설하는 초대형 사업이다.

40억 달러라는 수주금액은 한국이 2010년에 아랍에미리트연합(UAE)으로부터 수주한 원자력발전소 건설사업의 총 수주금액과 같은 규모다.

이로써 봄버디어는 세계 철도 역사에 남을 정도로 규모가 큰 제품공급 및 공사 계약을 중국 정부로부터 따내는 성과를 거둠과 동시에 앞으로 중국에서 고속전철 사업을 시행한 경험을 바탕으로 유럽과 아시아의 고속전철을 연결하는 사업에서 가장 유리한 위치에 올라서게 된 것으로 평가된다.

마침 2010년 3월에 중국 정부는 아시아와 유럽을 연결하는 유라시아 횡단 고속철도망을 2025년까지 건설하겠다고 발표했다. 그러면서 자국의 고속철도망을 17개 국가와 연결할 것이며, 노선은 유라시아 노선, 남동아시아 노선, 러시아 횡단 노선 등 3개가 될 것이라고 밝혔다. 또 2020년까지는 중국 전역에 걸쳐 총 2만 킬로미터에 이르는 고속철도 노선망을 새롭게 구축할 계획이라고 밝혔다.

사실 우리나라 사람도 봄버디어라는 회사에 약간의 관심만 갖는다면 그 회사명을 주변에서 쉽게 접할 수 있다. 2009년 말에 개통된 용인 경전철의 사업자가 바로 봄버디어다. 또한 이 회사는 우리나라의 전철 시스템에 사용되는 다양한 전기장치를 납품하고 있어 이미 우리 생활 속에 깊숙이 들어와 있다고 할 수 있다. 봄버디어가 갖고 있는 세계적인 기술역량을 생각한다면, 한국에 로템과 같은 세계적인 수준의 전철 제작업체가 있음에도 불구하고 봄버디어가 우리나라 수도권의 경전철과 그 운행 시스템을 수주한 사실이 그리 놀랄 일은 아니다.

앞으로 세계 각국에서 친환경 대중교통 시스템이 더욱 각광을 받을 것이라는 점을 고려하면, 봄버디어의 성장성에 당분간은 큰 문제가 없을 것이다. 봄버디어가 대중교통 시스템 분야에서 높은 기술력을 바탕으로 거두고 있는 성과는 9.11 사태 이후 하향곡선을 그려온 항공 사업부의 손실을 충분히 만회하고 있다.

최근 동향

봄버디어는 2010년 2월에 배포한 보도자료를 통해 자사 항공 사업부의 경영현황을 다음과 같이 설명하고 있다. 이 보도자료의 내용은 세계의 주요 경제신문들을 통해 보도됐다.

봄버디어 항공 사업부의 실적에 관한 보도자료(2010년 2월 3일)

봄버디어의 항공 사업부(Aerospace Division)는 2008/09회계연도에 항공기를 349대 인도한 데 이어 2010년 1월 31일에 종료된 2009/10회계연도에는 302대의 항공기를 인도했다. "2008년에 시작된 글로벌 경제위기 상황이 2009년에도 민간 항공 업계에 계속 영향을 미쳤다"고 가이 해시(Guy C. Hachey) 항공 사업부 사장 겸 COO는 밝혔다. "시장이 안정되는 조짐이 나타나고는 있지만 경제적 불확실성이 아직 현저하기 때문에 당사는 주의를 게을리 하지 않고 있다. 당사는 영업 강화를 위한 중요한 조치들을 취하고 있으며, 미래의 프로그램들에 대해 상당한 투자를 계속하고 있다. 당사는 이러한 조치 및 투자의 차질 없는 실행을 통해 당사의 제품 및 서비스에 대한 충성 고객층을 확충함으로써 이번 위기를 통해 더욱 강하고 더욱 효율적인 회사로 거듭날 것이라고 굳게 믿고 있다."

항공산업 전체가 어려운 경제환경에서 벗어나지 못하고 있지만 봄버디어 항공 사업부의 실적은 견조한 것으로 업계로부터 평가받고 있다. …

한편 봄버디어의 대중교통 사업부도 해외시장 진출 확대를 지속적으로 추진하고 있으며, 최근에는 미국에서도 그러한 노력을 기울이고 있다. 특히 미국 플로리다 주가 2010년 2월부터 고속철도 사업을 본격적으로 추진하기 시작해 봄버디어의 대중교통 사업부가 이 사업을 수주하기 위해 뛰고 있다.

플로리다 주는 1단계로 2011년부터 2014년까지 탬파—올랜도 구간(136km)의 공사를 먼저 진행하고, 2단계로 2013년부터 2017년까지 올랜도—마이애미(366km) 구간의 공사를 벌이는 방안을 검토 중이다. 현재 이 사업에 참여할 것을 고려하고 있는 국가는 한국(KTXII), 일본(신칸센), 캐나다(봄버디어), 프랑스(TGV) 등이며, 우선협상대상자로 선정될 가능성이 가장 높은 회사는 봄버디어라고 업계에서는 보고 있다.

프로젝트 리포트의 내용과 현실의 비교

독자들도 알게 됐겠지만, 2002년 이후에 봄버디어가 부닥친 어려운 상황과 그러한 상황에 대응하기 위한 봄버디어의 전략은 내가 프로젝트 리포트에서 예상했던 것과 어느 정도 비슷하다. 예를 들어 9.11 사태로 인해 매출비중이 가장 큰 항공 사업부가 타격을 받을 경우에 회사 전체에 위기가 발생할 수 있다는 예상, 아시아 신흥시장(중국)의 전철사업을 수주하기 위한 노력을 기울여야 할 필요가 있다는 지적, 친환경 대중교통 시스템 분야에 중점을 두어야 한다는 권고 등은 거의 그대로 실현됐다.

이제 프로젝트 리포트의 '제언'에서 내가 결론적으로 제시했던 전략적 선택의 내용을 그 뒤에 봄버디어가 실제로 내린 전략적 선택의 내용과 비교해 보겠다.

▷ 만일 보잉과 에어버스가 중단거리 제트기 시장에 진입한다면(이러한 가정은 현실화될 가능성이 높아 보인다) 봄버디어가 그동안 쌓아온 사업역량과 성과가 허물어질 수도 있다.

▶ 실제로는 보잉과 에어버스가 아니라 봄버디어보다 기술력과 제품력에서 한 수 아래라고 여겨졌던 브라질의 엠브라에르가 중단거리 제트 항공기(중형 항

공기) 시장에 뛰어들어 공격적인 시장진출 확대 정책을 실행했다. 이로 인해 봄버디어 항공 사업부의 매출이 큰 영향을 받았다.

▷ 봄버디어는 새로운 분야들로 사업을 더욱 다각화해 나가야 한다. 하나의 가능한 선택지는 환경친화적인 운송수단을 미래의 전략적 수종사업 분야로 정하고 제품개발에 박차를 가하는 것이다.

▶봄버디어는 저전력 고속전철과 경량전철 분야에서 지속적인 기술개발을 하고 그 성과를 토대로 중국의 대규모 고속전철 사업을 수주하는 데 성공함으로써 경영상의 위기를 극복하는 계기를 만들었다. 또한 한국에서도 경량전철 수주에 성공함으로써 신흥시장에서 기술적 주도력의 우위를 굳히고 있다.

▷ 봄버디어는 캐나다 정부와의 유대관계에 한치의 소홀함도 있어서는 안 된다. 캐나다 정부의 지원이 없이는 앞으로 봄버디어가 항공산업에서 생존해 나가기가 현실적으로 어렵다. 경쟁업체인 보잉과 에어버스는 각각 미국과 EU의 국영기업체라고 해도 과언이 아니기 때문이다.

▶ 이 제언은 항공사업 분야에 대한 것이긴 했지만, 캐나다 정부와의 밀접한 관계는 봄버디어가 중국에서 고속전철 사업을 수주하는 데 도움을 주었다. 봄버디어가 중국에서 대규모 고속전철과 운영시스템을 수주한 데는 중국과 프랑스 사이의 원만하지 못했던 정치경제적 관계가 긍정적인 배경이 됐다고도 볼 수 있다. 캐나다 정부는 역사적으로 자국과 중국의 관계가 원만치 못했다는 점을 고려해서 최근 중국 정부와의 유대를 보다 공고히 하는 방향의 정책을 펼치는 입장이었고, 이런 정책이 자국 기업인 봄버디어가 중국에 진출할 수 있도록 정지작업을 해주는 노력으로 이어진 것이다. 이렇게 볼 때 봄버디어가 보유하고

있는 기술도 물론 중요한 역할을 했지만 크게 보면 봄버디어와 캐나다 정부 사이의 밀접한 관계, 역사적으로 자존심을 내세운 프랑스와 중국 사이의 소원한 관계, 중국 정부와의 유대를 강화하고자 한 캐나다 정부의 노력 등이 서로 영향을 주면서 한데 어우러진 결과로 봄버디어가 중국 고속전철 사업 수주경쟁에서 승리한 것이라고 할 수 있다.

흔히 패키지 거래(Package deal)의 대상이 되는 국가 인프라 사업의 하나인 고속철도망 구축 사업은 단순히 철도차량을 공급하고 레일을 부설하는 데 그치지 않는다. 운행제어 시스템(IT기술) 설치 및 운영, 유지보수 서비스, 차량의 수리 및 성능개선 서비스, 교통공학, 토목기술 등이 종합적으로 시스템화되어 제공돼야 하기 때문이다. 고속철도망 구축 사업은 또한 국가 간 계약의 형태를 취하므로 외교적인 지원도 수반돼야 한다. 따라서 고속철도망 구축 사업은 정부 차원의 지원 없이는 성공적으로 추진하기 어렵다.

중국의 고속전철 사업 수주에 실패한 프랑스의 관련 산업계는 어려운 상황으로 치닫고 있다. TGV로 유명하던 프랑스의 알스톰은 중국의 고속전철 사업 수주 실패로 인해 아시아 지역에서의 시장진출 확대에 급제동이 걸리게 됐다. 게다가 한국 기업인 로템이 세계적인 경쟁력을 갖춘 고속전철 차량과 운행 시스템을 독자적으로 개발함에 따라 알스톰은 자사가 기술을 전수해준 나라인 한국의 기업과도 세계시장에서 경쟁을 벌여야 하는 입장이 됐다. 뿐만 아니라 프랑스는 아랍에미리트연합의 원전 입찰에서도 한국에 완패해 산업강국으로서의 자존심에 연거푸 상처를 입었다.

MBA 프로젝트 수행의 성과

MBA 과정에서 요구하는 프로젝트는 학생으로 하여금 경영자나 임원의 시각에서 기업의 전략적 방향이나 기업의 사업분야에 대해 보다 폭넓은 안목을 갖도록 하는 것을 주목적으로 한다. 나는 봄버디어라는 회사를 선택해 분석함으로써 기업전략이라는 분야에 대해 좀더 넓은 시각을 갖게 됐고, 이러한 경험은 MBA 과정을 마친 뒤에 나의 경력개발에 큰 영향을 미쳤다. 앞에서 내가 MBA를 경력개발의 지렛대라고 말한 바 있지만, 실제로 나의 경우에도 MBA 학업 경험은 그 뒤의 직장생활에서 지속적으로 지렛대의 역할을 해주고 있다.

나는 프로젝트를 진행할 때 봄버디어의 전략경영부(Strategic Management Department) 담당자와 수시로 연락을 취하며 필요한 자료를 요청하거나 의문사항에 대해 질의했고, 그 담당자로부터 현장의 상황이 반영된 생생한 답변을 얻었다. 리포트를 완성한 뒤에 나는 그 리포트를 지도교수에게 제출함과 동시에 봄버디어의 전략경영부 담당자에게도 보냈는데, 그는 자신의 부서장(Director)에게 그 리포트를 전달하겠노라고 알려왔다. 그 부서장이 실제로 내 리포트를 전달받아 읽어보았는지는 알 수 없지만, 그 뒤로 봄버디어가 실제로 보여준 경영상의 전략적 선택이 내가 리포트에서 제시했던 내용과 여러 측면에서 유사하다는 사실에서 나는 뿌듯함을 느낀다.

바로 이런 것이 MBA 학업 경험이 내게 심어주고 지금까지도 계속해서 유지시켜주고 있는 '스스로에 대한 자신감'이 아닌가 싶다. 지금 다양한 분야에서 나름대로 직무경험을 쌓고 있는 많은 직장인들이 나처럼 MBA 학업을 통해 '스스로에 대한 자신감'을 갖게 되기를 바란다.

6장

Post MBA Job에 올인하라

Post MBA Job이란 MBA 학위 취득 후에 갖게 되는 첫 번째 직장을 의미한다. 이것은 MBA 학위 소지자들의 경력개발에서 무엇보다도 중요한 역할을 한다. 따라서 MBA 과정 진학을 준비하는 시점부터 학위취득 이후의 경력개발 계획에 대해 깊이 생각해볼 필요가 있다.

이 장에서는 자신에게 적합한 Post MBA Job을 얻기 위한 효과적인 전략을 제시해보고자 한다. 그것은 다음 일곱 가지로 요약된다.

첫째, 나를 정확히 포지셔닝(Positioning)하라.

둘째, 솔직함이 최선의 정책이다.

셋째, 취업하려는 직무나 기업에 초점을 맞춰 프로젝트의 주제를 정하라.

넷째, 비즈니스 영어 능력을 향상시키는 데 주력하라.

다섯째, 새로운 일에 도전할 수도 있다는 유연한 마음을 가져라.

여섯째, 동료들과의 소셜 네트워크(Social Network)를 구축하라.

일곱째, 가능하다면 이전 직장상사와 지속적으로 연락하라.

MBA와 경력개발

경력개발의 개념

일반적으로 경력(career)이란 사람의 일생에 수반되는 직업과 연관된 개별적인
경험이나 활동의 연속을 말하며, 시간이 경과함에 따라 거치게 되는 근무경험의
순서를 의미하기도 한다. 최근 직장인들의 직업관은 '평생직장'이 아닌 '평생직
업'을 추구하는 방향으로 빠르게 바뀌고 있다. 이는 기업이 개인의 일자리를 안
정적으로 보장해주지 않는 냉정한 현실 속에서 직장인들이 각자 자신의 경력을
스스로 개척하고 관리해 나가지 않을 수 없게 됐기 때문이다.

경력에 대한 연구의 세계적인 권위자인 더글러스 홀(Douglas T. Hall) 미국
보스턴대학 교수는 "경력은 죽었다(The career is dead)"면서, 어느 하나의 직장
이 평생고용과 직업안정을 보장해준다고 보는 전통적인 경력 개념이 통용되는
시대는 지났다고 지적했다. 그러면서 그는 경력과 관련해 심리적 성공
(psychological success)이 무엇보다 중요한 시대가 됐다고 말했다. 심리적 성공
이란 부모, 동료, 조직, 사회 등에 의해 설정된 목표가 아닌 개인적으로 스스로에
게 의미 있는 인생의 목표를 달성하는 것을 말한다.

이러한 상황에서 각자가 자신의 경력을 스스로 관리하고 발전시키는 노력
을 기울이는 것이 더욱 중요해졌다. 이에 따라 경력개발(career development)이

라는 개념도 보다 구체화되고 있고, 그 중요성이 점점 더 강조되고 있다. 경력개발이 잘 돼야 보수의 수준도 높아지도 직무전문성의 수준도 높아지기 때문이다. 개인의 경력개발 과정은 근본적으로 직업적 자아상을 발달시키고 실현하는 과정이다. 따라서 자신에게 적합한 직업을 찾아 수행하는 과정은 곧 만족스러운 직장생활과 인생을 실현하는 과정이라고 할 수 있다.

21세기의 경력개발에서는 개인의 주도성(personal agency)이 특히 강조되고 있다. 스스로 주도성을 갖고 적극적으로 자신의 직업을 탐색하고 선택하는 프로세스를 거친 사람이 그렇게 하지 않은 사람보다 자신의 일에 대해 보다 더 만족하는 가운데 효과적으로 그 일을 하고, 따라서 기업의 성과향상과 비용절감에도 기여하기 때문이다.

개인의 주도성을 바탕으로 개인이 바라는 바와 기업의 직무환경이 부합해야만 개인과 기업이 모두 만족할 수 있는데, 이런 측면에 대해서는 일치성(correspondence)이라는 개념으로 설명해볼 수 있다. 회사의 필요(needs of the work environmnent)와 개인의 욕구(wants of the worker)는 둘 다 정적이기보다 지속적으로 변화하는 동적인 것이며, 이 때문에 둘 사이에 괴리가 생겨나거나 확대되면 불만족(dissatisfaction)이 초래될 수 있다. 따라서 개인별 직무의 정합성은 개인과 업무환경이 지속적으로 상호 조정되며 일치성을 실현하는 프로세스를 통해서만 보장될 수 있다.

경력개발의 실천

일에 대한 만족과 관련해 하버드대학 사회심리학과 대니얼 길버트(Daniel Gilbert) 교수는 "돈으로는 행복을 살 수 없다(Money can't buy happiness)"라고 말했다. 최근의 연구 결과들을 보면, 직장인들이 경력개발을 통해 추구하는 가장 큰 목적이 금전적인 것에서 일에 대한 만족으로 바뀌고 있는데 이는 주목할 만한 변화다.

이런 직장인들의 의식변화에 발맞춰 최근 많은 기업이 직원들의 몰입도(commitment)를 제고하는 것이 직원들 개개인의 만족도를 높이고 기업 전체의 성과를 개선하는 지금길로 보고 '일하기 좋은 직장(great place to work)' 이나 '일과 삶의 균형(work & life balance)' 과 같은 가치를 내세우는 조직문화적 접근을 시도하고 있다. 구성원들의 몰입도 향상을 경영활동의 우선순위에 두고 있는 것이다.

이러한 상황에서 각 개인의 경력개발 활동은 순환학습(recurrent education)이라는 개념으로 바라볼 수 있다. 순환학습이란 직장인(사회인)이 학교로 되돌아가 교육을 받는 것을 의미하며, 그 가장 기초적인 단계는 사외에서 실시되는 직무 관련 교육과 비즈니스 소양 교육이다.

그러나 여기서 더 나아가 MBA 과정과 같은 전문화된 학위과정을 통해 개인의 경험을 더욱 발전시키고 개인의 전문성을 높이는 방법도 많이 활용된다. 특히 MBA 과정은 학교와 기업이 윈윈(win-win)하는 동시에 각 개인에게 경력개발의 중요한 기회를 제공해줄 수 있다는 점에서 가장 높은 수준의 순환교육이라고 볼 수 있다. 개인과 직무 사이의 정합성을 더욱 공고하게 함으로써 일에 대한 개인의 만족도와 직결되는 몰입도를 향상시키는 데 크게 도움이 되는 대표적인 경력개발 수단이 곧 MBA 과정이라고 할 수 있다.(참고문헌: Wendy Patton, Mary Mcmahon, Career Development and Systems Theory-Connecting Theory and Practice, Second Edition, Sense Publishers, 2006.)

프로티언 경력과 무경계 경력

새로운 경력 개념의 등장

최근 전통적인 경력 개념과는 다른 시각의 새로운 경력 개념들이 등장해 주목을 받고 있다. 바로 프로티언 경력(Protean career)과 무경계 경력(Boundaryless career)이다. 이 두 가지 새로운 경력 개념은 MBA를 통한 경력개발이 어떤 의미에서 중요한지를 잘 설명해 준다.

프로티언(Protean)은 그리스 신화에 나오는 바다의 신이자 변신에 능통한 신의 이름인 '프로테우스(Proteus)'에서 유래한 말이다. 프로티언 경력이란 시대의 변화를 따라가는 경력을 의미하며, 직무환경뿐만 아니라 개인의 능력, 관심, 가치도 변화하는 가운데 '변화무쌍'하게 전개되는 경력을 가리킨다.

그런가 하면 '무경계 경력'은 자신이 현재 소속돼 있는 하나의 조직에만 한정하지 않고 여러 조직을 옮겨 다니면서 쌓는 경력을 가리킨다. 다시 말해 무경

| 전통적 경력과 프로티언 경력의 비교

	전통적 경력	프로티언 경력
경력의 목표	승진과 급여인상	심리적 성공
핵심가치	상위계층으로의 이동과 권력	자유와 개인적 성장
고용관계	헌신과 직업안정	유연성과 피고용가능성
위치이동	수직적	수평적
발전의 형태	단선적, 전문적	복합적, 일시적
전문성	노하우(Know-how)	런하우(Learn-how)
경력개발의 방법	공식적 훈련에 의존	관계구축 및 직무경험에 의존
경력관리의 책임	조직	개인

출처: Hall, T. (1998). *The new protean career contract: helping organizations and employees adapt. Organizational Dynamics*

게 경력은 고용주를 기준으로 설정된 경계를 넘어 이동하며 전개되는 경력을 의미하며, 따라서 기존의 전통적인 경력개발 개념이나 조직의 계급구조와는 반대되는 뜻을 갖고 있다. 무경계 경력은 조직 내부에 존재하는 경계를 넘어 이동(Internal boundary-crossing)하며 쌓는 경력과 조직 전체의 경계를 넘어 외부로 이동(External boundary-crossing)하며 쌓는 경력으로 구분된다.

프로티언 경력과 무경계 경력을 추구하는 사람들은 조직 외부 네트워크의 정보에 많이 의존하며, 조직 내부에서 승진하는 것보다는 예를 들어 MBA 과정 이수와 같이 자신만의 전문성과 기술을 향상시킬 수 있는 방법을 통해 자기 개인의 가치를 높이려고 노력한다.

경력 개념의 변화를 잘 보여주는 예로 일본을 들 수 있다. 2차세계대전 이후에 일본은 종신고용제로 대표되는 '조직된 비이동성(Organized immobility)'을 기반으로 해서 고도성장을 이룰 수 있었으나, 최근에는 일본에서도 경제성장이 크게 둔화되면서 종신고용제를 기반으로 국가나 기업을 운영하는 체제는 더 이상 효율적이지도 않고 효과도 없다는 생각이 확산되고 있다.

최근에 프로티언 경력과 무경계 경력이라는 개념이 주목받게 된 이유는 특히 많은 기업들이 다운사이징(Downsizing)과 아웃소싱(Outsourcing)에 적극적으로 나서면서 정규직원의 수를 가급적 줄이려고 함에 따라 직장인 개개인이 어느 한 기업조직 안에서 경력을 쌓아나가기가 예전보다 어려워졌다는 데 있다. 게다가 기업들이 경쟁력을 유지하기 위해 3S(Smaller, Smarter, Swifter)를 점점 더 강조하고 있어 직장인들은 변화에 대한 적응력과 유연성을 더 많이 요구받고 있다.

이런 상황에서 주목받게 된 프로티언 경력과 무경계 경력이라는 개념은 직장인 개개인에게 지속적인 학습을 요구하고, 특정한 직무를 수행하는 능력보다 변화에 적응하는 능력을 더 중요하게 여기도록 하며, 한 직장에서 고용안정을 추구하기보다 개인적인 네트워크를 활용해 자신의 피고용가능성(Employability)의 향상을 추구해야 한다는 관념을 갖도록 하고 있다.

과거에는 수직적인 위계(hierarchy)를 바탕으로 하는 조직이 지배적이었지만 이제는 수평적인 구조, 즉 네트워크형 구조의 조직이 기업이나 사회에 확산되고 있고, 과거에는 기업이 고용을 안정적으로 보장하는 역할을 했지만 이제는 노동시장에서 개인과 기업이 수시로 만나 고용계약을 체결하는 방식으로 고용이 이루어지게 됐다. 이러한 변화가 바로 새로운 경력 개념이 등장하게 된 배경이라고 할 수 있다.

프로티언 경력은 변화하는 환경에 대한 개인의 적응력과 노동시장에서의 피고용가능성을 중시하는 개념인 데 비해, 무경계 경력은 변화하는 환경에 유연하게 대응하기 위한 끊임없는 개인적 가치 추구에 비중을 두는 개념이라고 할 수 있다. 그러나 노동시장의 급속한 변화를 배경으로 경력관리의 책임이 개인에게 있다는 점을 강조한다는 점에서는 두 경력 개념이 다르지 않다. 이 두 개념은 또한 개인이 경력개발을 위해 학습을 게을리하지 말아야 함을 일깨워준다.

새로운 경력 개념의 확산

새로운 개념 경력을 적용할 수 있는 대상은 제한적인 것이 사실이다. 예를 들어 반복적이고 단순한 직무를 수행하는 사람에게는 프로티언 경력이나 무경계 경력이라는 개념을 적용하기가 어렵다. 왜냐하면 직무의 난이도나 수준이 높지 않은 사람의 경우에는 현재 고용돼있는 회사에 대해 의존적인 관계를 갖는 것이 일반적이며, 직장을 옮긴다는 것이 현실적으로 쉽지 않기 때문이다.

프로티언 경력이나 무경계 경력이라는 개념은 직무와 관련해 전문성을 갖고 있거나 직무 수행능력에 희소성이 있는 사람들에게 주로 적용된다. 특히 직무상 전문성을 갖고 있는 MBA 인력의 경우에는 이 두 가지 새로운 경력 개념이 직접적으로 적용된다.

기업의 입장에서도 프로티언 경력과 무경계 경력이라는 개념을 중시하지 않을 수 없다. IT서비스 업체, 경영컨설팅 회사, 투자은행과 같은 기업들에서는 사업활동이 프로젝트 단위로 이루어지는 경우가 많다. 그래서 이런 기업들은 프로젝트별로 요구되는 전문인력을 확보하기 위해 해당 직무의 전문성을 보유하고 있는 외부 인력을 대상으로 공격적인 스카우트 활동을 펼치기도 한다. 이는 곧 프로티언 경력과 무경계 경력을 갖춘 인재는 찾는 것이며, 그 과정에서 MBA 학위를 소지한 해당 분야의 전문인력이 우선적인 채용대상이 되는 것이다.

그런가 하면 민간기업에 다니는 직장인에 비해 안정적인 경력경로를 밟는다고 알려져 있는 군인의 경우에도 최근에는 프로티언 경력과 무경계 경력의 관점에서 유의미한 변화가 나타나고 있어 주목된다. 정규 사관학교를 졸업한 사람들은 군이 자체적으로 양성한 우수인력 집단이며, 이들은 각 군별로 특기(직무)를 부여받은 뒤 일정하게 정해진 경력을 밟아나가는 것이 그동안에는 일반적이었다. 그런데 2000년대 후반부터는 젊은 장교들의 경력경로가 다각화되고 있다. 2009~10년을 예로 들면 육해공군 사관학교를 졸업한 뒤 의무복무기간(5년)을 채운 장교들 가운데 약 10%가 조기전역했다고 한다. 이는 과거에 비해 매우 높은 수준이다.

물론 장교진급 대상자의 적체도 이러한 현상의 원인 중 하나일 것이다. 그러나 조기전역자들 가운데 다수가 법학 전문대학원(로스쿨), 경영 전문대학원, 의학/약학 전문대학원에 진학하기 위해 조기전역을 결심하고 실행에 옮겼다는 사실은 군인들조차 경력 패러다임의 변화에서 벗어날 수 없음을 보여준다. 특히

MBA 학위를 취득하기 위해 경영 전문대학원으로 진학하는 전역장교의 수가 매년 증가하고 있다는 점이 눈길을 끈다.

군은 자체적으로 양성한 우수인력이 이처럼 사회로 유출되는 것을 막기 위한 방안을 수립하고 있다고 한다. 하지만 젊은 장교들의 조기전역 추세도 경력과 경력개발에 대한 인식의 변화 및 인재에 대한 사회적 요구의 변화와 관련이 있는 것으로 봐야 할 것이고, 대책을 세우더라도 이런 측면을 감안해서 세워야 하리라고 필자는 생각한다.

학위취득 후의 경력개발

MBA 과정 이수를 고려하는 사람들 대부분은 MBA 과정 진학을 위한 준비에 너무 치중한 나머지 MBA 학위 취득 이후의 경력계획에 대해서는 다소 소홀하게 생각하는 경향이 있다. MBA 학위 자체는 무엇인가를 확실하게 약속해주는 보증서가 아니므로 MBA 과정 진학을 준비하는 사람들이 보다 랭킹이 높은 학교에 입학하기 위한 노력에만 매달리게 되고, MBA 과정 이수와 관련된 본질적인 문제에 대해서는 깊이 생각하지 않는 것이다.

또 MBA가 어느 한 분야에 대한 전문적 역량을 키우는 것을 목적으로 하는 학위과정이 아니라는 점도 MBA 과정 진학 준비생들로 하여금 그러한 태도를 갖게 하는 이유가 되고 있다. 사실 MBA 과정은 피교육자들이 각기 다른 산업분야에서 다양한 경험을 쌓은 사람들로 구성되며, 학위 취득 이후에 그들의 진로도 개인별로 다양한데다가 개인의 상황과 조건, 기업의 채용동향, 경기사이클 등의 영향도 크게 받기 때문에 쉽게 예측할 수 없다.

개인의 인생경로 속에서 보면 MBA는 하나의 이정표와 같은 역할을 할 수 있고, 경력개발 과정에서 중요한 어느 한 시기에 자신이 나아가야 할 방향을 제시해주는 역할도 할 수 있다. 하지만 막상 MBA 학위를 취득한 뒤에 직업시장에 나가 Job을 구하려고 해보면 꼭 그렇지만은 않다는 사실을 알게 된다. 오히려 MBA 학위가 자신이 원하는 직업을 구하는 데 걸림돌이나 짐이 될 수도 있다.

그렇다면 MBA 학업 경험을 자신만의 장점으로 발전시켜 직업시장에서 잘 활용하는 최선의 방법은 무엇일까? 어떠한 마음가짐을 갖고 MBA 학위 취득 이후에 대한 준비를 해야 MBA를 통해 희망하는 목적을 달성할 수 있을까?

Post MBA Job이란?

"지금까지 자신이 쌓아온 경력과 MBA 간에 어떠한 상관관계가 있으며, 학위취득 이후의 경력개발 계획을 무엇입니까?" 경영대학원의 MBA 과정에 지원한 사람들은 에세이 또는 인터뷰에서 이런 질문을 받게 되는 경우가 많으며, 아마도 자신의 의견을 나름대로 피력했을 것이다. 경영대학원 측에서도 지원자의 생각을 알아보기 위해 이런 질문을 가장 많이 던진다.

그런데 에세이와 인터뷰에서 좋은 점수를 받기 위해서만이 아니라 자기 자신을 위해 위와 같은 질문에 진정으로 스스로 만족스러울 정도의 답변을 자신이 갖고 있는지를 고민해봐야 한다. 이 질문에 대해 답변을 하기가 사실 쉽지 않다. 좀 더 냉정하게 이야기하면, 아마도 자신이 어떠한 답변을 해야 하는지를 잘 모르는 경우가 많을 것이다. 이는 그런 생각을 해보지 않았기 때문이기도 하겠지만, 사실 다니던 회사를 그만두고 MBA 학위를 취득하기 위해 경영대학원에 간다는 것 자체가 인생에서 엄청 커다란 모험일 뿐 아니라 MBA 학위가 확실하게 미래를 보장해주는 것도 아니기 때문이기도 할 것이다.

그렇다면 MBA 학업 이후의 경력개발은 어떻게 준비해야 하는 것일까? 결론부터 말한다면, MBA 학위를 취득한 후 첫 번째 직장, 즉 Post MBA Job에 대해 보다 큰 관심을 가져야 한다. Post MBA Job은 MBA 학위 취득 이후의 경력성장 과정에서 매우 중요한 역할을 한다. 지금 MBA 과정 입학을 앞두고 있거나 MBA 과정을 밟고 있는 사람이라면 Post MBA Job에 대한 계획에 자신의 역량을 집중시킨다는 자세를 갖는 게 바람직하며, MBA 과정에 진학할 준비를 하는 사람도 Post MBA Job에 대해 관심을 가져야 한다.

아래 도표는 MBA 과정 이수자가 최종적으로 경력성공에 이르는 경로를 보여준다. 이 도표를 보면 Post MBA Job의 중요성을 알 수 있을 것이다.

| MBA 경력개발 프로세스

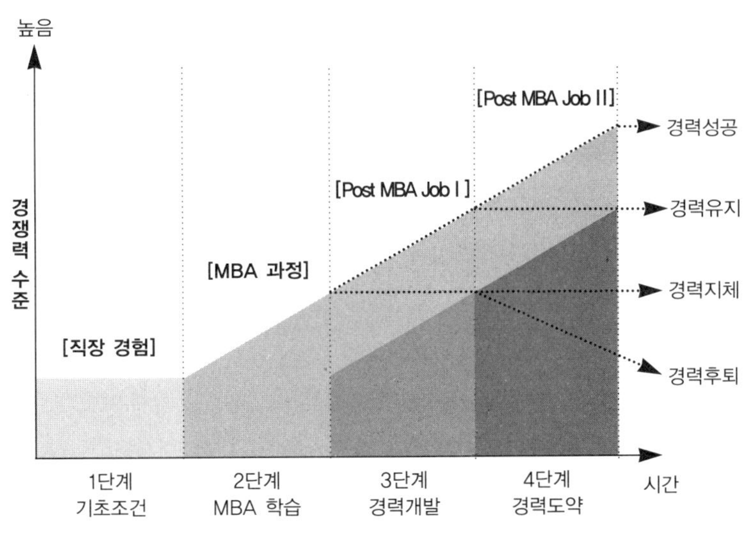

copyright ⓒ 2010 by Koo Jung Mo

Post MBA Job 전략

최근 기업의 MBA 채용 트렌드를 보면 MBA 학위 소지자에 대한 수요가 지속적으로 증가하고는 있지만, MBA 학위 소지자가 예전만큼 높은 보수를 기대하기는 현실적으로 어렵다. 하지만 어떤 사람들은 MBA 학위를 취득한 직후부터 이전보다 상당히 더 높은 연봉을 받는 경우도 있다. 기업 측에서 입사지원자의 이전 직장경험과 성과, 개인적 역량 등을 평가할 때 그 입사지원자가 자사의 특정 분야에서 성과를 내줄 가능성이 매우 높다고 판단한 경우가 그렇다.

그렇다면 MBA 과정 이수를 희망하거나 현재 MBA 과정을 밟고 있는 사람이 MBA 학위의 효과를 경력개발에서 극대화하려면 개인적으로 어떠한 방향성과 자세를 가져야 할까? 여기서는 나 자신의 경험과 경력성공을 달성했다고 판단되는 다른 MBA 학위 소지자들에 대한 관찰을 바탕으로 나 나름대로 추려낸 일곱 가지 전략을 제시하고자 한다.

1. 나를 정확히 포지셔닝하라

포지셔닝(Positioning)이라 함은 보통 상품이나 서비스를 잠재고객의 마음속에 어떻게 자리 잡게 할 것인가를 이야기할 때 사용하는 용어다. 상품이나 서비스를 어떻게 포지셔닝하는가에 따라 사업의 성패가 갈린다는 것은 너무나 잘 알려진 마케팅 이론이다. 내가 여기서 포지셔닝이라는 말을 사용하는 것도 마케팅의 관점을 MBA 학위에 적용하기 위해서다.

MBA 이수자라면 자신을 하나의 상품으로, 그리고 기업을 고객으로 놓고 자신을 어떻게 포지셔닝해야 하는지 그 구체적인 방안을 수립해볼 필요가 있다. 내가 원하는 직장을 얻기 위해서는 나 자신에 대한 기업의 인식이 내가 바라는 방향으로 형성돼야 하지 않겠는가? 나 자신에 대한 기업의 인식이 내가 원하는 직장을 구하는 데 핵심적으로 중요하기 때문이다.

기업은 MBA 학위 소지자와 같은 우수인력을 채용할 때에는 지원자가 기업에서 자신이 원하는 직무를 수행할 경우에 어떠한 성과를 낼 수 있는지에 대한 분명한 설명을 기다린다. 따라서 내가 그동안 쌓아온 직무경험, MBA 학업을 통한 역량 향상의 정도, 앞으로 기업에서 내가 올릴 수 있는 성과를 체계적으로 연관시켜 설명함으로써 기업 측에 나 자신을 정확하게 포지셔닝해야 한다. 이렇게 할 수 있으면 MBA 학위 취득 이후 경력개발의 첫 관문인 Post MBA Job 구하기에서 성공할 수 있을 것이다.

2. 솔직함이 최선의 정책이다

MBA 학위를 취득하고 나면 가장 크게 달라지는 점이 잡 인터뷰의 기회가 많아진다는 것이다. 하지만 이러한 혜택에도 불구하고 인터뷰에 임할 때 올바른 자세를 갖지 못해서 잡 구하기에 애를 먹는 MBA 학위 소지자들을 나는 너무도 많이 보아왔다. 그렇다면 MBA 취득 이후에는 어떤 자세와 마음가짐을 가져야 하는 것일까?

MBA 학위 소지자를 대상으로 하는 잡 인터뷰는 3차에 걸쳐 진행되는 경우가 보통이다. 컨설팅회사의 경우는 각각의 인터뷰를 '라운드'로 구분하여 인터뷰별 목적을 구체화하기도 한다. 이럴 때에 1차 인터뷰에는 기업의 HR 담당자 또는 HR 팀장이 주 면접관으로 나서는 경우가 대부분이다. 1차 인터뷰를 통과한 뒤에는 직무전문성 평가를 위한 직무별 실무진 면접, 임원 또는 경영자가 나서는 최종면접 순서로 인터뷰가 진행된다.

이러한 단계별 인터뷰에서 지원자가 가장 먼저 유념해야 할 점은 HR 담당자 또는 채용 담당자의 역할이 크다는 사실이다. 과거에는 HR 담당자 또는 채용

담당자의 역할이 인터뷰를 운영하고 관리하는 일에 치중됐으나 최근에는 지원자들 가운데서 1차 선발을 하는 데까지 확대되고 있다. 이는 기업 안에서 HR의 위상이 높아지는 추세를 보여준다. 즉 기업 안에서 HR이 경영진과 눈높이를 맞추게 되면서 HR의 중요성에 대한 CEO의 의식이 높아지고 있고, 기업 안에 HR을 통한 부가가치 창출에 대한 공감대가 형성되고 있다. 최근에는 회사에서 최고로 우수하다고 인정받는 인력들이 HR 업무에 배치되고 있으며, 그 가운데는 다양한 직무경력을 보유한 MBA 학위 소지자도 포함되는 경우가 많다.

HR 담당자는 지원자가 솔직한 모습을 보여주고 있는지, 아니면 열정만 과도하게 드러내려고 하거나 지식이나 경력을 과장하고 있는지를 단번에 알아차릴 수 있다. 그러므로 한 가지 예를 들자면, 인터뷰를 할 때 '전략(Strategy)'이라는 단어를 필요 이상으로 많이 사용하지 않도록 주의하는 것이 좋겠다. MBA 과정에서는 '전략'이라는 단어를 사용하지 않고서는 수업이 불가능할 정도이지만, 기업의 지원자 인터뷰 담당자는 지원자가 이 단어를 사용할 때마다 일종의 피로감을 느끼게 된다는 말을 나는 여러 번 들었다. 특히 MBA 학위를 갖고 있는 지원자가 이 단어를 남발하면 채용될 가능성이 그만큼 낮아진다고 생각하면 된다.

Post MBA Job을 구하는 데 성공하는 최선의 방법은 결국 자기를 과시하기보다는 진실한 자세를 보여주는 것이다. 인터뷰에서 자신의 본모습을 그대로 솔직하게 보여주는 태도를 취할 때 당신이 하는 한마디 한마디가 훨씬 더 큰 설득력을 발휘한다는 점을 잊지 말기를 바란다.

3. 취업하려는 직무나 기업에 초점을 맞춰 프로젝트의 주제를 정하라

MBA 과정 중에 진행되는 프로젝트는 가능한 한 학위를 취득한 뒤에 취업하기를 희망하는 기업과 관련시켜 수행할 필요가 있다. 개인 프로젝트든 그룹 프로젝트든 가급적 자신이 관심을 갖고 있는 기업을 대상으로 삼아 그 기업의 현안에 대해 분석해보고 문제점에 대한 해결책을 도출해보라.

앞에서 리크루터의 인식변화에 대해 설명할 때에도 강조한 바 있지만, 기업은 MBA 학위 소지자를 채용할 때 지원자의 경력, 글로벌한 직무를 수행할 수 있는 역량을 보유하고 있는지, 향후 회사의 성과에 기여할 잠재력을 갖추고 있는지 등을 중점적으로 살펴본다. 또한 MBA 학위 소지자는 조직에 대한 로열티가 약할 수 있다는 우려 때문에 기업에서 이런 측면에 대한 점검도 반드시 한다. 결국 기업은 어느 지원자가 어느 유명 경영대학원 출신이기 때문에 그 지원자를 채용하는 결정을 내리지는 않는다는 이야기다. 경우에 따라서는 한국의 선두권 대기업인데도 최고 명문 경영대학원 MBA 출신을 아예 채용대상에서 제외하기도 한다. 왜냐하면 기업에서는 그런 지원자에 대해서는 채용 이후 유지(Retention)의 가능성이라는 측면도 고려해야 하기 때문이다.

기업은 MBA 출신 지원자가 MBA 과정을 통해 역량과 전문성을 대폭 향상시켰을 것이라고 미리부터 생각하지는 않으며, 그래서 지원자 본인에게 MBA 과정을 통해 무엇을 얻었는지를 밝혀주기를 기대하는 것이다. 따라서 지원자의 입장에서는 자신의 MBA 학업 성과를 자신과 기업을 연결시키는 고리로서 제시할 필요가 있는데, 프로젝트 리포트가 그러한 고리가 될 수 있다.

입장을 바꾸어 생각해 보자. 내가 MBA 출신 지원자를 심사하는 임원인데, 지원자가 회사의 사업분야에 대해 나름대로 분석하고 현재 회사가 처해 있는 상황에서 취할 수 있는 전략적 방향을 제시하는 내용의 리포트를 제시한다면 어떤 생각이 들까? 그 리포트의 내용과 수준이 어떠한지와 무관하게 그 지원자에게 눈길이 한 번은 더 갈 것이 분명하고, 어쩌면 그 지원자와 보다 많은 이야기를 나누고 싶을지도 모른다. 이렇게 되기만 한다면 지원자는 자신의 경력과 잠재력을 보다 상세하게 설명할 기회를 갖게 되어 채용될 가능성이 그만큼 더 높아진다고 볼 수 있다.

프로젝트 리포트는 개인 프로젝트의 결과물이든 그룹 프로젝트의 결과물이든 상관없다. 자신이 지원하고자 하는 기업이 속해 있는 분야, 또는 바로 그 기업에 대해 분석해본 내용이 들어 있으면 된다. 물론 그 리포트의 질이나 수준은 지원자 개인의 역량에 따라 다를 수 있다. 프로젝트 리포트를 이런 방향에서 전략적으로 작성하고 활용한다면 성공적인 Post MBA Job을 얻는 데 큰 도움이 될 것이다.

4. 비즈니스 영어능력을 향상시키는 데 주력하라

'해외 MBA 과정을 이수하면 최소한 영어 능력은 향상되겠지'라고 생각하는 사람들이 많다. 그런데 나 자신의 경험을 돌이켜 보거나 해외 MBA 과정을 밟은 다른 많은 사람들을 관찰해 보면, MBA 과정을 이수한다고 해서 영어 능력이 크게 향상되는 것 같지는 않다. 따라서 일정 수준 이상의 영어 능력을 미리 기른 다음에 MBA 과정에 들어갈 필요가 있다.

그리고 MBA 과정을 밟는 동안에는 주로 비즈니스 영어 능력을 향상시키는 데 주력하는 것이 효과적이다. 기업에서 MBA 출신 인력을 채용할 때 어학시험 점수에는 그다지 관심을 두지 않는다. 기업에서는 오히려 글로벌 비즈니스 환경 속에서 무리 없이 업무를 수행하고 성과를 낼 수 있을지에 초점을 두고 지원자를 평가하며, 따라서 직무와 관련된 내용의 영어 인터뷰를 실시해보는 경우가 많다. 따라서 MBA 학위 소지자는 자신의 직무분야, 예를 들어 마케팅, HR, 재무, 회계 등의 분야에서 비즈니스 영어를 구사하는 능력을 향상시키고 실제로 그 능력을 입증해야 한다.

5. 새로운 일에 도전할 수도 있다는 유연한 마음을 가져라

자신에게 적합한 Post MBA Job을 구하지 못한 채 흘려보내는 시일이 지나치게 길어지는 경우라면 그동안에는 고려하지 않았던 산업 또는 기업에 적극적으로 뛰어드는 것도 바람직한 자세다. 예를 들어 경제상황에 따라서는 투자은행을 비롯한 금융권에 채용될 기회가 많지 않을 수 있는데 이런 때에도 금융권에만 취업하기를 고집하는 것은 바람직하지 않다. 생각을 바꾸어 금융권이 아닌 HR 컨설팅회사에 도전해 보는 것도 가능하지 않겠는가. HR 컨설팅회사도 금융이나 재무회계와 같은 전문분야의 인력을 필요로 할 수 있다. 이렇게 길을 약간 바꾸어 색다른 경력을 추가하는 경우에 자신의 경력개발 전체를 놓고 보면 나중에 큰 자산이 될 수도 있다.

6. 동료들과의 소셜 네트워크를 구축하라

미국의 저명한 정치학자인 로버트 퍼트넘(Robert Putnam)은 혈연관계와 같은 강한 유대관계(Strong tie)보다는 그저 아는 사이나 동료와 같은 느슨한 유대관계 (Weak ties)가 네트워크 형성에 크게 기여한다고 했다. 세계 각국에서 온데다가 각양각색의 경력과 경험을 보유한 친구들과 함께 공부하는 것 자체가 MBA 과정의 가장 큰 매력 중 하나다. 국적이 다양한 친구들과 절친하게까지는 되지 않더라도 지속될 수 있는 유대관계만이라도 쌓아 놓는다면 그러한 인적관계가 MBA 학위 취득 이후의 경력개발에 도움이 될 수 있다. MBA 학위 취득자들이 다국적 기업에 취업하기를 선호한다는 점을 고려하면, 언젠가는 MBA 과정 동기를 한 회사에서 만나게 될 가능성도 있지 않을까?

7. 가능하다면 이전 직장상사와 지속적으로 연락하라

내가 가장 추천하고 싶은 MBA 과정 진학의 형태는 다니고 있는 회사를 그만두지 않고 적을 유지한 채 진학하는 것이지만, 이러한 형태는 기업 내부의 인재양성 프로그램상의 지원을 받는 경우가 아니면 현실적으로 가능성이 높지 않다. 따라서 MBA 과정에 진학하려면 직장을 그만두게 되는 것이 일반적이지만, 그렇더라도 적어도 이전의 직장상사 또는 동료와 좋은 관계를 지속적으로 유지하는 것이 좋다. 만일 당신이 회사에서 놓치지 않고 싶은 인재라면 당신이 자기개발을 위해 MBA 과정을 밟는 것을 회사에서 높게 평가할 것이고, 나중에 MBA 과정을 마친 뒤에 직업시장 상황이 좋지 않아 다른 회사에 취업하기 어려울 경우에 보다 좋은 조건으로 다니던 회사에 복직할 기회가 주어질 수도 있기 때문이다.

7장

떠오르는 유럽 MBA에 주목하라

이 장에서는 한국과 EU 사이의 FTA 협정 발효가 한국경제에 미칠 영향에 대해 살펴보고, 유럽의 MBA가 우리에게 어떠한 의미를 가지고 있는가를 분석해 보겠다. 아울러 내가 나름대로 선정한 20대 유럽 경영대학원을 소개함으로써 독자들이 유럽 MBA에 대해 보다 폭넓은 정보를 갖도록 돕고자 한다.

유럽 MBA와 FTA

새로운 기회의 탄생

"이로써 한국은 영국, 프랑스, 독일, 이탈리아, 스페인 등 27개 유럽연합(EU) 회원국들과 동시다발적인 자유무역협정(FTA)을 맺는 셈이다." 2009년 7월에 한국과 EU의 FTA 협상에 참여한 EU측 대표단 중 한 명이 협상을 종료하며 한국의 기자들에게 한 말이다. 한－EU FTA 협정이 발효되면 우리나라는 아시아에서 EU와 FTA 체제를 구축하는 첫 번째 국가가 된다. EU는 세계 직접투자 자본의 40% 이상을 내보내고 있는 세계 최대의 투자주체 지역이자 세계 최대의 시장이다. 한－EU FTA는 한－미 FTA보다 규모가 큰 FTA라고 할 수 있다. 한국과 EU의 FTA는 유럽의 27개국과 동시에 FTA를 체결한 것과 같기 때문에 그 어떤 FTA보다도 우리 경제에 커다란 변화를 가져올 것이다.

그렇다면 그동안에는 한국과 유럽 사이가 멀었던 것일까? 우리나라 정부는 한국전쟁 이후 50여 년간 경제성장을 위해 미국시장을 대상으로 수출 드라이브 정책을 펼쳤고, 이에 따라 산업계와 학계가 미국에 관심을 집중하고 그 밖의 다른 지역이나 국가에는 그리 관심을 두지 않았다고 볼 수 있다. 나는 한국과 유럽연합 사이에 FTA 협상이 타결되는 모습을 바라보면서 그동안 우리가 활용할 수 있었던 기회를 스스로 외면해 왔던 것이 아니었나 하는 생각을 했다.

한국과 EU의 FTA 협정이 발효되면 한국경제는 또 한번 도약할 수 있는 기회를 맞게 될 것이라고 국내외의 많은 경제분석 기관들이 내다보고 있다. 특히 '서비스 분야에서 세계 최강'이라는 평가를 받아온 유럽의 기업들이 한－EU FTA를 계기로 한국에 대한 투자를 대규모로 늘릴 계획인 것으로 알려지고 있어, 앞으로 서비스 분야에서 한국과 EU 사이에 새로운 비즈니스 기회가 크게 늘어날 것으로 예상된다. 한－EU FTA는 한－미 FTA에 비해 상품개방 속도가 더 빠르게 돼있고 서비스업 분야의 개방 수준도 높은 것으로 평가되고 있다. 이런 점에서 한－EU FTA가 EU와 한국 사이의 비즈니스를 크게 활성화시킬 것으로 나는 기대한다.

FTA와 유럽 MBA

EU는 세계 최대의 시장이고, 한국에게는 중국에 이어 두 번째로 큰 교역상대 지역이다. 거꾸로 EU의 입장에서 보면 한국은 EU의 네 번째 교역상대국이다. EU는 2008년에 한국에 50억 달러 이상의 직접투자(FDI)를 하기도 했다.

FTA를 통해 한국과 EU 사이에 다양한 분야에서 협력관계가 형성되고 비즈니스 기회가 대폭 늘어난다면 그런 상황과 관련해 유럽기업과 한국기업이 가장 필요로 하게 될 인력은 어느 분야의 인력일까? 경영과 법률 관련 인력임이 분명하다. 유럽 기업들의 한국 진출 현황과 한국에 대한 투자 규모, 그리고 앞으로의 전망 등을 고려할 때 한국과 유럽 사이의 비즈니스를 뒷받침할 한국인 전문인력은 절대적으로 부족한 실정이다.

그렇다면 FTA가 유럽의 MBA에는 어떠한 영향을 미치게 될까? EU의 FTA 협상단 중 한 사람이 말한 것처럼 한－EU FTA 체결로 한국은 이제 영국, 프랑스, 이탈리아, 스페인 등 EU의 모든 회원국과 동시에 새로운 관계를 갖게 됐는데, 이들 국가에는 국제적으로 그 수준을 인정받는 경영대학원들이 다수 포진하고 있다. 그 경영대학원들은 유럽 경영대학원의 전통적인 특성상 한국에 진출했거나 진출을 희망하는 유럽 기업들과 보다 폭넓은 산학협력을 통해 비즈니스 기회 창출에 관여하게 될 것이고, 그 경영대학원들이 한국 학생을 바라보는 시각에도 변화가 있을 것이다.

또한 한국에서 어느 정도의 직장경력을 가지고 유럽의 경영대학원에 가서 MBA를 취득한 우수인력이라면 유럽 기업들이 관심을 갖지 않을 수 없을 것이다. 그와 같은 인력에 대해서는 한국 기업의 입장도 마찬가지일 것이다.

한－EU FTA의 영향으로 유럽 경영대학원들의 한국 내 인지도는 지속적으로 상승하게 될 것이고, 그렇다면 유럽에서 MBA 학위를 취득한 인재에 대한 한국 기업들의 수요도 앞으로 증가할 것으로 예상된다. 한국에는 분야별로 유럽 전문가라고 불릴 만한 사람을 찾아보기가 쉽지 않다. 따라서 지금 한국에서 유럽 MBA 과정에 진학할 것을 고려하는 사람들의 입장에서 보면 한국과 EU의 FTA 체결은 새로운 기회의 문이 활짝 열리는 것과 같다. 즉 기업이 비즈니스 기회를 선점하듯 자신에게 주어진 경력개발의 기회를 선점해서 자신을 발전시킬 수 있는 기회로 한-EU FTA를 활용할 수 있는 것이다.

그렇다면 유럽의 경영대학원에 가서 MBA를 취득하기 위한 공부를 시작하는 것은 '모험'이 아니라 '기회 활용'이라고 봐야 한다. 기업들도 앞으로 EU 시장에 대한 접근이 용이해지고 유럽 기업과의 협력관계가 더욱 밀접해진다면 회사 차원에서 MBA 양성 대상자를 유럽지역의 경영대학원에 더 많이 파견하게 될 것이다. 앞으로는 유럽의 주요 경영대학원들이 한국과 관련된 케이스 스터디를 보다 많이 하고, 한-EU FTA 내용도 비중 있게 다루지 않을까 하는 생각도 든다.

구체적인 통계수치를 통해 EU와 한국의 관계를 살펴보자. EU의 통계청인 유로스탯(Eurostat)의 자료에 의하면, 2001년과 2006년 사이에 한국은 EU와의 연평균 교역량 증가율에서 세계 10위였다. 그런데 오른쪽 위의 도표에서 볼 수 있듯이 카자흐스탄, 러시아, 아랍에미리트 등 상위에 위치한 국가들 대부분이 산유국이자 원유제품 위주의 교역대상국이므로, 이들 국가를 제외한다면 한국이 실질적으로는 EU의 교역량 증가율에서 2위나 3위의 위치에 있다. 이 점은 유로스탯도 강조하고 있는 부분이다. 유로스탯은 원유교역 국가들을 제외한 4대 주요 무역상대국으로 중국, 한국, 터키, 인도를 명시하고 있다.

또한 오른쪽 아래의 도표에서 볼 수 있듯이 유로스탯의 2005년 자료에 의하면 해외에 진출한 EU 기업의 종업원 1인당 매출액을 진출한 국가별로 보면 한국

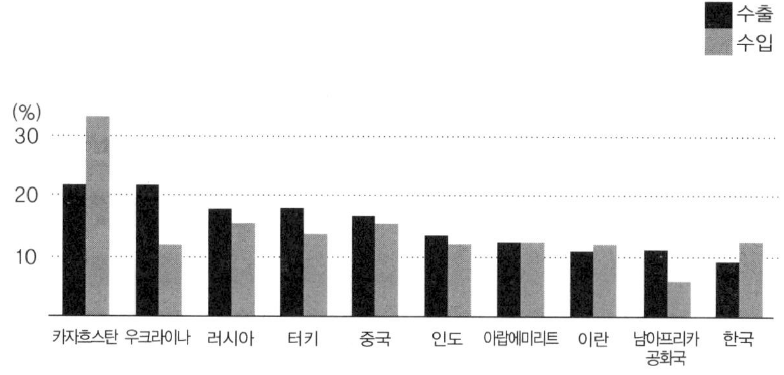

출처: Eurostat, 2008

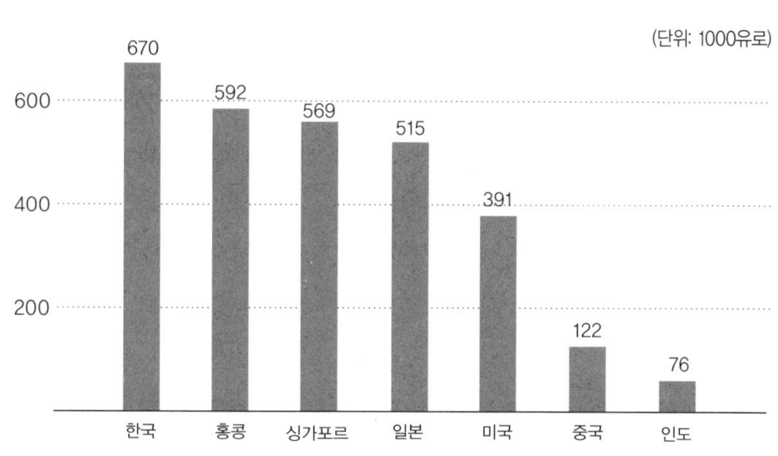

출처: Eurostat, 2005

이 세계에서 가장 높다. 이는 곧 EU 기업이 세계의 다른 어느 곳에 투자를 해도 한국에서 올리는 만큼의 수익을 올리지 못한다는 의미이며, 한국의 인적자원이 가장 수준이 높다는 의미이기도 하다.

따라서 EU는 한국을 가장 중요한 투자대상 지역으로 보고 있고, 한-EU FTA를 통한 교역 및 교류의 확대에 큰 기대를 걸고 있다. 한국과 EU의 경제전문가들은 FTA 체결로 한국과 EU 사이의 교역규모가 연간 130억 유로, 한국 돈으로는 약 25조 원에 이르게 될 것이라고 전망하고 있다.

유럽합중국 출범 가능성

최근의 국제 정치경제적 변화 가운데 유럽에서 진행되고 있는 변화는 특히 주목할 만하다. 유럽연합(EU)을 하나의 정치체제로 통합하기 위한 리스본 조약이 2009년에 아일랜드에서도 국민투표를 통과한 것이다. 이에 따라 EU는 2010년 이후에 거대한 정치경제 통합체로 거듭나는 과정에 들어설 것으로 예상된다. 물론 이러한 전환이 실현되기까지는 아직 해결해야 할 정치외교적 과제가 많이 남아있긴 하지만 통합은 계속 진전될 것이다.

독일과 프랑스를 포함한 유럽의 주요 6개국이 1957년에 공동시장의 결성이 필요하다는 인식에 따라 로마조약을 체결하며 경제통합으로의 첫 발을 내디딘 지 52년 만에 EU는 미합중국과 유사한 유럽합중국(United States of Europe) 형태로 전환하기 위한 긴 여정의 마지막 단계에 접어든 것이다. 정치분야는 국가별 이해관계에 가장 민감한 분야이므로 EU가 정치적 통합이라는 최종 목적지에 도달하기까지는 수많은 진통을 겪을 수밖에 없다. 하지만 EU는 경제분야에서는 공통 통화를 채택함으로써 이미 어느 정도의 통합을 이루었고, 교육분야에서도 학제의 통합과 회원국간의 적극적인 교류를 바탕으로 통합작업을 거의 마무리

했다고 볼 수 있다. 그동안의 이런 성과는 앞으로 정치적 통합을 촉진하는 역할을 하게 될 것이다.

그렇다면 이러한 변화의 물결 속에서 유럽 MBA의 포지션은 어떻게 변화할 것인가? 우리가 잊지 말아야 할 점은, 역사적 경험도 그랬지만 기회는 언제나 변화 속에서 생겨난다는 사실이다. 유럽대륙에서 진행되고 있는 정치경제적 변화를 고려하면, 유럽 MBA를 필두로 한 유럽의 경영교육도 글로벌 교육시장에서 그 영향력이 더욱 커지고 유럽 MBA에 대한 세계의 수요도 더욱 늘어날 것이 분명해 보인다. 그렇다면 앞으로는 유럽의 경영대학원들이 미국의 경영대학원들과 어깨를 견주며 본격적으로 경쟁하는 양상이 전개될 것이다.

한국 기업과 유럽 MBA

유럽 MBA를 바라보는 한국 기업의 시각

앞장에서 살펴본 바와 같이 한국의 주요 대기업들은 핵심인재를 양성한다는 차원에서 국내외 MBA 과정을 적극 활용하고 있다. 특히 해외 MBA 과정의 경우는 기업이 요구하는 경영학적 지식을 얻게 해줄 뿐만 아니라 글로벌 인적 네트워크를 폭넓게 구축하는 데도 도움이 된다는 점에서 많은 이득이 있기 때문에 기업들이 핵심인재 양성의 방법으로 활용하고 있다. 그래서 기업들이 우수인력을 선발해 해외 MBA 과정에 파견하고 있는 것이다.

그런데 그동안 우리나라에서는 해외 MBA라고 하면 미국의 MBA만을 떠올리는 사람들이 많았고, 이런 태도는 한국의 대기업들도 마찬가지였다. 그러나 최근에는 이런 태도에 변화가 일어나고 있다.

한 가지 예를 들어 보자. 이웃나라인 중국의 상하이에 있는 CEIBS(China Europe International Business School)는 최근 몇 년 사이에 글로벌 경영교육 시장에서 급부상한 경영대학원이다. 이 경영대학원은 전 세계 MBA 과정을 대상으로 글로벌 랭킹을 발표하는 평가기관들에 의해 세계최고 수준의 MBA 과정을 제공하는 학교로 평가받고 있다. 이에 따라 중국에 진출해 있는 국내 대기업들이 미국 MBA 과정에 중점을 두고 해외 MBA 과정에 교육파견을 하던 기존의 HR 정책을 수정해 중국 MBA 과정에도 교육파견을 하는 등 아시아 지역의 MBA 과정에도 교육파견을 하기 시작했다.

그렇다면 유럽의 MBA 과정에 대한 한국 기업들의 생각은 어떠할까? 1990년대 초까지만 해도 한국 기업들은 유럽의 MBA 과정에 대한 정보를 그리 많이 갖고 있지 않았다. 그래서 기업들은 영국, 프랑스, 독일에 있는 일부 유명 대학교에만 소수의 인력을 파견했다. 그러나 1990년대 중후반부터 유럽의 경영대학원이 글로벌 경영교육 시장에서 두각을 나타내기 시작함에 따라 한국 기업들의 시각도 바뀌었다.

특히 최근에는 유럽의 경영대학원이 제공하는 다양한 형태의 MBA 과정이 한국 기업들의 니즈(Needs)에 부합한다는 점에 눈길이 모아졌다. 이렇게 된 데는 EU가 중국에 이어 세계에서 두 번째로 큰 우리나라의 수출시장으로 떠오르게 된 것이 영향을 미쳤다. 이제는 한국 기업들도 더 이상 우수인재를 미국으로만 파견하지 않으며, 글로벌 환경의 변화를 감안해 철저하게 투자 대비 효용가치를 우선순위에 두고 교육파견 대상지를 선정하고 있다.

유럽 MBA가 한국 기업에 주는 이점

유럽 MBA가 한국 기업에 주는 가장 큰 이점은 기업의 요구와 구미에 맞는 '선

'택'이 가능하다는 점이다. 유럽은 상이한 특성을 갖고 있는 수십 개 국가들이 모여 있는 곳이며, '다양성'이 두드러진 문화를 가지고 있다. 이런 환경은 유럽 경영대학원의 교육에도 그대로 반영되어, 유럽 각국의 경영대학원들은 다양한 형태의 MBA 과정을 운영하면서 각각 차별화된 교육 콘텐츠를 제공하고 있다.

게다가 유럽 MBA 과정은 대부분 1년 과정으로 돼있어, 기업의 입장에서는 유럽 MBA 과정을 이용하면 우수인력을 장기간 파견할 경우에 발생하는 인력공백으로 인한 생산성 저하를 걱정하지 않아도 될 뿐만 아니라 비용의 측면에서도 유리하다. 이러한 이점은 개인의 입장에서도 마찬가지다. 유럽에서 MBA 과정을 이수하는 것은 미국에서 그렇게 하는 것에 비해 1년가량의 시간을 절약할 수 있으므로 경력관리에 보다 효율적이다. 교육기간이 짧다는 것만 가지고 MBA 과정의 이점을 논하는 것은 단편적인 태도라고 할 수 있겠지만, 유럽 MBA 과정은 교육기간이 짧을 뿐만 아니라 다른 장점도 많이 가지고 있다는 점을 감안하면 교육기간이 짧다는 것이 무시할 수 없는 이점이 된다.

이렇게 보면 앞으로 한국 대기업의 직원교육과 더 나아가 인재양성 전략이라는 측면에서 유럽의 경영대학원이 차지하는 위상은 갈수록 더 높아질 것으로 보인다. 특히 한—미 FTA보다 더 많은 변화를 가져올 것으로 예상되는 한—EU FTA는 이러한 추세를 더욱 가속화시킬 것이다. 물론 한—미 FTA도 미국에서 교육을 받은 인재에 대한 한국 대기업의 수요를 늘리는 효과를 갖고 있겠지만, 미국의 대학에서 공부하는 외국인 가운데 한국인의 비율이 중국인 다음으로 높을 정도로 미국 유학생이 많다는 점을 고려하면 그러한 효과는 제한적일 수밖에 없다고 봐야 한다. 한국 대기업의 인력채용 과정을 살펴보면 지원자들 가운데 미국학위 소지자는 이미 과잉상태다.

한—EU FTA는 한국과 유럽 사이에 새로운 비즈니스의 기회를 급속하게 증가시킬 것이라는 게 일반적인 전망이다. 그렇다면 유럽 MBA 학위 취득자에 대한 수요도 늘어날 것이 분명하고, 유럽 MBA 과정에 대한 국내 기업들의 평가도 높아질 것이다.

MBA 순위

전 세계의 MBA 과정들을 평가해 순위를 매겨 발표하는 대표적인 기관으로 〈유에스 뉴스 앤드 월드 리포트(US News & World Report)〉, 〈비즈니스 위크(Business Week; BW)〉, 〈월 스트리트 저널(Wall Street Journal; WSJ), 〈이코노미스트(The Economist)〉, 〈파이낸셜 타임스(Financial Times; FT)〉 등이 있다. 이들 5개 언론기관 외에도 MBA 과정을 평가하는 곳이 많이 있다. 하지만 이들 5개 언론기관이 비교적 오래전부터 MBA 과정에 대해 평가를 해왔으며 지명도, 영향력, 신뢰도의 측면에서 국제적으로 인정을 받고 있다. US News, BW, WSJ은 미국의 언론기관이고, Economist와 FT는 영국의 언론기관이다. 이들 언론기관은 매년 또는 격년을 주기로 하여 자체 기준에 따라 전 세계 MBA 과정들에 대해 조사 및 평가를 하고 그 결과를 종합해 순위를 매겨 발표한다.

기관에 따라 조사방법과 평가방법에는 차이가 있겠지만 일반적으로 취업률, 졸업생 연봉수준, 연봉 상승률, 학생의 다양성(국적, 성별, 경력, 전문분야 등), 교수 확보율, 과정구성 내용, 리크루터의 평가, 과정의 만족도 등을 평가요소로 삼고 있다. 그런데 이들 기관이 객관적인 조사방법과 평가기준을 적용해 순위를 정하고는 있겠지만, MBA 과정 진학 준비생의 입장에서는 평가기관별로 어떠한 평가요소에 어느 정도의 비중을 두는가에 따라 같은 학교라도 순위가 크게 다를 수 있다는 점에 유의해야 한다. 또한 학교가 프로모션 활동을 어느 정도나 하느냐, 학교와 평가기관 사이의 관계가 어떠한가 하는 점도 평가순위에 영향을 미칠 수 있다. 따라서 평가기관이 발표하는 순위 및 그 순위와 관련된 자료는 자신에게 적합한 MBA 과정을 탐색할 때 기초자료로 참고는 하되 거기서 그치지 말고 다른 경로로도 학교별로 상세한 정보를 구하는 노력을 기울여야 한다. 그러는 과정에서 자신의 여건과 상황에 가장 적합한 학교를 선택하는 데 필요한 안목을 키울 수 있을 것이다.

사실 MBA 과정에 어느 학교가 1위냐 하는 순위 개념을 적용하는 것 자체가 무리다. 자신이 생각하고 있는 목표를 달성하는 데 지렛대 역할을 해줄 수 있는, 다시 말해 자신에게 가장 알맞은 학교와 MBA 과정이 세계 1위임은 두말할 필요도 없다. 따라서 평가기관이 발표하는 순위를 보고 어느 학교가 어느 학교보다 낫거나 못하다고 생각하는 것도, 평가기관별로 순위가 다른 이유를 따지거나 그 이유에 대해 다른 사람과 논쟁을 하는 것도 큰 의미는 없다.

MBA 과정의 순위를 발표하는 주요 평가기관들을 열거해 보면 아래 표와 같

| MBA 과정 평가기관 개요

소속국가	미국		영국	
기관이름	US News & World Report	Business Week (BW)	The Economist (EIU)	Financial Times (FT)
발표주기	매년	격년(짝수해)	매년	매년
발표시기	7월	10월	9월	2월
조사범위	미국 MBA	미국과 기타지역 MBA	전 세계 MBA	전 세계 MBA
주요 평가요소	리크루터의 평가, 취업률, 타 경영대학원의 평가,	리크루터의 평가, 학생의 만족도	재학생과 졸업생의 만족도, 경력개발 향상도, 연봉 향상율	취업률, 연봉 향상율, 학생과 교수의 다양성, 졸업 후 경력성취도
웹사이트	www.usnews.com/ sections/rankings	www.businessweek .com/bschools	http://mba.eiu.com	http://rankings.ft.com /businessschoolran kings

다. 이들 기관은 전일제 MBA 과정을 대상으로 평가를 하고 있으며, WSJ의 경우에는 2008년부터 Executive(경영자) MBA 과정만을 다루고 있으므로 이 표에 집어넣지 않았다.

US New는 미국 MBA 과정만을 대상으로 하고 있고, BW는 미국 MBA 과정과 그 외 지역의 과정을 대상으로 하고 있다. 미국의 기관들은 자국 경영대학원을 중심으로 조사와 발표를 하고 있는 데 반해 Economist와 FT는 미국을 포함해 전 세계의 모든 MBA 과정을 대상으로 하고 있다. 최근에는 전 세계 MBA를 두루 대상으로 하여 평가하는 이 두 기관의 신뢰도가 높아지는 추세다. 또 이들 기관은 유럽 MBA 순위도 별도로 발표하고 있으므로, 유럽 MBA 과정에 지원할 준비를 하는 사람이라면 이 두 기관의 경영대학원 리스트를 참고하면 된다.

Economist와 FT가 발표하는 자료는 해당 기관의 웹사이트에서 찾아볼 수 있다. 그럼 지금부터 이들 두 기관이 발표한 자료를 최대한 객관화해 분석해보자. 두 기관이 최근 3년간 발표한 내용을 가지고 평균 순위를 내어 지원준비자들이 보다 쉽게 알아볼 수 있게 정리해 제시하겠다. 다만 Economist의 평가기준과 FT의 평가기준은 서로 다르기 때문에 두 기관이 발표한 순위를 그대로 비교하는 것은 바람직하지 않다. 이러한 차이를 어떻게 받아들여야 하는가는 지원준비자 개인의 판단에 맡기겠다.

유럽 MBA 과정의 순위

〈이코노미스트〉

〈이코노미스트(Economist)〉의 평가기준은 재학생과 졸업생의 만족도, 경력개발 향상도, 취업률, 연봉 향상률 등이다. 평가는 Economist 산하에 있는 별도의 조사기관인 Economist Intelligence Unit(EIU)에 의해 실시된다. EIU는 영국을 대표하는 경제전문 조사분석 기관으로 국가정책, 국가경쟁력, 전 세계 경제 및 경영현황 등의 분야에 대한 조사분석에서 국제적으로 매우 신뢰도가 높다. 아래 표는 EIU가 발표한 데이터다.

| Economist의 유럽 MBA 랭킹

| 국가 | 글로벌 순위 | | 유럽 순위 | 학교이름 |
	2009년	3년 평균 (2007~9년)		
스페인	1	2	1	University of Navarra – IESE Business School
스위스	2	3	2	IMD – International Institute for Management Dvelopment
영국	11	8	3	University of Cambridge – Judge Business School
	8	11	4	University of London – London Business School
스페인	16	12	5	IE Business School
영국	18	14	6	Cranfield University – Cranfield School of Managemet
	21	17	7	Henley Management College
프랑스	23	20	8	INSEAD
영국	22	24	9	Warwick University – Warwick Business School
	35	26	10	Ashridge Business School
프랑스	14	27	11	HEC
영국	47	35	12	University of Oxford – Said Business School
스페인	29	36	13	ESADE Business School
아일랜드	37	40	14	University College Dublin – UCD Michael Smurfit Graduate Business School
네덜란드	41	46	15	Erasmus University – RSM
영국	76	53	16	City University – Cass Business School
	68	57	17	Imperial College London – Tanaka Business School
	63	58	18	University of Edinburgh – Management School
	57	58	19	University of Manchester – Manchester Business School
	53	59	20	University of Durham – Durham Business School
	79	60	21	Lancaster University Management School
	67	61	22	Aston Business School

국가	66	65	23	University of Bath – School of Management
프랑스	60	67	24	EM – Lyon
영국	96	75	25	Leeds University Business School
	91	75	26	University of Strathclyde – Business School
이탈리아	72	79	27	Bocconi University – SDA Bocconi School of Management
네덜란드	94	86	28	TiasNimbas Business School
영국	86	88	29	Newcastle University Business School

〈파이낸셜 타임스〉

〈파이낸셜 타임스(FT)〉의 조사는 취업률, 연봉 향상률, 학생 및 교수의 다양성 정도, 졸업 후 경력성취도 등을 평가요소로 하여 실시된다. 특히 졸업 후 취업률과 연봉 향상률, 그리고 경력개발 향상 정도의 비중이 큰 것이 특징인데, 이는 MBA 학업이 경력개발에 미치는 영향을 중요하게 여기고 있음을 보여준다. 또 하나의 특징으로는 학생과 교수의 여성비율을 중요한 요소로 설정하고 있는데, 이는 다양성을 강조하는 유럽사회의 가치관을 나타내고 있는 것으로 풀이된다.

| FT의 유럽 MBA 랭킹

국가	글로벌 순위		유럽 순위	학교이름
	2009년	3년 평균 (2007~9년)		
영국	1	3	1	University of London – London Business School
프랑스	5	6	2	INSEAD
스페인	6	8	3	IE
	12	13	4	IESE
스위스	14	14	5	IMD
영국	17	14	6	University of Cambridge – Judge Business School
	20	19	7	University of Oxford – Said Business School

스페인	18	21	8	ESADE
프랑스	29	22	9	HEC
영국	32	25	10	University of Manchester – Manchester Business School
	27	26	11	Lancaster University Management School
네덜란드	26	30	12	Erasmus University – RSM
영국	35	34	13	Cranfield University – Cranfield School of Managemet
	37	34	14	Warwick University – Warwick Business School
이탈리아	38	43	15	Bocconi University – SDA Bocconi School of Management
영국	39	43	16	Imperial College London – Tanaka Business School
	41	52	17	City University – Cass Business School
	92	63	18	University of Edinburgh – Management School
	57	66	19	Leeds University Business School
	87	70	20	Bradford School of Management
	83	75	21	University of Bath – School of Management
	100	90	22	Nottingham University Business School
스페인	91	95	23	EADA
아일랜드	99	98	24	University College Dublin – UCD Michael Smurfit Graduate Business School

유럽의 Top MBA

앞에서 유럽 MBA 과정을 바라보는 관점과 과정별 순위에 대해 살펴보았는데, 독자들은 이를 통해 유럽 MBA 과정에 대해 개괄적으로 이해하게 되었을 것이다. 이러한 이해를 바탕으로 이제는 유럽의 Top 20 경영대학원을 추려보자. 필자가 나름대로 선정한 유럽의 Top 20 경영대학원 명단을 제시한다(뒤쪽 표를 보라).

이 명단에 순위개념은 없으며, 선정기준으로는 기존에 발표된 순위를 기본으로 하여 과정구성 내용, 소속 대학의 명성, 국가별 대표성, 유럽 현지에서의 평가, 현지 언어의 활용성, 향후 발전 가능성, 유학 환경, 한국 대기업에서의 인지도 등을 종합적으로 고려했다. 또한 발표기관 순위에서는 그다지 높지 않았거나 포함되어 있지 않았던 학교들이 일부 있는데, 이런 곳은 필자가 유럽 MBA 유학

생활을 통해 알게 된 현지의 평가와 인식, 그리고 향후 발전 가능성 등에 비중을
두어 포함시켰다.

　예를 들면 독일의 SIMT(Stuttgart Institute of Management and Technology)
은 FT나 Economist 순위에 올라와 있는 학교는 아니지만 유럽 내 독일 기업의 영
향력을 배경으로 하여 빠르게 성장하고 있는 학교이며, 독일 기업과 관련된 경
험을 가진 지원자들이 높은 관심을 갖고 있다. 또한 더럼대학교(University of

| 20대 유럽 경영대학원

국가	학교이름
영국	Cranfield University – Cranfield School of Management
	Ashridge Business School
	University of Cambridge – Judge Business School
	University of Oxford – Said Business School
	University of London – London Business School
	Warwick University – Warwick Business School
	City University – Cass Business School
	University of Manchester – Manchester Business SchoolINSEAD
	Imperial College London – Imperial College Business School
	University of Durham – Durham Business School
프랑스	INSEAD
	HEC
	ESSEC
스페인	IE Business School
	IESE
아일랜드	University College Dublin – UCD Michael Smurfit Graduate Business School
스위스	IMD
네덜란드	Erasmus University – RSM
이탈리아	Bocconi University – SDA Bocconi School of Management
독일	University of Stuttgart – SIMT

Durham)는 한국에는 잘 알려진 곳이 아니지만 역사와 전통이 깊은 대학교인데 다양한 분야의 학문적 성과가 탁월한 곳이며, 대학 자체의 명성이 높아 영국 현지에서는 옥스브리지에 버금갈 정도로 우수한 대학으로 평가받아 왔다.

유럽 MBA 과정에 대한 평가

지금부터는 유럽 경영대학원들의 교육과정에 대한 비교분석을 해보겠다. 사실 세계 각국의 다양한 MBA 과정을 비교분석하여 평가하는 것은 개인 수준에서 할 수 있을 만한 수준의 일이 아니다. 그러나 필자가 제시한 유럽의 주요 경영대학원들의 경우는 학교마다 고유한 특성과 개성을 가진 MBA 과정을 제공하고 있으므로 비교분석을 시도해볼 수 있다.

이에 더해 필자는 직접 유럽에서 MBA를 이수한 경험도 있고, 또한 오랜 기간 리크루터의 시각에서 이들 경영대학원의 발전과정과 졸업생들의 주요 진출 분야를 지속적으로 지켜보았다. 따라서 필자는 기업 관점에서 유럽의 주요 경영대학원들에 대해 평가할 수 있는 입장에 있다고 자부한다.

이 분석에는 매년 실시되는 MBA 평가기관들의 평가 결과가 반영됐으므로 분석결과의 타당성이 일정수준 이상 확보됐다고 할 수 있다. 그러면 유럽의 주요 MBA 과정에 대한 비교분석 결과를 이해하기 쉽게 도표로 제시해 보겠다.

교육과정 분석

유럽의 각 경영대학원이 제공하는 MBA 교육과정을 평가하기 위해서는 다양한 요소를 고려해야 한다. 필자는 주요 평가요소로 기업과의 연계수준과 교육

| 유럽 MBA 교육과정 평가

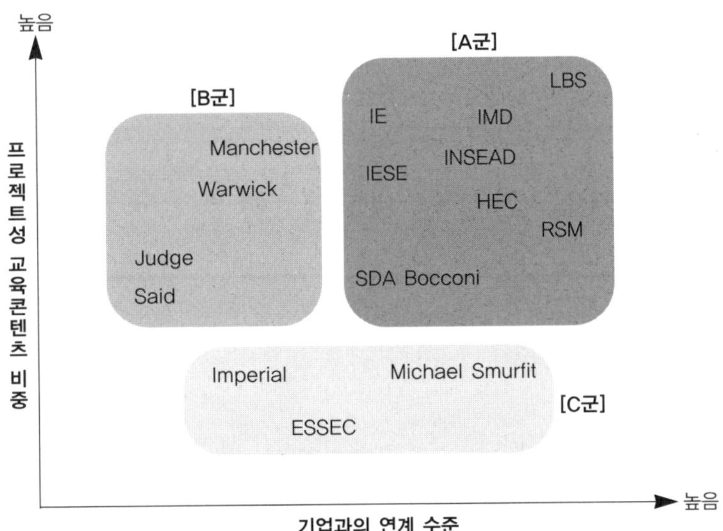

| 군별 유럽 MBA 교육과정의 특징

	경영대학원	특징
A군	LBS, IMD, INSEAD, HEC, RSM, IESE, SDA Bocconi	A군에 해당하는 경영대학원들은 모두 해당 국가의 기업 또는 다국적기업과 밀접하게 연계돼 있고, 기업연계 프로젝트에서 높은 성과를 나타내고 있음
B군	Manchester, Said, Warwick, Judge	Manchester와 Warwick은 프로젝트를 위주로 한 특성 있는 교과구성이 돋보이고, Said와 Judge도 교과과정 운영이 안정화되고 있으므로 향후 주요 기업들과의 협력이 크게 기대됨
C군	Michael Smurfit, Imperial, ESSEC	C군은 일정 수준 이상의 프로젝트성 교과를 제공하고 있으며, 특히 Michael Smurfit은 자국 내 다국적기업들과의 협력이 매우 활발함

과정 내 프로젝트성 교육 콘텐츠 비중을 선택했다. 분석 결과는 왼쪽 도표와
같다.

졸업 후 진출분야

다음으로 살펴볼 내용은 경영대학원 졸업생들의 진출분야다. 이는 MBA 과정 진
학을 준비하는 사람들이 가장 큰 관심을 가지는 부분이다. 따라서 MBA 이수자
들에게 가장 인기가 높은 분야인 투자금융(Investment banking) 분야와 경영컨
설팅(Business consulting) 분야를 중심으로 비교분석을 해보았다. 그 결과는 아
래 도표와 같다.

| 유럽 MBA 과정 졸업생의 진출분야

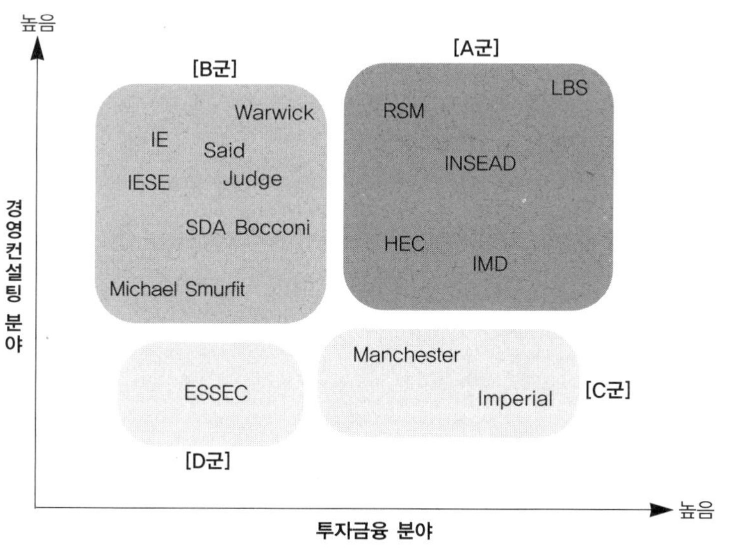

	경영대학원	특징
A군	LBS, IMD, INSEAD, HEC, RSM	A군의 경영대학원 졸업생 중 다수는 투자은행과 경영컨설팅 회사로 진출하고 있음. 특히 LBS는 유럽의 최고 경영대학원답게 졸업생이 모든 분야에 다양하게 진출하고 있음
B군	Said, Judge, IE, Warwick, IESE, SDA Bocconi, Michael Smurfit	가장 많은 경영대학원이 속해 있는 B군은 A군에 비해 투자/금융 분야에서 졸업생 진출실적이 다소 밀리는 것으로 보이지만, 컨설팅 분야에서는 최상위 수준이며, 인더스트리에서는 오히려 A군보다 앞서는 학교도 있음
C군	Manchester, Imperial	Manchester와 Imperial은 영국의 경영대학원답게 투자/금융 분야에 졸업생을 진출시키는 데서 강한 면모를 보이고 있음. Manchester는 인더스트리 분야에서도 강세를 보이고 있음
D군	ESSEC	ESSEC는 컨설팅과 투자/금융 양 분야에서는 졸업생 진출실적이 다소 저조한 반면에 프랑스 내 소비재(인더스트리) 분야로 졸업생의 진출이 매우 활발함. 특히 프랑스 명품기업으로의 진출이 주목됨

8장

세계의 주요 MBA 과정 소개

이 장에서는 MBA 과정에 진학할 준비를 하는 사람들이 반드시 알고 있어야 할 전 세계의 주요 MBA 과정 총 27개를 소개한다. 그 목록은 다음과 같다.

| 세계의 주요 MBA 과정 27선

대륙	국가 (주)	학교 이름
유럽	영국	London Business School
		Manchester Business School
		Warwick Business School
		Imperial College Business School
		Said Business School
		Judge Business School
	아일랜드	UCD Michael Smurfit Graduate Business School
	프랑스	INSEAD
		HEC School of Management

	프랑스	ESSEC Business School
유럽	스페인	IE Business School
		IESE Business School
	스위스	IMD
	네덜란드	Rotterdam School of Management
	이탈리아	SDA Bocconi School of Management
	독일	SIMT
미국	(오하이오)	Case Western Reserve University
	(뉴욕)	Syracuse University
		University of Rochester
	(매사추세츠)	Boston College
		Babson College
	(루이지애나)	Tulane University
	(애리조나)	Thunderbird School of Global Management
	(일리노이)	University of Illinois at Urbana-Champaign
아시아	한국	KAIST Graduate School of Management
	중국	칭화대학(清華大學) 경제관리학원
	일본	히토쓰바시대학(一橋大學) 기업전략연구소(ICS)

유럽의 주요 MBA 과정

유럽의 경영대학원을 선택할 때에는 국가를 고르는 데도 많은 노력을 기울여야 하므로 경영대학원을 국가별로 구분해 살펴보는 게 좋을 것 같다. 한국인이 선호하는 경영대학원이 있는 대표적인 유럽 국가는 영국과 프랑스다. 최근에는 이 두 나라 외에 스페인의 경영대학원에 대해서도 한국인 지원자들의 관심이 높아지고 있는 추세다. 또한 한국에 잘 알려져 있는 IMD가 있는 스위스와 RSM이 있는 네덜란드, SDA Bocconi가 있는 이탈리아도 관심의 대상이다.

이렇듯 유럽의 여러 나라에 유럽 최상위 수준의 경영대학원들이 위치해 있다. 그러나 나라별로 경영교육 인프라의 수준, 비즈니스와 산업이 발달한 정도, 일정 수준 이상의 경영대학원 수, 한국인 유학생으로서 외국어를 습득할 기회 등을 종합적으로 고려한다면 영국 권역, 프랑스 권역, 스페인 권역을 유럽의 3대 경영대학원 권역으로 규정할 수 있을 것이다. 여기서는 이 세 권역을 중심으로 유럽의 주요 경영대학원 16곳을 선정해 소개하겠다. 이들 경영대학원의 MBA 과정을 자세히 살펴보면 유럽의 MBA 과정 전반에 대해 이해하게 해줄 실마리를 얻을 수 있을 것이다.

여기서 소개하는 경영대학원들은 유럽 MBA 과정에 진학할 준비를 하는 사람이라면 알고 있어야 할 필요가 있는 학교들 가운데 일부일 뿐이라는 점을 강조해두고 싶다. 여기서 소개하는 학교들에 대한 이해를 바탕으로 각자가 정보를 보다 폭넓게 수집해 살펴보고 난 뒤에 자신에게 가장 적합한 학교를 선택하기를 바란다.

영국 권역 (영국, 아일랜드)

영국은 유럽에서 가장 많은 수의 경영대학원을 보유하고 있다. 영국의 MBA 배출 규모는 미국에 이어 세계 2위다. 영국의 경영대학원에서 배출되는 MBA 졸업생은 매년 1만 명 이상이며, 그 가운데 약 30%는 외국인 학생이다. 한국에서 '영미권 MBA'라는 말을 흔히 듣게 되는 데서 알 수 있듯이, 영국의 경영대학원은 미국의 경영대학원과 함께 지칭되며, 국제 비즈니스계에 큰 영향력을 갖고 있다.

시티(City) 금융지구를 포함하고 있는 영국의 런던은 국제금융의 대표적인 중심지다. 이 때문에 영국에는 금융과 재무 분야에 강점을 갖고 있는 세계적인 수준의 경영대학원이 많다. 이런 영국의 특징은 역사적인 뿌리를 갖고 있다.

영국은 오래전부터 식민지와의 무역과 금융거래가 국가경제에서 큰 비중을 차지해온 나라이기 때문에 무역 및 보험업과 연관된 금융산업이 일찍부터 발달했다. 1950~60년대에는 회계사에 대한 수요가 급증하게 되면서 회계학이 경영학의 중심으로 자리 잡았다. 이어 마거릿 대처(Margaret Thatcher)가 1979년부터 1990년까지 총리로 재직하면서 전개한 경제구조 재편 정책도 영국의 경영대학원에 큰 영향을 미쳤다. 대처 정부가 자동차, 철강, 조선 등 장치산업의 비중을 낮추고 금융산업의 비중을 높이는 방향으로 경제구조를 재편하는 정책을 추진함에 따라 경영대학원들도 이러한 변화를 따라가지 않을 수 없었다.

영국의 경제력과 영향력이 유럽에서 큰 비중을 차지하고 있는 만큼 우리가 영국의 MBA 과정을 살펴보고자 할 때에도 폭넓게 정보를 수집해야 한다. 필자는 여기서 한국인이 관심을 가져볼 만한 영국권의 경영대학원 7곳을 골라 소개하고자 한다.

먼저 LBS(London Business School)를 소개할 것이다. 이 학교는 런던대학(University of London)에 속하는 경영대학원이지만 사실상 독립된 형태로 운영된다. 이어 최근에 위상이 많이 높아진 Manchester 경영대학원과 Warwick 경영대학원을 소개하고, Imperial 대학의 경영대학원을 살펴본 다음에 흔히 옥스브리지로 통칭되는 옥스퍼드대학과 케임브리지대학의 경영대학원에 대해서도 알아보겠다. 그 다음에 아일랜드의 더블린에 있는 UCD를 살펴볼 것이다. 이 학교는 지명도도 높지만, 유럽에서 영국을 제외하고는 유일하게 영어를 사용하는 나라인 아일랜드에 위치하고 있다는 점에서도 해외 MBA 과정에 진학할 준비를 하고 있는 한국인이라면 관심을 가져볼 만하다. 지금부터 소개할 영국 권역 경영대학원의 순서는 다음과 같다.

— London Business School

— Manchester Business School

— Warwick Business School

— Imperial College Business School

— Said Business School

— Judge Business School

— UCD Michael Smurfit Graduate School of Business

London Business School

▶ 학교 소개

런던비즈니스스쿨(LBS; London Business School)은 런던대학(University of London) 산하의 경영대학원으로 1965년에 설립됐고, 현재 약 2000여 명의 학생들이 재학하고 있는 영국의 대표적인 경영대학원이다. 런던비즈니스스쿨은 경제학과 정치학 등 사회과학을 중심으로 운영되는 런던정경대학(LSE; London School of Economics and Political Science)과 함께 런던대학의 쌍두마차라는 평가도 듣고 있다.

LBS는 학부과정은 두고 있지 않고, 경영학과 관련된 분야에서 MBA와 Ph.D. 과정, 그리고 다수의 석사과정(Master programme)만을 제공한다. LBS를 대표하는 학위과정이 MBA 과정인 것은 틀림없지만, 특히 금융과 재무 분야에 강점을 갖고 있는 학교이니만큼 이 학교의 MiF(Master in Finance) 과정도 국제적으로 유명하다. 금융과 재무 분야의 경력자인데 이 분야를 보다 깊이 공부하고 싶은 사람이라면 이 과정에 관심을 가져 볼 만하다.

LBS는 유럽의 학교 가운데 특히 한국인 동문이 많은 학교다. LBS를 졸업한 한국인들은 대기업 CEO, 투자분석가, 경영컨설턴트, 대학교수, 고위공무원 등으로 다양한 분야에서 활발하게 활동하고 있다. LBS는 학교이름에도 나타나 있듯이 세계에서 가장 번화한 도시 가운데 하나인 런던에 있지만, 도심에서는 북쪽으로 다소 떨어져 있다. 런던에 있는 수많은 공원 가운데 가장 크고 유명한 리전트 공원(Regent's Park)이 학교에 인접해 있다. 리전트 공원은 자연을 만끽할 수 있는 명소로, 외국인 관광객뿐만 아니라 런던을 방문하는 영국인도 많이 찾는 곳으로 알려져 있다. 이 공원에는 넓은 잔디밭, 호수, 레스토랑에 동물원까지 있어 가족 단위의 방문객이 많다.

LBS는 세계 비즈니스의 중심도시에 위치해 있으므로 이 학교의 MBA 과정에 진학하면 학업 외에도 다양한 경험을 할 기회를 갖게 된다. 현실적인 관점에서 이 학교의 장점을 하나 든다면, 다국적기업과 한국의 대기업을 비롯해 다양한 리크루터들이 활발하게 활동하는 곳이 런던이므로 MBA 과정을 이수한 뒤에 구직활동을 할 때 유리하다.

▶ 과정의 특징

LBS의 MBA 과정을 들여다보면 세계 경영대학원 교육의 트렌드를 읽을 수 있다. LBS가 MBA 과정 운영과 관련해 가장 강조하는 것은 유연성(Flexibility)이다. 다시 말해 학생 개개인에 맞는 교육서비스를 제공하기 위한 '맞춤형 커리큘럼'을 운영하는 데 정책의 우선순위를 두고 있다.

LBS의 MBA 과정은 개인의 선택에 따라 학업기간을 15개월, 18개월, 21개월로 달리 정할 수 있다. 물론 어느 기간을 선택하느냐에 따라 이수해야 하는 커리큘럼의 구성이 달라진다. LBS는 런던에 있는 만큼 국제 비즈니스의 상황과 시장의 요구를 고려해 매년 MBA 과정의 운영방식과 교과과정을 개선한다. LBS는 이러한 노력을 바탕으로 세계최고 수준의 경영교육 프로그램을 만들어 제공하고 있으며, 파이낸스 분야에서 강세를 보이고 있다.

LBS의 MBA 과정이 갖고 있는 또 하나의 특징은 윤리교육을 강조하고 있다는 점이다. 미국의 경영대학원들은 2002년에 터진 엔론(Enron)의 회계부정 사건을 계기로 그 뒤에야 비로소 기업윤리를 강조하기 시작한 데 비해 LBS는 그 전부터 이미 기업윤리 과목을 커리큘럼에 포함시켰다.

LBS의 커리큘럼을 보다 세부적으로 살펴보면, 우선 프로젝트 중심의 학습이 강조되고 있음을 알 수 있다. LBS는 필수교과와 선택교과를 이수하는 것 못지 않게 다양한 형태의 프로젝트 수행도 강조하고 있다. 이 학교는 'Shadowing Project'라는 독특한 제도를 운영하고 있다. 이것은 학생으로 하여금 최대 5일간 어느 한 경영자를 관찰하면서 기존의 조직행동 이론 등이 경영환경에 어떻게 적용될 수 있는가를 직접 실행을 통해 확인해 보는 과정에서 문제점을 파악하고 해결책을 도출하게 하는 방식으로 운영되므로 일종의 비즈니스 게임이라고 할 수 있다. LBS는 이 밖에도 여러 가지 다양한 형태의 프로젝트를 통해 현장감 있는 경영교육을 실시하고 있다. 이런 LBS의 노력은 '경험, 지식, 이론의 결합을 통한 최선의 해결책 도출', 다시 말해 '경험을 통한 새로운 지식 창조'라는 MBA 과정의 궁극적인 목적을 달성하는 방법으로 경험학습(Experiential learning)을 강조함으로써 학습효과를 극대화하려는 것이다.

LBS가 경영대학원으로서 교육학적 원칙을 철저하게 지키면서도 경영환경의 변화에 발 빠르게 대응하면서 적응해 나간다는 점은 높게 평가할 수 있으며, 바로 이러한 점이 LBS를 글로벌 경영교육의 선두 자리에 서게 한 원동력일 것이다.

Manchester Business School

▶ 학교 소개

맨체스터는 런던보다 북쪽에 있는 도시로, 인구는 광역권 기준으로 200만 명이 넘는다. 한국에서는 축구선수 박지성이 소속돼 있는 맨체스터 유나이티드(Manchester United) 축구클럽이 자리 잡고 있는 도시로 유명하다.

맨체스터는 과거에 영국을 대표하는 공업도시였고, 산업혁명의 태동지로서 근대문명의 발달에서 한 축을 담당했던 곳이다. 맨체스터는 방직공업을 시작으로 많은 산업이 발전하고 번성했으나 19세기 이후에는 방직공업의 쇠퇴, 2차 세계대전 때 독일의 폭격으로 인한 파괴, 20세기 후반의 산업 구조조정 등을 겪으며 쇠퇴의 길을 걸었다. 그러나 2000년대에 들어선 뒤에는 금융, 보험, 레저, 문화산업, 대학을 중심으로 새롭게 발전하고 있다.

이곳에 있는 맨체스터대학(University of Manchester)은 2004년에 UMIST(University of Manchester Institute of Science and Technology)와 맨체스터 빅토리아 대학(Victoria University of Manchester, 과거에는 '맨체스터대학'이라고 하면 이 대학을 가리키는 말이었다)가 합병하면서 학생 수가 4만여 명에 이르는 영국 최대 규모의 대학으로 새롭게 태어났다. 이 대학의 이러한 규모로 인해 맨체스터 시 전체가 하나의 거대한 대학도시로 여겨질 정도다.

맨체스터대학은 맨체스터 시의 발전에서 중심적인 역할을 담당하고 있으며, 더 나아가 국제적인 대학으로 성장하기 위해 많은 노력을 기울이고 있다. 특히 1965년에 설립된 이 대학의 경영대학원인 Manchester Business School(MBS)은 파이낸스 분야에서 강세를 보이고 있고, 맨체스터에 있는 다양한 기업들과 산학협력 활동을 활발하게 전개하고 있다. MBS는 1990년대까지만 해도 런던비즈니스스쿨(LBS)과 함께 영국을 대표하는 양대 경영대학원으로 불리기도 했으나, 2000년대에 들어와 옥스브리지와 런던의 경영대학원들이 약진하면서 그 위상이 주춤했던 것도 사실이다. 그러나 MBS는 대학 자체의 명성을 바탕으로 우수한 학생들을 받아들여 독특한 방식의 MBA 과정을 운영하면서 다시 그 우수성을 널리 알리고 있다.

MBS는 MBA 과정의 신입생을 선발할 때 엔지니어 출신 지원자를 우대하는 경향이 있다고 알려져 있다. 이는 원래 공대였던 UMIST가 이 대학의 양대 축 가운데 하나이기 때문인 것으로 보인다. MBS는 최근에 한국인 학생을 유치하는 데 적극적이며, 종종 학교 관계자가 한국을 방문해 MBA 과정에 대한 홍보활동을 벌이기도 한다. 이 학교는 교내에 학생과 학생의 가족을 위한 병원을 두고 있을 정도로 학생들을 위한 편의시설을 잘 갖추어 놓고 있다. 한국인 재학생과 동문의 활동도 활발한 편이다.

▶ 과정의 특징

영국 경영대학원의 MBA 과정은 대부분 12개월 과정으로 운영되지만 런던비즈니스스쿨(LBS)은 15~21개월의 MBA 과정을 운영하고 있고, MBS는 18개월의 MBA 과정을 운영하고 있다. MBS의 커리큘럼은 크게 보면 두 단계(Stage)로 나누어진다.

1단계(Stage 1)는 'Diploma 단계'로, 학생들에게 기초과목을 수강하는 동시에 2개의 프로젝트를 수행하도록 한다. 2단계(Stage 2)는 'MBA 단계'로, 학생들로 하여금 1단계에서 쌓은 기반지식과 프로젝트 수행 경험을 바탕으로 다양한 선택과목을 이수하는 동시에 개인 프로젝트와 국제 비즈니스 프로젝트를 수행하도록 한다. 프로젝트의 주제는 인수합병, 창업, 마케팅, 전략경영 등으로 다양하다.

이처럼 여러 개의 프로젝트가 연이어 진행되는 것이 이 학교의 커리큘럼이 갖고 있는 특징이며, MBS는 이러한 프로젝트 중심의 교과구성을 스스로 '맨체스터 방식(Manchester Method)' 이라고 부른다. MBS의 MBA 과정에 들어간 학생은 학업에서 프로젝트 수행에 약 30%의 비중을 두어야 한다. 이러한 프로젝트 위주의 과정 운영은 학생들이 비즈니스의 현장감각을 잃지 않게 하는 것을 목적으로 하고 있다. 따라서 MBS의 MBA 과정에 진학하는 학생은 프로젝트로 학기를 시작해 프로젝트로 학기를 끝낸다고 생각해야 한다. 졸업을 하려면 다른 영국 내 경영대학원 MBA 과정 학생들보다 6개월을 더 기다려야 하는 이유도 여기에 있다.

프로젝트 수행 과정에서 학생들은 다양한 분야의 기업들과 협력하기도 한다. 2009년에 이 학교의 MBA 과정 학생들은 맨체스터 유나이티드와 함께 마케팅 전략(Marketing strategy)에 관한 프로젝트를 수행했다고 하는데, 이 프로젝트의 결과물은 이 축구클럽의 마케팅 담당 임원들에게 전달되어 경영상의 의사결정에 도움을 주었다고 한다. 프로젝트 위주로 진행되는 이 학교 MBA 과정의 차별화된 교과구성은 MBA 지망생들에게 매력적인 것으로 여겨지고 있다. 프로젝트와 현장 중심의 다이내믹한 MBA 학업을 이수하기를 희망하는 지원자들에게는 이 학교의 MBA 과정이 적합하다고 할 수 있다.

Warwick Business School

▶ 학교 소개

런던에서 열차로 1시간 30분 거리에 있는 코번트리(Coventry)에 자리 잡고 있는 워릭대학(Warwick University)은 한국인에게는 다소 생소한 대학이다. 그러나 워릭대학은 경제학, 정치학, 공학 등의 분야에서 학문적 명성이 높은 종합대학이며, 특히 영국 안에서는 경제학 분야에서 런던정경대학(LSE)과 선두를 다투는 대학이라는 평가를 듣고 있다.

영국에서는 유명한 이 대학이 우리에게는 잘 알려져 있지 않은 이유는 이 대학이 1965년에 설립되어 비교적 그 역사가 짧기 때문이다. 워릭대학 캠퍼스를 방문해 보면 여느 영국 대학과는 다른 느낌을 받게 된다. 캠퍼스 안에 있는 대부분의 건물이 매우 현대적이고 미래지향적인 모습을 하고 있기 때문이다.

이 대학은 영국 기업들은 물론이고 다른 나라 기업들로부터도 매년 거액의 기부금을 유치해서 재정이 튼튼하기로 소문난 학교다. 이처럼 이 대학이 기부금 유치에 성공하고 있는 것은 이 대학의 학문적인 성과와 미래의 발전 가능성에 대한 기대가 폭넓게 존재하기 때문이라고 할 수 있다. 어쨌든 학교재정의 측면에서 성공하고 있다는 점에서 이 학교는 '워릭대학교 주식회사(Warwick University Limited)' 라는 별칭으로 불리기도 한다.

학교가 젊기 때문인지 이 학교의 경영대학원도 매우 역동적이다. 1967년에 설립된 워릭경영대학원(WBS; Warwick Business School)은 유럽의 신흥명문 경영대학원으로 빠르게 부상하고 있다. MBA 과정이 물론 이 대학원의 대표적인 과정이지만, 경영학 관련분야의 학문적 석사과정(MSc)도 수준이 높다.

WBS는 현대적인 경영대학원인 만큼 MBA 과정도 현대적인 형태로 다양하게 운영하고 있다. 최근 한국에서도 그렇지만 해외에서도 온라인 MBA 과정을 개설해 운영하는 대학이 늘어나고 있는데, WBS의 온라인 MBA 과정(MBA Distance Learning)은 국제적으로 지명도가 높다. 이 과정은 2년 기간의 석사과정으로, 일 년에 일주일은 학업의 진척상황을 점검받기 위해 학교를 방문해야 한다.

워릭대학은 우리나라의 송도신도시 안에 건설되는 송도국제화복합단지의 글로벌캠퍼스에 분교를 설립할 것을 검토하고 있으며, 교육과학기술부와 함께 첨단산업 분야의 고급인력을 양성하기 위해 한국에 기술경영대학원을 설립할 준비도 하고 있다. 한국과의 이러한 협력의 중심에 바로 WBS가 있다. 이처럼 워릭대학이 한국과 다양한 협력관계를 맺고 있다는 점은 해외 MBA 과정 진학 준비생들이 눈여겨봐야 할 대목이다.

▶ 과정의 특징

WBS의 MBA 과정은 모두 네 개의 Term으로 구성돼있다. 영국의 다른 우수한 경영대학원 MBA 과정들은 주로 파이낸스 분야에서 강세를 보이고 있지만, WBS의 MBA 과정은 전략과 마케팅 분야에서 강세를 보이고 있다. 그렇다고 해서 WBS의 MBA 과정이 파이낸스 분야를 소홀히 하는 것은 아니다. WBS는 영국의 경영대학원답게 파이낸스 분야에도 강한 편이다. WBS의 MBA 과정 졸업생들은 컨설팅회사로 많이 진출한다.

교과구성을 보면 WBS의 MBA 과정 학생들은 컨설팅 프로젝트를 의무적으로 수행하게 돼있다. 학생들은 컨설팅 프로젝트를 진행하기 위해 기업(스폰서)을 찾아가야 하고, 해당 기업과 협의해서 프로젝트의 주제를 선정해야 한다. Term별 과정구성은 영국의 다른 경영대학원들과 큰 차이가 없다.

첫 번째 Term은 10주간 진행되는데, 주로 경영학의 일반적인 내용을 다룬다. 첫 번째 Term에서는 보통 오전에 수업을 하고 오후에는 학생들이 Syndicate group이라는 이름의 팀을 이루어 Group discussion을 하고 과목별 과제를 수행한다. 두 번째 Term 역시 10주간 진행되는데, 이때에는 각자 필수과목과 선택과목을 조합해 자신이 희망하는 분야에 대한 심화학습을 한다. 세 번째 Term도 필수과목과 선택과목으로 구성되는데, 이때에는 컨설팅 프로젝트에서 다룰 기업을 선정해야 한다. 마지막인 네 번째 Term에서는 10주 동안 자신이 원하는 분야의 논문을 쓰거나 특정 기업을 대상으로 컨설팅 프로젝트를 수행해야 한다. 많은 학생들이 논문을 쓰기보다는 자신의 경력개발과 향후 구직활동에 도움이 되는 컨설팅 프로젝트를 수행하기를 선택한다.

WBS는 학생들을 위한 편의시설을 잘 갖추고 있고, 기숙사의 규모도 크다. 일반적으로 영국의 경영대학원들, 특히 상위권의 경영대학원들의 경우에는 모든 학생에게 기숙사를 제공하는 곳이 그리 많지 않다. 그러나 WBS는 기숙사에 입사하기를 희망하는 모든 학생에게 기숙사를 제공하고 있다. 또한 기숙사 시설이 매우 현대적이고 사용하기 편리하게 지어져서 가족을 동반한 학생도 불편 없이 사용하고 있다.

WBS는 주변의 자연환경도 좋다. 주말에는 인근 지역의 주민들도 찾아올 정도로 조용한 녹색지대에 학교가 위치해 있다. 번잡한 도시에서 공부하기보다는 전원적인 환경 속에서 가족과 함께 생활하면서 공부하기를 원하는 유학생에게는 WBS가 최고의 환경을 제공한다고 볼 수 있다. 아울러 학교의 명성에 비해 그다지 비싸지 않은 학비와 비교적 저렴한 생활비도 WBS의 장점이다.

Imperial College Business School

▶ 학교 소개

임페리얼 칼리지(ICL; Imperial College London)는 과학과 문화의 중심지로 새롭게 떠오르고 있는 런던 서부의 사우스 켄싱턴에 자리 잡고 있는 세계적인 명문

대학이다. 1907년에 설립된 ICL은 런던대학(University of London) 시스템에 속해 있던 대학이었으나 설립 100주년인 2007년에 이 시스템에서 탈퇴한 뒤로는 완전히 독립적으로 운영되고 있다. 2002년까지는 Imperial College of Science and Technology라는 원래의 옛 이름으로 불렸다. 이 옛 이름에서 드러나듯이 ICL은 공학과 의학 중심의 대학이다. 특히 공학 분야에서는 유럽의 MIT로 불릴 정도의 명성을 가지고 있고, 의학 분야에서도 유럽에서 최정상급으로 평가되고 있다.

임페리얼 칼리지는 이공계 중심의 대학이면서도 경영대학원을 두고 있는 것이 특징인데, 경영대학원도 학문적 명성이 높다. ICL은 1990년대 말부터 영국에서 옥스브리지의 위상을 위협해왔고, 각종 평가기관에서 발표하는 영국의 대학 순위에서 옥스브리지 바로 다음 자리를 차지하는 경우가 많다. ICL는 공학부(Faculty of Engineering), 의학부(Faculty of Medicine), 자연과학부(Faculty of Natural Sciences), 경영대학원(Business School)으로 구성돼있고, 경영대학원 안에 MBA 과정이 개설돼있다.

ICL이 있는 사우스 켄싱턴 지역은 빅토리아 시대의 건물이 많이 남아 있어 분위기가 고풍스러우면서도 도시정비가 잘 돼있다. 또 교통도 좋으며, 유명한 하이드 파크(Hyde Park)가 가까운 거리에 있다. 인근에 로열 앨버트 홀(Royal Albert Hall)이라는 오페라 하우스가 자리 잡고 있는데, 이 오페라 하우스는 매년 여름에 '더 프롬스(The Proms)'라는 세계적인 음악행사가 열리는 곳으로 유명하다. ICL은 별도의 캠퍼스를 갖고 있지 않으며, 사우스 켄싱턴 지역을 거닐다 보면 길가에 대학 건물들이 서 있는 것을 볼 수 있다. 버스를 타면 10분만에 런던의 다운타운에 갈 수 있다. 런던의 북쪽 지역에 위치한 LBS와 마찬가지로 ICL도 학업과 생활을 병행하기에 좋은 환경을 가지고 있다고 평가할 수 있다.

▶ 과정의 특징

ICL 경영대학원(Imperial College Business School)을 살펴보노라면 우리나라의 KAIST 테크노 경영대학원이 연상된다. 둘 다 공학 중심의 대학에 개설된 경영대학원이다. ICL 경영대학원은 특히 기업가정신(Entrepreneurship) 분야에 강점을 갖고 있다는 점에서 다른 경영대학원들과 차별화된다. ICL 경영대학원은 내부에 '기업가정신 센터'를 두고 있고, 영국 정부 및 기업들과의 연계활동을 통해 벤처 기업가들을 다양한 형태로 지원하고 있다.

ICL은 경영대학원이 기업가정신을 강조하는 배경에는 ICL이 공학을 기반으로 하는 대학이라는 점이 작용하고 있다. ICL 경영대학원은 기술과 경영이 접목되는 최근의 추세에 발맞추어 이종학문간 '융합(convergence)'을 적극적으로 시도하고 있다. 또한 ICL 경영대학원은 금융분야에서도 강세를 보이고 있다.

이 학교의 MBA 커리큘럼을 보면 'IED(Innovation, Entrepreneurship and Design)' 라는 수업 모듈이 포함돼 있다는 점이 눈길을 끈다. 이 학교의 MBA 과정은 이 수업 모듈을 통해 학생들로 하여금 과학, 기술, 디자인, 비즈니스를 연계시켜 사업모델을 수립하도록 한다. 즉 새로운 비즈니스 아이디어를 실제로 비즈니스 현실에 접목시켜 보도록 하는 것이다. 또한 학생들로 하여금 대학 내 혁신 그룹(Imperial Innovations Group), 왕립미술대학(RCA; Royal College of Art), 영국의 다양한 기업 등과 협력해 보도록 한다. 경영과 디자인의 결합을 강조하고 있다는 점도 이 학교의 특징이다. 이 분야에서는 '디자인 런던(Design London)'이라는 교내 연구센터가 중심적인 역할을 하고 있다. 자연계 출신으로서 금융분야나 벤처기업에서 일해 본 경험을 갖고 있는 MBA 과정 지망생이라면 이 대학의 MBA 과정에 관심을 가져 볼 만하다. 단 ICL은 다른 학부나 학과들과 마찬가지로 경영대학원도 입학심사를 매우 까다롭게 하는 학교라는 점에 유의하라.

Said Business School

▶ 학교 소개

케임브리지대학과 함께 영국의 양대 명문대학으로 꼽히는 옥스퍼드대학은 그 설립시기를 정확히 알게 해줄 기록이 남아 있지 않다. 1100년경부터 대학교육 형태의 교육이 시작됐고, 주변환경의 특징에 따라 '황소(Ox)의 들판(Ford)' 이라는 이름이 붙여졌다고만 알려져 있을 뿐이다. 처음에는 대학이라는 개념도 분명하게 성립되지 않은 상태에서 학자와 지식인들이 한군데에 모여 생활하면서 학문적 공동체를 형성하게 됐고, 그 공동체가 나중에 대학의 형태로 발전하게 됐다고 한다.

현재 옥스퍼드대학에는 2만여 명의 학생이 재학 중이고, 그 가운데 8천 명 정도가 대학원생이다. 이 대학에는 입학하기도 쉽지 않지만 입학한다 하더라도 이 대학이 전통적으로 고수하고 있는 교육시스템인 칼리지 시스템(College System)과 튜터리얼 프로그램(Tutorial Programme)이 상당한 학업상의 부담을 준다.

이렇듯 유서 깊은 옥스퍼드대학에 개설된 경영대학원인 Said Business School은 1996년에 설립됐다. 유럽의 다른 유명한 경영대학원들에 비하면 설립된 지는 얼마 되지 않았지만, 대학 자체의 명성에 힘입어 빠른 속도로 성장하고 있다.

Said Business School의 성장은 유럽 MBA 과정 전체의 국제적인 평판을 높이는 데도 기여하고 있다. 이 경영대학원은 몇 년 전부터 영국의 언론사를 비롯한 MBA 평가기관들로부터 높은 평가를 받고 있다. Said Business School의 MBA 과정에 지원해 입학허가를 받은 사람들을 보면 연령과 경력연수가 비교적 높은 편이다. 이런 경향은 지원자에 대한 심사기준이 엄격하기도 하지만 이 경영대학원에 들어가면 12개월 만에 옥스퍼드대학의 석사학위를 취득할 수 있다는 점이 매력으로 작용해 입학경쟁이 매우 치열하기 때문이다.

옥스퍼드는 관광지로서도 다양한 볼거리가 있고, 유학생활을 하기에도 그다지 불편하지 않다. 한국에서 상위권 대학을 졸업한 뒤 국내외의 명성 있는 기업에서 양질의 직장경험을 쌓으면서 해외 MBA 과정에 진학할 준비를 하고 있는 사람이라면 옥소니언(Oxonian), 즉 옥스퍼드대학 출신이 되겠다는 희망을 가져보는 것도 좋을 것이다.

▶ 과정의 특징

Said Business School은 1990년도에 설립된 케임브리지대학의 Judge Business School과 함께 유럽의 대표적인 신흥 경영대학원이다. Said Business School은 기업가정신(Entrepreneurship) 분야에서 강세를 보이고 있다. 이 경영대학원의 졸업생들은 자신의 비즈니스를 운영하거나 투자회사 또는 경영컨설팅 분야로 많이 진출하고 있다. 이러한 경향은 졸업생 가운데 다수가 MBA 과정을 밟기 전에 투자회사나 경영컨설팅회사에서 경력을 쌓은 사람들이기 때문인 것으로 보인다.

그러나 Said Business School은 Judge Business School과 마찬가지로 역사가 길지 않기 때문에 그 MBA 과정에 대해 분석을 하거나 평가를 내리기가 쉽지 않다. 경영대학원의 역사가 길지 않다는 것은 그 MBA 과정이 기업들과 연계되는 수준이 높지 않다는 뜻이다. 다시 말해 이 두 경영대학원의 MBA 과정은 아직까지는 기업들과 연계해 진행하는 리서치 및 사례분석에서 다소 취약할 수 있다.

Said Business School의 학기별 교육내용 구성을 살펴보자. 이 경영대학원의

MBA 과정은 총 5개 학기로 진행된다. 첫 번째 학기는 폭넓게 기초를 다지는 기간이며 Management Analysis, Finance, Accounting, Decision Science, Financial Reporting, Strategy, Managerial Economics 등과 같은 일반적인 경영학 이론을 공부한다. 두 번째 학기는 Core 코스로 Operations management, Financial Management, International Business, Strategic Change 등의 과목을 이수하게 되며, 최신 비즈니스 트렌드와 연계된 수업(Coursework) 방식으로 운영된다. 또한 이 학기에 기업의 사회적 책임, 경영자의 비전 등에 관한 내용을 다루기도 한다. 세 번째 학기에는 Global Consulting Project와 Entrepreneurship project를 수행해야 하는데, 이때 학생들은 각자 자신의 비즈니스 플랜을 수립하고 제시해야 한다. 네 번째 학기는 선택교과 중심으로 진행되며 Negotiation, Corporate Governance, Ethics 등 보다 소프트한 경영이론이 다루어진다. 마지막 5학기에는 개인 프로젝트(Individual project)를 수행하고 결과물을 완성해 제출해야 한다. 필자가 보기에 이 MBA 과정은 경영컨설팅에 관심을 갖고 있는 지원자에게 아주 적합하다고 여겨진다.

Judge Business School

▶ 학교 소개

Judge Business School은 세계적인 명문대학으로 꼽히는 케임브리지대학의 경영대학원이다. 케임브리지대학은 1209년에 설립된 학교로 역사와 전통이 매우 깊다. 이 대학은 옥스퍼드대학과 마찬가지로 칼리지 중심으로 운영되고 있는데, 각기 특성이 다른 30여 개의 칼리지로 구성돼있다.

케임브리지대학은 옥스퍼드에 있던 학자들 가운데 일부가 케임브리지로 이

주해 그곳에서 학생들을 가르치기 시작한 데서 시작됐다고 한다. 현재 총 1만 9천여 명의 학생이 재학 중이며, 그 가운데 7천여 명이 대학원생이다. 케임브리지대학은 옥스퍼드대학과 함께 영국을 대표하는 대학이며, 옥스브리지(Oxbridge)라는 말이 있을 정도로 이 두 대학은 서로 경쟁을 하는 동시에 보완을 하는 관계라고 할 수 있다.

Judge Business School은 1990년에 설립된 만큼 역사가 길지 않다. 따라서 이 경영대학원은 옥스퍼드의 Said Business School과 마찬가지로 아직까지는 자신만의 특징이나 개성을 분명하게 드러내고 있지는 않으나, 케임브리지대학 자체의 명성을 바탕으로 점차 그 성가를 높여가고 있다. 최근 이 경영대학원은 영국의 〈파이낸셜 타임스〉를 비롯해 세계의 경영대학원을 평가하는 기관들에 의해 매우 긍정적인 평가를 받고 있다.

앞으로 이 경영대학원의 MBA 과정 졸업생은 리크루터들에게 강하게 어필하게 될 가능성이 높다. 흥미롭게도 Judge Business School은 설립시기, MBA 과정의 구성, 대학원 운영형태 등 많은 측면에서 옥스퍼드의 Said Business School과 매우 유사하다.

▶ 과정의 특징

Judge Business School의 MBA 과정은 12개월 과정으로 운영되며, 모두 다섯 개의 학기로 구성돼있다. 이 MBA 과정의 커리큘럼은 유럽의 다른 경영대학원들의 커리큘럼과 크게 다르지 않다.

학기별로 살펴보면 첫 학기는 Economics, Business modelling, Financial reports, Finance, Accounting, Management analysis 등 경영학 분야의 일반적인 공통과목으로 구성돼 있으며, 이와 동시에 Cambridge Venture Project라는 프로

젝트 과목이 진행된다. 두 번째 학기는 Operations management, Technology enabled enterprise transformation, Globalisation and international business, Strategy 등 선택과목을 중심으로 진행된다. 세 번째 학기는 3월에서 4월까지 두 달간 진행되는데, 기업들과 연계하여 Global Consulting Project를 수행해야 한다. 네 번째 학기에는 Corporate governance and ethics, Cost accounting, Negotiation skills 등의 과목들과 다수의 선택과목을 이수해야 한다. 마지막 다섯 번째 학기는 Individual Project를 수행하는 것으로 과정을 마치게 된다.

　　Judge Business School의 MBA 과정은 학생들의 경력전환에 큰 도움을 주는 것으로 평가된다. 실제로 졸업생 가운데 다수가 MBA 이전의 경력과 다른 분야로 진출하고 있다. 이러한 경력전환의 성공 여부는 대부분의 경우 학생의 역량에 의해 좌우되는 것이긴 하지만, 유럽의 다른 유명한 경영대학원들에 비해 졸업생의 경력전환 성공률이 높다는 것은 Judge Business School의 장점이 될 수 있다. Judge Business School은 빠른 속도로 유럽에서, 더 나아가 세계에서도 명문 경영대학원으로 자리를 잡아가고 있다. 한국인 지원자나 재학생의 수가 아직은 미미하지만, 앞으로는 이 경영대학원에 관심을 갖거나 실제로 입학하는 한국인이 늘어날 것으로 예상된다.

UCD Michael Smurfit Graduate Business School

▶ 학교 소개

UCD Michael Smurfit Graduate Business School(이하 Smurfit School)은 1908년에 설립된 이래 100년이 넘는 역사와 전통을 쌓아온 경영대학원으로, 유럽의 경영학 교육에서 중요한 역할을 담당해왔다. 이 경영대학원은 National University of

Ireland, Dublin으로 불리기도 하는 더블린대학(UCD; University College Dublin)에 소속돼 있지만, 캠퍼스는 아일랜드의 수도 더블린의 벨필드(Belfield)에 있는 UCD에서 자동차로 10분 거리에 있는 블랙록(Blackrock) 지구 안의 고급주택 밀집지역에 별도로 자리 잡고 있다.

대학원의 이름에 들어있는 마이클 스머핏(Dr. Michael Smurfit)은 스머핏 카파 그룹(Smurfit Kappa Group)의 경영자다. 그는 1980년대 후반에 거액의 발전기금을 UCD에 기부했고, UCD는 그 보답으로 그의 이름을 경영대학원의 이름에 집어넣었다. 스머핏 카파 그룹은 아시아 지역에는 잘 알려져 있지 않지만 북미, 유럽, 호주 등에서는 제지와 포장재 전문기업으로 유명하며, 이 분야의 글로벌 리더다.

UCD는 유럽에서 MBA 과정을 최초로 개설한 대학이다. 또한 UCD는 교육 강국 아일랜드를 대표하는 종합대학이며, 여러 대학평가 기관들의 '세계 100대 대학'에 이름을 올리고 있다. 아일랜드의 정치가와 기업가들 대부분이 UCD 출신이며, 그런 만큼 이 대학 재학생과 졸업생들의 자부심도 크다. 《더블린 사람들(Dubliners)》의 작가로 유명한 제임스 조이스(James Joyce)도 이 대학을 나왔다.

아일랜드 사람들은 자기 나라를 찾아온 외국인에게 친절하기로 소문나 있고, 실제로 외국인 학생으로서 이 나라에서 생활에 적응하는 데 큰 어려움이 없다. 이 나라는 유엔개발계획(UNDP)이 국민소득, 교육수준, 평균수명, 주거환경, 범죄율 등을 종합적으로 평가해 매년 발표하는 국가별 인간개발지수(HDI) 순위에서 2009년에 세계 5위를 차지했을 정도로 유럽에서도 살기 좋은 나라로 인정받고 있다. 게다가 유럽에서 영어를 배우기에는 영국보다도 오히려 더 좋은 나라로 알려져 있으며, 이 점은 해외유학을 원하는 한국인에게 이 나라의 큰 장점이 되고 있다. 일주일의 고된 수업을 마치고 금요일 저녁에 동료들과 함께

대학원 인근에 있는 '아이리시 펍(Irish Pub)'에 가서 기네스 맥주를 마시며 피로를 풀다 보면 영화 〈원스(Once)〉에서 맛보았던 더블린의 정취를 직접 느껴볼 수 있을 것이다.

▶ 과정의 특징

Smurfit School은 경영학을 공부하면서 유럽의 시각과 미국의 시각을 동시에 배울 수 있는 학교다. 이는 학교 측에서 외국인 학생을 더 많이 유치하기 위해 강조하고 있는 점이기도 하다. Smurfit School의 이러한 장점은 이 경영대학원이 아일랜드에 이미 진출했거나 앞으로 진출하고자 하는 미국의 많은 기업이나 금융회사와 다양한 형태로 관계를 맺고 있는 데 연유한다.

이 학교는 많은 미국 기업이나 금융회사와 연계해 간부위탁교육, 경영컨설팅, 투자자문, 협력사업 등을 실시함으로써 학문적인 성과와 동시에 비즈니스 측면에서의 성과도 실질적으로 거두고 있다. 이러한 유대관계 내지 협력관계에서 핵심적인 역할을 하는 것이 바로 MBA 과정이다. 또한 이 경영대학원은 다수의 미국 기업인들을 학교 이사진에 유치하고 있다. 이 경영대학원은 유럽의 경영대학원 가운데 미국과 연계된 활동을 가장 많이 하는 학교라고 할 수 있다.

이 경영대학원이 이러한 특징을 갖게 된 이유는 아일랜드의 역사에서 찾을 수 있다. 아일랜드는 영국과 인접한 지리적 위치로 인해 정치적, 경제적으로 영국의 영향을 많이 받지 않을 수 없는 나라이고, 역사를 돌아보면 실제로 오랜 세월에 걸쳐 영국의 지배와 핍박을 받아왔다. 따라서 아일랜드 사람들은 친척과 동족이 많이 살고 있는 미국을 인접한 영국보다도 더 가까운 나라로 여기고 있으며, 정부의 경제정책에서도 이러한 성향이 나타난다. 따라서 이 경영대학원의

MBA 과정 학생들은 유럽과 미국의 어느 한 쪽에 치우치지 않는 글로벌 경영감
각을 익힐 수 있다.

영국 경영대학원의 커리큘럼이 보통 4개의 Term으로 구분되는 데 비해
Smurfit School의 커리큘럼은 5개의 Term으로 구성되어 짜임새가 있다는 느낌을
준다. 특히 4학기와 5학기는 기업과 연계된 프로젝트 및 제휴관계를 갖고 있는
다른 경영대학원과의 교환학생 세션으로 운영된다. 프로젝트는 주로 아일랜드
나 유럽에서 활동하는 다국적기업과 연계해 진행된다.

이 경영대학원은 전형적인 General management MBA 과정을 제공하는 학
교이긴 하지만 국제 마케팅(International Marketing)과 국제 비즈니스
(International Business) 분야에서도 강세를 보이고 있으며, 산학연계를 통한 교
육적 성과도 높다. 매년 〈파이낸셜 타임스〉가 조사해 발표하는 세계 MBA 과정
순위를 보면, 경력성장 부문의 투자 대비 성과(RoI: Return on Investment) 항목
에서 이 경영대학원이 세계 1위의 자리를 지키고 있다.

Smurfit School은 중국 상하이에 있는 CEIBS와 교류를 많이 하며, 매년 MBA
과정 학생 전체의 4분의 1에 가까운 인원을 교환학생으로 CEIBS의 프로그램에
참여하게 한다. Smurfit School의 교과과정과 대학원 운영 시스템은 CEIBS에 큰
영향을 주었다고 한다.

프랑스 권역

프랑스는 독특한 형태의 국가엘리트 양성기관인 그랑제콜(Grandes Écoles)을
운영하고 있다. 한국어로는 '공인대학원' 정도로 번역할 수 있을 것이다. 프랑
스는 행정, 경제, 경영 분야의 엘리트를 국가가 공인하는 교육기관에서 양성한

다. 그랑제콜 가운데 가장 유명한 곳은 국립행정학교(ENA: École nationale d'administration)다. 프랑스 동부의 스트라스부르(Strasbourg)에 있는 이 학교는 총리와 대통령을 지낸 샤를 드 골(Charles De Gaulle)에 의해 1945년에 설립됐으며, 프랑스의 고급관료 대부분이 이 학교 출신이다. 따라서 프랑스에서는 외국인이라도 그랑제콜 출신이라면 존중받는다.

프랑스의 MBA 과정도 주로 그랑제콜에서 운영되는데 HEC, ESSEC, ESCP-EAP, EMLYON 등이 MBA 과정을 두고 있는 대표적인 학교들이다. INSEAD는 그랑제콜로 분류되지 않는다. 이 학교는 프랑스라는 나라의 경계를 넘어 글로벌 경영대학원을 표방하면서 하버드 경영대학원, MIT 슬론 경영대학원, 펜실베이니아대학 와튼스쿨과 같은 미국의 최상위 경영대학원들과 수준을 같이 하는 글로벌 경영대학원으로 스스로를 홍보하고 있기 때문이다. 프랑스는 어느 나라보다 다양하고 특색 있는 MBA 과정들을 운영하고 있다. 예를 들어 파리에 있는 ESSEC는 MBA in International Hospitality Management와 MBA in International Luxury Brand Management라는 이름으로 호텔 매니지먼트와 럭셔리 브랜드 매니지먼트를 전공으로 하는 특화된 MBA 과정을 두고 있다.

한국에 진출해 있는 프랑스 기업들도 그랑제콜 출신이라면 신뢰하기 때문에 그랑제콜에서 MBA를 취득한 한국인 경력자를 적극적으로 한국지사의 핵심인력으로 채용하는 것으로 알려져 있다. 일반적으로 MBA 과정이라고 하면 장학금 혜택과는 거리가 먼 학위과정으로 알려져 있지만, 프랑스의 경우에는 2005년에 도입한 '블레즈 파스칼(Blaise Pascal) 장학금' 제도를 통해 프랑스의 경영대학원에 유학하려는 외국인 학생에게 학비와 생활비를 제공하고 있다.

여기서는 프랑스의 경영대학원 가운데 INSEAD, HEC, ESSEC 등 세 곳의 MBA 과정을 살펴보도록 하겠다.

— INSEAD

— HEC School of Management

— ESSEC Business School

INSEAD

▶ 학교 소개

1957년 설립된 INSEAD(인시아드, Institut européen d'administrations des affaires)는 프랑스 파리의 남쪽에 있는 퐁텐블로에 자리 잡은 파리 캠퍼스와 2000년 1월 싱가포르에 신설된 아시아 캠퍼스로 나누어져 있다. 이 경영대학원은 한 학기를 마친 뒤에는 자신이 원하는 캠퍼스로 옮겨 가서 학업을 계속할 수 있으며, 어느 캠퍼스에서 과정을 이수하든 똑같은 졸업장을 받는다.

INSEAD는 미국의 하버드 경영대학원, MIT 슬론 경영대학원, 펜실베이니아 대학의 와튼스쿨 등과 어깨를 나란히 하는 유럽 최고의 경영대학원이며, 입학하는 것은 물론이고 졸업하기도 매우 까다롭기로 유명하다. INSEAD는 세계에서 처음으로 1년 기간의 MBA 과정을 개설한 뒤로 유럽의 다른 MBA 과정들에 많은 영향을 미쳤다.

INSEAD가 가장 내세우는 가치는 다양성(Diversity)이다. 학업내용, 학생구성, 교수구성 등 모든 측면에서 다양성이 강조되고 실현된다. 특히 학생구성에서 다양성이 두드러지는데, 이는 어느 한 나라에서 온 학생이 전체 재학생의 10%를 넘지 못하게 하는 규정 때문이다. 이로 인해 INSEAD 학생들의 국적은 60여 개가 넘는다. 학생들 자신도 자발적으로 다양성을 존중하는 행사를 연다. 바로 'National Week' 다. 이것은 MBA 과정 학생들이 매주 한 나라를 지정해 그

나라에서 온 학생들로 하여금 자기 나라의 문화와 경제에 대해 소개하게 하는 행사다.

150명 정도에 이르는 교수들의 출신배경도 다양해 다국적의 교수진을 이루고 있다. INSEAD의 교수들은 각 분야에서 최고의 수준으로 인정받고 있다. 한국인으로서 이 경영대학원에 재직하고 있는 김위찬 교수는 경영전략 분야의 석학이다. 김 교수는 한국에서도 화제를 불러일으킨 '블루오션 전략(Blue Ocean Strategy)'을 주창한 주인공이며, INSEAD를 대표하는 교수 가운데 한 명이다.

▶ 과정의 특징

INSEAD는 Full time MBA와 Executive MBA, 박사(Ph.D.)과정, 그리고 최고경영자 교육과정(Executive Education) 등의 프로그램을 제공하고 있다. 이 가운데 MBA 과정은 국제 비즈니스 분야에 초점을 두고 운영되며 전략, 인사조직, 회계, 금융, 마케팅 등 총 13개의 교과를 다룬다.

INSEAD는 다양성을 강조하는 학교이니만큼 학생들이 상당한 외국어 능력을 갖추도록 하는 데 많은 관심을 기울이고 있다. 이 경영대학원의 MBA 과정에서 공부하는 학생들 가운데는 3개 이상의 언어를 구사하는 사람이 많다. MBA 과정 학생들은 10개월 동안 5학기(Period)를 마쳐야 하고, 한 학기는 약 8주로 구성돼 있다.

INSEAD는 새로운 시도를 많이 하는 학교다. 대표적인 예로 '경영적 직관 개발(Developing Executive Intuition)'이라는 프로그램을 들 수 있다. 경영적 직관 개발이란 의사결정을 내릴 때 통계적인 분석만이 아니라 개인적인 경험도 활용할 줄 아는 능력을 기르는 것이다. 다시 말해 자신을 둘러싸고 있는 주변의 모든 환경과 의사결정에 영향을 주는 요인들을 종합적으로 고려해 직관적인 판단을 할 줄 아는 능력을 함양한다는 것이다. 'Global Teamwork'라는 과목도 있는데, 이 과목은 자신이 소속해 있는 기업의 사업단위들이 전 세계에 흩어져 있다고 전제하고 그러한 상황에서 효과적으로 일해 성과를 높이는 방법을 가르친다.

MBA 과정은 아니지만 INSEAD에는 CEDEP(Centre Européen d'Education Permanent, the European Centre for Continuing Education)가 제공하는 기업가 대상 프로그램들이 유명하다. 앞서 언급한 김위찬 교수도 이 센터에서 강의를 한다. 이 센터의 프로그램들은 세계 각국의 기업 임원과 CEO들을 대상으로 한다.

INSEAD는 패션의 수도인 파리에 위치해 있으므로 명품패션 회사와 다국적 소비재 회사에 취업하기를 희망하는 여성들이 가장 선호하는 경영대학원이다. 10개월이라는 짧은 학업기간만 거치면 세계 최고 수준의 MBA 학위를 취득할 수 있다는 점 또한 이 경영대학원의 큰 장점이다. 또 INSEAD는 그 명성에 걸맞게 파이낸스, 국제 마케팅, 컨설팅 등 많은 분야에서 고르게 강세를 보이고 있다. 학교 측은 괄목할 만한 성취를 거두었거나 향후 성장할 수 있는 잠재력에 가장 큰 비중을 두고 입학심사를 한다고 밝히고 있다.

HEC School of Management

▶ 학교 소개

HEC(아쉬으세)는 'Hautes Etudes Commerciales'의 약자로, 우리말로는 고등상업학교로 번역할 수 있다. 이 학교는 1881년에 파리 상공회의소가 경영인력을 양성하고 활용하기 위해 설립했다.

HEC는 학부와 대학원으로 구성돼있고, 대학원에서는 풀타임 및 파트타임

MBA, Executive MBA, 경영학 관련 석사과정 및 박사과정 등 다양한 학위과정과 기업가 교육과정을 제공하고 있다. HEC는 명실상부한 프랑스 최고의 비즈니스 관련 고등교육기관이다. 프랑스의 저명한 경영인과 경제인을 다수 배출해온 매우 프랑스적인 학교다. 특히 HEC는 동문 네트워크가 상당히 강하다는 평가를 받고 있다.

MBA 과정 지원을 준비하는 한국 사람들 가운데 INSEAD와 HEC의 관계, 그리고 두 학교의 상대적인 평판과 위상에 대해 궁금해 하는 사람이 많다. 간단히 이야기하면, INSEAD는 유럽 전체에서 부동의 위치에 있다고 평가되는 최고의 MBA 과정을 제공하는 프랑스의 경영전문 대학원이며, 국제적으로도 그 우수성을 인정받고 있다. 따라서 INSEAD는 미국의 하버드 경영대학원, MIT 슬론 경영대학원, 와튼스쿨 등과 그 수준을 같이하고 있으며, 이러한 국제적인 위상에 홍보의 초점을 맞추고 있다. 이에 비해 HEC는 프랑스의 국가가 공인한 고등교육기관인 그랑제콜 가운데 하나이며, MBA 과정을 비롯한 다양한 경영관련 교육과정을 폭넓게 제공하는 대형 경영전문 학교로 볼 수 있다.

또 INSEAD는 미국의 투자를 기반으로 설립되어 운영되는 기관이므로 위치만 프랑스에 있을 뿐 실질적으로는 미국과 프랑스의 합작 경영대학원으로 볼 수 있다. 따라서 엄밀히 말하자면, 프랑스의 학교들만을 비교한다면 HEC가 프랑스 최고의 경영대학원이라고 할 수 있다.

두 학교 다 홍보와 포지셔닝은 국가 차원에서 이루어지고 있다. 다만 INSEAD는 프랑스가 보다 글로벌한 관점에서 육성하고 있는 학교이고, HEC는 프랑스가 자국에서 활용할 인재를 양성하려고 설립한 그랑제콜 가운데 비즈니스 분야에서 최고수준으로 인정받고 있는 학교라고 하겠다. 세계 경영대학원 순위와 같은 외형상으로 수치화된 비교에서는 INSEAD가 다소 앞서는 것이 분명하지만, 둘 가운데 어느 곳의 수준이 더 높다거나 낮다거나 하고 평가하는 것은 무리가 있으므로 둘 다 프랑스가 자랑하는 최고의 경영학교라고 생각하면 된다.

HEC의 캠퍼스에 가보면 유럽의 여느 경영대학원과 다른 그 규모와 시설에 놀라움을 금치 못할 것이다. 학교 안에 축구장, 실내경기장, 골프장 등을 구비하고 있을 정도다. 또한 기숙사도 잘 갖추어져 있어서 가족을 동반한 유학생도 주거에 대한 걱정 없이 학업에 매진할 수 있다. 학교 주변은 다소 한적하게 느껴질 수는 있으나 가까운 거리에 마을이 있는데 그 풍경이 마치 한폭의 그림같이 아름답다. 이 학교는 유럽 최고수준의 경영대학원 MBA 과정 학생들이 참가하는 MBA 토너먼트(MBAT)*를 주관하는 학교로도 유명하다.

HEC는 유럽의 대표적인 경영대학원 중에서도 필자가 네덜란드의 RSM과

---

* MBA 토너먼트는 HEC가 매년 5월에 유럽의 주요 15개 경영대학원 MBA 과정에 재학 중인 학생 약 1800여 명을 초청해 4일간에 걸쳐 여는 체육대회다. 이 행사는 축구, 농구, 배구, 럭비, 스쿼시, 배드민턴, 태권도, 탁구, 육상, 산악자전거, 수영, 조정, 살사댄스 등 다양한 종목의 운동경기가 펼쳐진다는 점에서 'MBA 올림픽' 이라고 불리기도 한다. 참가자들은 낮에는 운동경기에서 경쟁을 벌이지만, 저녁에는 파티를 통해 다른 경영대학원의 MBA 과정 학생들과 교류한다.

필자는 2002년의 MBAT에 참가했다. 그때 행사의 규모에 우선 놀랐지만, 마지막 날 밤의 축제에서 LBS의 그룹사운드가 대단한 실력을 보여주어 감탄했던 기억이 있다. 공부를 잘하는 친구들이 놀기도 잘한다고 했던가? 낮에 열리는 운동경기는 참가자들이 각각 자신이 속한 경영대학원의 이름을 걸고 자존심 대결을 벌이기 때문에 매우 흥미진진하며, 밤에 열리는 파티에서는 참가자들 모두가 유럽의 최상위 MBA 과정에서 공부하고 있는 만큼 학업의 어려움을 서로 잘 알고 있으므로 열린 마음으로 대화한다. MBA가 단순히 학위취득만을 위한 과정이 아니라는 관점에서 보면 MBAT와 같은 행사에 참여하는 것은 국제적인 시야를 기르는 데 크게 도움이 된다. MBAT에 참가하는 학교는 매년 바뀌지만, 2009년에는 다음과 같은 학교들이 참가했다. CASS Business School, Cranfield School of Management, ESADE Business School, HEC, IE Instituto de Empresa, IESE Business School, IMD, INSEAD, Lancaster University, London Business School, Manchester Business School, Oxford SAID Business School, SDA Bocconi, RSM Erasmus University

MBAT에 대한 보다 자세한 내용은 MBAT 홈페이지(www.mbat.org)를 참고하기 바란다. 유럽의 MBA 과정에 유학할 사람이라면 이 행사에 꼭 참가하기를 권한다. 유럽의 MBA 과정에서 공부하는 학생들만이 누릴 수

더불어 가장 추천하고 싶은 학교다.

▶ 과정의 특징

이 경영대학원 MBA 과정의 학업기간은 16개월로, 유럽의 1년 과정과 미국의 2년 과정이 절충된 것으로 볼 수 있다. INSEAD는 모든 수업을 영어로 진행하지만, HEC의 과정에는 프랑스어로 하는 수업이 일부 포함돼있다. 하지만 프랑스어에 익숙하지 않은 학생은 영어로 하는 교과만 선택해 이수해도 MBA 과정을 졸업하는 데 아무런 문제도 없다.

다만 학교 측에서는 프랑스어를 어느 정도 할 줄 아는 학생이라면 프랑스어로 하는 수업에 참여해서 보다 폭넓은 학업경험을 쌓고 시야도 넓힐 것을 권하고 있으며, 입학사정을 할 때에도 영어 외에 프랑스어도 구사하는 지원자를 우대하고 있다. 프랑스의 기업들은 자국에서 최고로 인정받는 HEC를 졸업한 사람이라도 프랑스어를 구사하지 못하면 채용대상에서 제외하는 경우가 많은 것으

있는 기회이자 두고두고 추억이 되기 때문이다. 이 행사는 다수의 명품 브랜드 회사와 나이키, 에어프랑스 등을 포함한 메이저 리크루터들이 스폰서로 후원한다. 다음은 영국의 런던비즈니스스쿨(LBS)이 2006년도 MBAT에서 우승한 사실을 전하는 〈파이낸셜타임스〉의 기사다.

런던비즈니스스쿨, 2006년 MBAT 우승 (2006년 6월 5일)

런던비즈니스스쿨(LBS) 학생들이 올해로 16회를 맞은 유럽 경영대학원들만의 스포츠 행사인 MBA 토너먼트(MBAT)에 참가해 승리하고 돌아왔다. LBS팀은 수영, 체스, 원반 던지기, 여성 럭비를 포함한 많은 종목에서 1위를 차지했다.

LBS팀은 MBA, EMBA, MiF 과정에 적을 두고 있는 학생 247명으로 구성됐다. 프랑스 최고의 경영대학원인 HEC의 파리 캠퍼스에서 열린 이번 행사는 일주일 동안 진행됐다. 행사에는 유럽의 주요 경영대학원이 다수 참여했고, 경기마다 경쟁이 매우 치열했다. 날씨는 고르지 못했지만, LBS는 총 28개 종목 가운데 13개 종목에서 1위를 차지해 종합우승을 일찌감치 확정지었다.

2005년 MBAT에서는 LBS가 스페인의 경영대학원인 IESE에 간발의 차이로 최고의 자리를 내준 바 있다.

로 알려져 있다.

MBA 과정은 총 5개 학기(Period)로 구성돼있고, 8개월간 진행되는 첫 두 학기 동안에는 필수교과를 중심으로 과정이 진행된다. 이 두 학기는 영어로만 과정이 진행되는데, 필수교과와 함께 프랑스어 학습을 위한 다양한 수준별 과정이 제공되므로 프랑스어 능력 향상이 필요한 학생들이 많이 수강한다. 3학기부터는 선택교과 중심으로 수업이 진행되며 그 내용은 기업대상 컨설팅 프로젝트, 해외 경영대학원 교환학생 프로그램 등으로 다양하게 구성돼있다.

INSEAD의 MBA 과정은 학업기간이 10개월에 불과하므로 현실적으로 학업 이외의 다른 것에는 신경을 쓸 여유가 거의 없다. 반면에 HEC의 MBA 과정은 2개월간의 방학을 포함해 16개월 동안 진행되므로 비교적 다양한 활동을 할 여유가 있다는 장점을 갖고 있다.

이 학교의 기숙사는 여러 가지 형태로 제공되고 있지만 기본적인 형식으로 보면 아파트와 비슷하다. 방의 개수와 거실의 유무에 따라, 그리고 독신용이냐 가족용이냐에 따라 여러 가지로 설계돼있어 선택이 가능하며, 교내 아파트 블록은 마치 우리나라의 저층 아파트 단지를 연상시킬 정도로 주거환경이 좋다.

HEC의 MBA 과정은 프랑스어 실력이 어느 정도 있거나 학습을 통해 프랑스어 능력을 향상시킬 자신이 있는 지원자들에게 적합하다고 판단된다.

ESSEC Business School

▶ 학교 소개

ESSEC은 Ecole superieure des sciences economiques et commerciales의 약자로, 우리말로는 고등경제상업학교로 번역할 수 있다. 이 학교는 파리에서 차량으로

40분 거리에 있는 세르지퐁투아즈(Cergy-Pontoise)라는 소도시에 있으며, 베르사유를 중심으로 상업과 무역업에 종사하던 경영자들이 경영인력을 자체적으로 양성한다는 목표로 1907년에 설립한 대형 경영전문 대학원이다.

ESSEC 역시 HEC와 마찬가지로 그랑제콜로 분류되며, 상경계 그랑제콜 가운데 최상위로 평가되고 있다. 그럼에도 ESSEC은 최근까지는 프랑스 국내의 명성에 비해서는 국제적인 평판이 낮은 편이었다. 프랑스 안에서는 그랑제콜 중의 그랑제콜로 불렸지만 글로벌한 측면에서는 미흡한 평가를 받았던 것이다.

이 경영대학원은 이러한 점을 감안해 10여 년 전부터 교육방식의 대대적인 개혁을 추진해오고 있다. 개혁의 주제는 '글로벌화'다. 이에 따라 기존의 전형적인 프랑스 학제 대신 미국 경영대학원 방식의 학제가 도입됐고, 그 영향으로 MBA 과정의 기간도 2년으로 길어졌다. 교과내용도 이러한 개혁의 원칙에 따라 바뀌어왔다. 그러나 프랑스 교육제도만의 특성을 갖춘 과정도 함께 제공되고 있어 주목된다. ESSEC은 매년 한국에서 열리는 MBA 과정 관련 행사에 꾸준히 참가하고 있으며, 한국 학생을 유치하는 데 큰 관심을 갖고 있다.

총괄해보면 ESSEC은 프랑스인만을 위한 그랑제콜에서 세계인을 위한 경영대학원으로 발돋움하고 있으며, 최근에는 프랑스의 상경계 그랑제콜 가운데 가장 빠른 발전을 하고 있는 학교라고 평가할 수 있다.

▶ 과정의 특징

일반적으로 유럽의 MBA 과정은 1년(10~12개월)으로 운영되고 있지만, ESSEC의 MBA 과정은 15~18개월로 운영된다. 이는 이 학교가 미국의 경영대학원과 유사한 형태로 운영되기 때문이다. 이 학교의 MBA 과정은 2년에 걸쳐 총 6개 학기로 구성되는데, 첫 해의 과정은 필수교과 중심으로 운영되고 둘째 해의 과정은 선택교과 중심으로 운영된다. 이런 과정구성도 미국의 MBA 과정과 매우 유사하다.

ESSEC은 기존 방식의 MBA 과정과 더불어 특화된 MBA 과정도 제공하고 있다. 특화된 MBA 과정 가운데 가장 특징적인 것은 MBA in International Luxury Brand Management다. 최근 한국인 지원준비자들, 특히 여성 직장인들이 이 과정에 많은 관심을 갖고 있으며, 따라서 실제 지원자도 늘어나고 있다. 이 과정은 샤넬, 프라다, 루이뷔통과 같은 유럽의 주요 명품기업과의 산학연계를 통해 운영된다.

이 과정은 외국인 학생 비율이 70%를 넘을 정도로 국제적인 인기를 모으고 있다. 이 과정은 총 11개월 동안 진행되는데 그 가운데 9개월은 학과 과정으로 필수교과와 선택교과로 구성되며, 마지막 2개월에는 프랑스의 럭셔리 브랜드 기업과 연계된 프로젝트를 수행하게 한다. 이 프로젝트는 일종의 졸업시험으로 볼 수 있으며, 프랑스의 명품기업과 함께 하는 프로젝트이므로 성과가 좋은 학생들은 졸업 후 해당 기업으로 바로 취직되는 경우가 많다. 따라서 학생들은 이 프로젝트에 모든 역량을 집중한다.

이 학교에서 MBA 과정을 마친 후 프랑스 현지에서 취업할 것을 고려하고 있는 한국인 지원준비자라면 프랑스어 능력을 기르겠다는 결심도 해야 한다. 왜냐하면 어느 정도 이상의 프랑스어 능력을 갖추어야만 이 학교를 졸업한 뒤에 현지 취업의 기회를 잡을 수 있다고 알려져 있기 때문이다.

스페인 권역

스페인은 최근 유럽연합(EU) 안에서 비교적 견실한 성장세를 보여 왔으며, 이는 안정적인 정치환경, 유연한 노동시장, 상대적으로 건전한 국가재정이 뒷받침한 결과다. 2010년 초에는 그리스에서 시작된 경제위기로부터 다소 영향을 받기는 했으나, 산업기반이 튼튼한 편이므로 어렵지 않게 회복세로 돌아설 것으로 전망되고 있다.

한국에는 잘 알려져 있지 않은 사실이지만, 스페인은 패션회사인 사라(Zara), 자동차회사인 세아트(Seat), 대형 은행인 산탄데르은행(Banco Santander), 거대 통신회사인 텔레포니카(Telefonica) 등의 글로벌 브랜드를 갖고 있으며, 독일과 프랑스에 이어 유럽 3위의 자동차 생산대국이다.

스페인이 유럽에서 우수한 경영대학원을 갖고 있는 대표적인 나라 가운데 하나라는 사실에도 의아해 하는 사람들이 한국에는 많이 있을 것이다. 그러나 스페인은 경영교육 분야에서도 영국이나 프랑스에 필적하는 나라라는 평가를 듣고 있다. 이는 1980년대 이후 정부의 적극적인 경영대학원 육성정책에 힘입은 결과이기도 하고, 해외 직접투자가 본격화되면서 경영인력에 대한 스페인 기업의 수요가 급증했기 때문이기도 하다.

유럽에서는 스페인 경영대학원의 인지도와 평판이 우리로서는 놀라울 정도도 높다. 영국에 LBS가 있다면 스페인에는 IE와 IESE가 있다는 인식이 널리 퍼져 있다. 유럽에서는 이 세 학교를 동일한 수준으로 평가하고 있는 것이다. 그렇다면 도대체 어떠한 점들이 스페인 경영대학원을 세계최고 수준으로 올려놓은 것일까?

스페인의 IE와 IESE가 갖고 있는 가장 큰 특징은 기업가정신(Entrepreneur-ship) 분야가 매우 강하다는 점이다. IE와 IESE는 졸업한 뒤에 자신의 회사를 설립하거나 경영할 사람들이 가장 많이 찾는 유럽의 경영대학원이다. 스페인 경영대학원의 또 다른 특징은 유럽의 다른 경영대학원들에 비해 미국 학생의 비율이

상대적으로 매우 높다는 점이다. 이런 현상은 미국에서 스페인어가 갖고 있는 위상도 영향을 미친 결과이겠지만, 영어와 스페인어를 동시에 구사할 줄 아는 우수한 비즈니스 인력의 공급이 부족하다는 현실이 주된 이유로 작용한 결과라고 할 수 있다.

스페인어는 영어 다음으로 국제 비즈니스에서 많이 쓰이는 언어다. 스페인의 경영대학원은 학생들에게 학기별로 영어 과정 외에 스페인어 과정도 듣게 하는 것이 일반적이다. 필자의 생각으로는 이미 일정 수준 이상의 영어능력을 가지고 있는 동시에 스페인어라는 언어의 장점과 희소성, 그리고 미래에 스페인어 능력이 더욱 중요해질 것이라는 점에 비중을 두는 MBA 과정 지원준비자라면 스페인의 경영대학원에 관심을 가져볼 필요가 있다. 스페인의 경영대학원에 대한 한국 기업들은 인식은 아직 그다지 높지 않지만 국제 컨설팅회사나 글로벌 대기업 등은 스페인의 경영대학원을 매우 높게 평가한다.

다만 Finance 분야에서는 스페인의 경영대학원이 유럽의 다른 최고수준 경영대학원에 밀리는 경향이 있다. 스페인의 경영대학원 졸업생 가운데 투자은행에 취업하는 비율이 그다지 높지 않다는 사실이 그것을 말해준다. 하지만 유럽에서 금융분야로 진출하려고 경영대학원에 진학하는 사람들은 대부분 영국의 경영대학원에 관심이 갖고 있으므로 영국을 제외한 다른 나라의 경영대학원과 비교하면 스페인의 경영대학원 MBA 과정이 Finance 분야에 약하다는 것이 큰 약점은 아니라고 볼 수도 있다. 게다가 스페인의 경영대학원은 영국의 경영대학원이 갖고 있지 못한 다양한 장점을 갖고 있기도 하다.

스페인을 대표하는 경영대학원은 IE, IESE, ESADE 등 세 곳이다. 여기서는 마드리드에 있는 IE와 건축가인 안토니오 가우디(Antonio Gaudi)가 설계한 사그라다 파밀리아(Sagrada Familia) 성당이 위치한 도시로 유명한 바르셀로나에 있는 IESE에 대해 살펴보자.

— IE Business School

— IESE Business School

IE Business School

▶ 학교 소개

IE Business School은 1973년에 설립됐으며, 스페인의 수도인 마드리드의 북쪽에 위치하고 있다. IE Business School의 정칙 명칭은 IE(이에)였으나 최근에 IE Business School(이하 IE)로 그 명칭이 바뀌었다. IE란 Instituto de Empresa(인스티투토 데 엠프레사)라는 스페인어의 약자이며, 우리말로는 기업연구소 또는 경영연구소 정도로 번역할 수 있다.

영어와는 그다지 친숙하지 않은 스페인 사람들이 IE란 명칭에 굳이 영어인 Business School이라는 말을 붙인 사실이 흥미롭다. 이는 스페인의 경영학교라는 기존의 이미지에서 벗어나 보다 글로벌한 위치로 나아가고자 하는 이 학교의 노력을 보여주는 것으로 이해할 수 있다.

IE와 함께 스페인에는 세계적으로 유명한 경영대학원들이 또 있다. 바로 IESE(이에세)와 ESADE(에사데)다. 이 중 IESE는 IE와 종종 혼동되기도 하지만, 두 학교는 엄연히 다른 학교다.

스페인이라는 나라는 수도인 마드리드를 포함한 안달루시아 지역과 예술의 도시인 바르셀로나가 위치하고 있는 카탈루냐 지역으로 나뉜다. 이런 지역 구분은 우리나라에서 수도권이니 충청권이니 하는 것과 비슷한 것이라고 보면 이해가 빠를 것이다. IE는 안달루시아 지역에 있고, IESE는 카탈루냐 지역에 있다. 안달루시아 지역은 우리가 알고 있는 스페인어를 사용하는 지역이지만, 카탈루냐 지역은 스페인어도 사용하지만 공용어로 카탈루냐어를 사용한다. 카탈루냐어는 스페인어와는 엄연히 다른 언어이자 카탈루냐 지역의 고유한 언어다.

스페인에 관심이 있는 독자라면 1992년에 열린 바르셀로나 올림픽에서 경기장의 장내 아나운서가 스페인어가 아닌 카탈루냐어로 가장 먼저 말하고, 그 다음에야 스페인어와 영어 순으로 말하는 안내방송을 들었던 것을 기억할 것이다. 이렇듯 언어가 다를 정도로 상이한 지역에 위치하고 있지만 IE와 IESE는 둘 다 스페인을 대표하는 경영대학원이다.

IE는 최근에 아시아 학생을 유치하려는 노력에 발 벗고 나서고 있다. 사실 4~5년 전만 해도 스페인의 경영대학원이 한국에서 자기 학교를 프로모션하는 모습을 보기 어려웠으나 최근에는 IE를 중심으로 스페인의 경영대학원이 한국 학생을 유치하기 위한 프로모션 활동을 활발하게 펼치고 있다. 이런 현상은 IE가 스스로 더 발전하기 위해서는 중국, 한국, 일본을 비롯한 아시아 지역 학생의 유치가 급선무라고 생각하고 있기 때문이다. 또한 최근에 중국과 홍콩, 그리고 싱가포르를 중심으로 아시아 지역의 MBA 과정이 유럽의 MBA 과정과 어깨를 나란히 할 정도로 두각을 나타내고 있다 보니 스페인의 경영대학원도 보다 적극적인 홍보활동이 필요하다는 판단을 했기 때문이라고도 분석할 수 있다.

▶ 과정의 특징

IE가 유럽의 다른 경영대학원들과 차별화되는 점은 기업가정신, 마케팅, 기업전략 등을 강조함으로써 MBA 과정 학생들에게 경영자가 갖추어야 할 기업가 마인드를 철저하게 함양시킨다는 것이다. 실제로 IE의 MBA 과정 졸업생 가운데 자기 사업을 하는 비율이 높다고 한다. 이런 측면에서 IE는 기업가정신 (Entrepreneurship) 분야에서 강세를 보이고 있다고 볼 수 있다. IE의 이런 강점 은 유럽 현지에서 직접 사업체를 설립하거나 운영하려고 하는 유럽인이나 미국 인에게는 매력적이다.

유럽인이나 미국인 가운데는 유럽이나 미국의 다른 유수한 MBA 과정으로 부터 입학허가를 받았더라도 그것을 포기하고 IE를 선택하는 경우도 많다고 한 다. 미국인의 경우에는 자국 내 히스패닉과 관련된 비즈니스를 하기를 희망하 거나 스페인어를 사용하는 멕시코를 비롯한 중남미권 국가로 진출하기를 희망 하는 사람들이 그렇게 한다고 한다. 유럽인의 경우에도 유럽 내 경제대국의 하 나인 스페인과 관련된 비즈니스의 기회를 찾고자 하는 사람들이 IE를 찾는다고 한다.

IE는 바로 이러한 학생들을 위해 '벤처 랩(Venture Lab)'이라는 프로그램을 운영하고 있다. 또한 ICEVED(International Center for Entrepreneurship and Ventures Development)라는 교내 연구소를 통해 벤처기업을 창업하거나 벤처기 업에 투자하는 사람들에게 다양한 정보를 제공하고 있는데, 그 정보의 대부분이 유럽과 중남미권의 비즈니스와 관련된 것이다. IE의 이러한 장점이 한국인에게 도 매력적인 것인지에 대해서는 MBA 과정 진학준비자들 각 개인이 판단해야 할 것이다.

필자의 생각으로는, IE가 최근 한국에서 적극적인 프로모션 활동을 펼치면 서 이 학교에 대한 한국인 MBA 과정 지원준비자들의 관심이 높아지고 있기는 하지만 한국인 지원자가 당장 크게 늘어나기는 쉽지 않을 것으로 보인다. 그 이 유는 우선 스페인어라는 언어가 주는 부담이 가볍지 않다는 데 있고, 게다가 한 국은 기업활동이나 경영의 측면에서 그동안 스페인과의 교류가 그리 많지 않았다는 데도 있다.

　　IE의 MBA 과정에 지원하는 한국인 학생들이 이미 있지만, 그 가운데는 개인적인 지원자보다 자신이 속한 기업의 스폰서십을 받기로 한 지원자가 더 많다. 그러나 스페인어 능력이 있거나 스페인과 관련된 업무경험을 갖고 있는 사람이라면 이 학교에 지원하는 것이 입학허가를 받는 데는 유리할 수도 있다. 최근 이 학교가 보여주고 있는 한국인 지원자에 대한 정책을 고려하면, 이 학교의 문을 두드려보는 것이 유럽의 다른 최상위권 경영대학원에 지원하는 경우보다 입학허가를 받을 가능성이 높은 방법이다.

IESE Business School

▶ 학교 소개

IESE는 'Instituto de Estudios Superiores de la Empresa'의 약자이며, 영어로는 'Institute of Higher Business Studies'로 해석된다. IESE는 나바라대학(University of Navarra) 산하의 경영대학원으로 1958년에 설립됐다. 앞에서 말한 바와 같이 스페인에는 IE Business School, IESE, ESADE 등 세 개의 경영대학원이 가장 유명한데, 스페인 현지 사람에게 셋 가운데 어디가 가장 우수한 경영대학원이냐고 물어본다면 아마도 열에 일곱 이상은 IESE라고 대답할 것이다.

　　IESE가 속해 있는 나바라대학은 스페인에서는 오랜 전통을 갖고 있는 대학이자 상류층 자녀가 많이 다니는 명문대학교로 유명하다. IESE의 캠퍼스는 예술과 열정의 도시 바르셀로나의 아름다운 주택가에 자리 잡고 있으며, 또 다른 유명한 경영대학원인 ESADE와도 그리 멀지 않다. 학교에서 조금만 걸어 내려가면 지중해를 볼 수 있다. 우리에게도 잘 알려져 있듯이 스페인은 유럽인과 미국인들에게는 최고의 휴양지다. 특히 바르셀로나는 도시 자체가 예술품이라고 할 수 있을 정도로 아름다운 도시인데, IESE는 이러한 바르셀로나에서도 고급 주택가 속에 위치해 있다. 이러한 환경적인 측면도 이 학교가 갖고 있는 큰 장점 가운데 하나다. 대도시의 번잡함에서 벗어난 곳에서 공부를 하고자 하는 사람에게는 이 학교가 더할 나위 없이 좋은 환경을 제공한다.

최근 한국에서 특정 종교단체가 IESE의 설립에 관여했다는 점 때문에 이 학교의 교육 내용에 종교적인 편향이 있을 수 있다는 견해를 밝히는 사람들이 일부 있었지만, 스페인은 물론이고 유럽의 어디에서도 이런 견해에 관심을 갖는 사람은 전혀 없으므로 한국인 지원준비자의 입장에서도 이런 견해에 귀를 기울일 필요가 전혀 없다.

IESE는 하버드 경영대학원의 교육과정을 도입한 결과로 일반경영(General management), 기업전략(Corporate strategy) 등의 분야에서 강세를 보이고 있으며, IE와 마찬가지로 기업가정신(Entrepreneurship) 분야에도 강하다. 이러한 점은 IE와 공통된 특징이며, 유럽과 미국에서 비즈니스 기회를 찾고자 하는 학생들이 이 학교의 이런 특징에 관심을 갖고 있다. 또한 이 학교는 중국의 경영대학원인 CEIBS에 교육과정을 전수하는 등 국제적으로도 활발한 활동을 펼치고 있다.

▶ 과정의 특징

IESE의 MBA 과정은 그 원류가 하버드대학교 MBA 과정인 만큼 미국의 MBA 과정과 매우 유사하다. MBA 과정은 스페인어와 영어로 진행되지만 영어 과정만 선택해 수강할 수 있다. 그러나 학생들을 위한 스페인어 어학과정이 수준별로 제공되므로 관심 있는 학생은 이런 어학과정을 자유롭게 수강할 수 있다.

IESE는 학생들에게 엄격한 규율을 지킬 것을 요구한다는 독특한 면모를 갖고 있다. 이러한 규율은 외국에서 온 학생들에게도 예외 없이 적용된다. 예를 들어 반바지를 입은 채로 수업을 듣거나 음식물을 들고 강의실에 들어가는 것은 허락되지 않는다. 원칙적으로 캐주얼 정장 수준의 복장을 갖출 것을 요구하며, 지각 또한 허락하지 않는다. 수업시간에 1분이라도 늦으면 강의실에 들어갈 수 없다. 자유로운 성향의 외국인 학생의 경우에는 과정 초기에 이러한 엄격한 규율에 다소 불편해 하기도 하지만 이내 익숙해진다고 한다. 이에 대해 학교 측은 학생들을 모두 경영자 후보로 보기 때문에 그들에게 경영자가 갖추어야 할 비즈니스 예절을 몸에 익히게 하려는 것이라고 설명한다. 즉 MBA 과정의 학업 자체도 예비적이긴 하지만 일종의 비즈니스 활동으로 여기는 것이다.

IESE의 MBA 과정 출신은 컨설팅회사나 투자은행으로 많이 진출한다고 한다. 스페인의 경영대학원 가운데 졸업생을 금융분야에 가장 많이 진출시키는 학교가 바로 IESE다. 그러나 IESE도 IE와 마찬가지로 무엇보다 기업가정신(Entrepreneurship) 분야에서 강세를 보이는 학교이며, 학위를 취득한 뒤에 자신의 비즈니스를 하고자 하는 지원자들이 주로 관심을 갖는 학교다.

최근 학교 측의 노력으로 이 경영대학원에 대한 한국 학생들의 관심이 높아지고 있다. 다만 우리의 시각에서는 유럽의 명문 MBA 과정들의 대다수가 1년 과정으로 운영되는 데 비해 이 경영대학원은 미국식의 2년짜리 MBA 과정을 고수하고 있다는 점은 다소 아쉽게 느껴진다.

기타 유럽 권역 (스위스, 네널란드, 이탈리아, 독일)

유럽을 대표하는 경영대학원들이 어디인가를 생각할 때 가장 먼저 떠오르는 곳 가운데 하나가 바로 IMD다. 이 학교는 스위스에 있으며, 매년 세계 각 나라의 국가경쟁력을 조사하고 그 결과를 발표하는 기관으로 우리에게 친숙하다. IMD 외에 네덜란드의 RSM과 이탈리아의 SDA Bocconi도 절대로 빼놓을 수 없는 유럽의 최상위권 경영대학원이다. 이 두 곳 역시 해당국가 정부가 국가적 차원에서 그 우수성을 홍보하고 있다.

세 학교의 공통점을 꼽으라면 단연 '다양성'과 '글로벌화'를 꼽게 된다. 실제로 세 곳의 MBA 과정은 학교가 위치한 나라와는 별다른 관계가 없을 정도로 글로벌화된 경영교육 콘텐츠를 갖고 있다. 또한 우수한 외국 학생들을 선발하기 위해 학교 차원에서 역량을 집중하고 있다. 이러한 노력과 그 성과는 이들 경영대학원의 국제적 위상과 평판을 높이는 데 크게 기여했다.

최근에는 유럽의 경제대국이자 2009년 기준으로 5216억 달러의 수출액을 기록한 수출대국인 독일도 글로벌 수준의 경영대학원을 만들기 위해 많은 노력을 기울이고 있다. 독일 정부는 SIMT, WHU, GISMA 등의 경영대학원을 독일을 대표하는 경영교육 기관으로 양성하고 있으며, 이들 학교에 외국인 학생들을 끌어들이기 위해 노력하고 있다.

여기서는 유럽의 네 학교, 즉 IMD, RSM, SDA Bocconi, SIMT와 이들 학교가 제공하는 MBA 과정에 대해 살펴보겠다.

— IMD

— RSM(Rotterdam School of Management)

— SDA Bocconi School of Management

— SIMT(Stuttgart Institute of Management and Technology)

IMD

▶ 학교 소개

IMD는 International Institute for Management Development의 약자로 우리나라에서는 '국제경영개발원'으로도 불린다. IMD는 제네바에서 자동차로 30분 거리에 있는 작은 도시 로잔(Lausanne)의 아름다운 호수 변에 위치하고 있다. 로잔은 국제올림픽위원회(IOC)의 본부가 있는 곳으로도 우리에게 친숙한 도시다.

IMD는 명실상부한 유럽 최고의 경영대학원으로 꼽히는 곳이며, 1989년부터 매년 전 세계 국가의 경쟁력 순위를 조사하고 그 결과를 발표하는 기관으로 유명하다. 이 순위 발표의 한국측 파트너 연구기관은 삼성경제연구소다. IMD는 1946년에 세계적인 알루미늄 제조회사로 유명한 알칸(Alcan)이 설립한 IMI와 세계적인 다국적 식품회사인 네슬레(Nestle)가 설립한 IMEDE가 통합되면서 1990년에 생겨났다.

IMD는 풀타임 MBA 과정과 Executive MBA 과정을 제공한다. 이외에도 기업의 경영자와 임원을 위한 다양한 기업교육 과정을 운영하고 있다. 이 학교의 슬로건은 'Real World, Real Learning'이다. 이 슬로건에서 알 수 있듯이 IMD는 경영교육이란 기업과 함께 해야 하는 것이라는 입장에서 학생들에게 기업 현장과 연계된 실질적인 학습을 강조하고 있다.

IMD는 투자은행이나 컨설팅회사에 진출하려는 학생들보다는 소비재 및 서비스업 중심의 인더스트리에 진출하려는 학생들에게 더 매력적으로 보인다. IMD는 금융이나 컨설팅보다는 산업 협장의 최고경영자 후보를 양성하는 데 커리큘럼의 초점을 맞추고 있다. 실제로 IMD의 풀타임 MBA 과정 입학생 가운데 제조업에서 상당한 업무경력을 가진 학생의 비중이 매우 높다. 이런 학생들 중에는 자기가 속한 기업에서 스폰서십을 받아서 오는 경우가 많다.

이 학교 MBA 과정의 정원은 90명으로, 학교의 지명도에 비하면 매우 소규모로 운영되는 셈이다. 이런 점에서 이 학교는 소수 정예의 경영자 후보를 양성하는 곳으로 볼 수 있다. 이러한 방침에 따라 이 학교는 지원자들을 심사할 때 직장경력의 양보다는 질적인 측면에 초점을 둔다. 또한 입학생을 선발할 때 다양성을 가장 중시하기 때문에 한 나라에 2명 정도에게만 입학허가를 내주며, 이러한 원칙은 한국에 대해서도 그대로 적용된다. IMD는 스위스의 경영대학원이지만, 사실 스위스라는 국가와는 별다른 관계가 없을 정도로 학생과 교수진, 교육과정, 학교정책 등 모든 면이 글로벌화되어 있다.

IMD는 그 유명세만큼이나 그 출신자들의 분포가 글로벌하다. 135개 이상의 국가에 동문이 흩어져 있으며, 그 가운데 다수의 국가에 동문조직이 구축돼있어 IMD 출신들만의 강력한 글로벌 네트워크가 되고 있다.

▶ 과정의 특징

IMD의 MBA 과정은 11개월 동안 진행된다. 기간이 짧은 만큼 커리큘럼이 매우 다이내믹한 구조로 짜여있으며, 그 전체가 경영컨설팅 과제를 수행하는 과정과 같다는 느낌을 준다. IMD 자체가 경영대학원이라기보다는 국제적인 경영경제연구소와 같은 성격을 갖고 있기 때문에 IMD의 MBA 과정도 어찌 보면 전 세계를 대상으로 경영컨설팅을 하는 과정이라고 볼 수도 있다.

MBA 과정의 내용을 들여다보면 전 세계 기업들의 요청에 따라 다양한 컨설팅 프로젝트가 동시다발적으로 진행된다는 것을 알 수 있다. 교수와 학생들이 팀을 이루어 주로 다국적기업에 대한 경영컨설팅을 수행한다.

IMD 역시 유럽의 다른 경영대학원들과 마찬가지로 한국의 MBA 교육시장에 대한 관심이 높다. 그래서 IMD는 매년 서울에서 열리는 MBA Fair에 지속적으로 참여하고 있다. IMD는 국제적으로 최상위의 경영대학원이라는 위상을 갖고 있음에도 관심을 가진 지원희망자가 찾아오면 개개인을 상대로 상담에 정성을 다해 응한다. 실제로 MBA Fair에 가서 상담을 해보면 누구나 이런 IMD의 노력과 태도를 인정하지 않을 수 없을 것이다.

IMD의 MBA 과정은 중견기업체의 간부나 컨설팅 등의 분야에서 양질의 직장경력을 쌓은 중간관리자급에게 적합하다고 판단된다. 학교 측에서도 수준 높은 직장경험을 가장 중요하게 본다. 이런 점에서도 입학하기가 매우 어려운 학교라고 할 수 있으며, 따라서 이 학교에 지원하기 위해서는 치밀한 전략을 세워야 한다. 이미 일정 수준 이상의 경력(최소 5년 이상, 과장급 간부 이상의 경력)을 갖추고 있고, MBA 과정 졸업 이후의 진로가 명확하며, 국내 선두그룹의 대기업집단이나 다국적기업에서 일해 본 경험을 갖고 있는 사람이라면 이 학교의 입학사정에서 유리한 위치를 점할 수 있을 것이다.

교과과정은 모두 영어로 진행되지만, 학교 자체가 스위스의 불어권 지역에 있으므로 학업 이외의 생활에서는 프랑스어를 접할 기회가 많다. 이 학교는 특이하게도 지원자에게 TOEFL 점수를 요구하지 않는다. 그러나 장시간의 인터뷰를 통해 영어가 '능통한(Fluent)' 수준임을 입증하지 않으면 입학허가를 얻기가 쉽지 않다.

RSM(Rotterdam School of Management)

▶ 학교 소개

RSM은 에라스무스대학(Erasmus University)의 경영대학원으로 1966년에 설립됐다. RSM은 Rotterdam School of Management의 약자다. RSM은 네덜란드의 경영대학원이라는 점에서 한국인에게는 잘 와 닿지 않을 수도 있겠지만, 사실은 세계적인 경영대학원으로서 명성을 갖고 있다.

1913년 설립된 에라스무스대학은 국립대학이며, 네덜란드가 자랑하는 대형 종합대학이다. 이 학교가 위치한 로테르담은 수도인 암스테르담에 이어 네덜란드 제2의 도시이며, 최근에는 한국의 언론에도 자주 등장하는 유럽 최대의 물류항을 가지고 있다. RSM 역시 이러한 도시의 특성을 그대로 담고 있다. 물류의 중심도시에 위치한 학교답게 대단히 글로벌한 성향을 갖고 있는 것이다.

대학의 이름에 나오는 에라스무스(1466~1536)는 잘 알려져 있듯이 로테르담에서 출생한 네덜란드의 철학자이자 인문학자다. 그는 시대를 앞서간 글로벌 시민, 진정한 글로벌 사상가 등으로 불리며, 그의 사상은 유럽 전역에 영향을 미쳤다. 글로벌 경영대학원을 지향하는 이 학교의 입장에서는 소재지가 에라스무스의 출생지라는 점에서 애초부터 학교 이름을 정하는 데서 선택의 고민이 전혀 없었을 것 같다. 에라스무스는 또한 유럽의 대학간 학부생 교류 프로그램의 이름인 에라스무스 프로그램(Erasmus Programme)*에도 등장한다.

RSM이 가진 장점 중의 하나는 네덜란드 기업들과의 산학연계에 있다. 유럽에서 네덜란드 기업들의 위상은 대단하며, 이러한 기업들과의 연계를 통해 이 학교의 MBA 학생들은 다양한 커넥션을 가질 수 있다. 더욱이 이들 기업 가운데 한국에 직접투자를 한 기업이 상당수 있다는 점에서 이러한 이 학교의 장점은 이 학교에서 공부하는 한국 학생에게도 그대로 이전된다고 볼 수 있겠다.

RSM이 갖고 있는 또 하나의 장점은 그 위치가 유럽의 중심이라는 점이다. 네덜란드를 여행해본 독자라면 잘 알겠지만, 네덜란드는 유럽여행의 중심으로 삼기에 매우 좋은 위치에 있다. 네덜란드에서 기차를 타면 언제든지 별다른 어려움 없이 독일, 벨기에, 룩셈부르크, 프랑스에 갔다 올 수 있다.

▶ 과정의 특징

RSM의 MBA 과정은 12개월 동안 진행된다. 학교 측에서 가장 내세우는 장점이 다양성과 국제화인 만큼 재무(Finance)와 더불어 국제경영(International business) 분야에서 강세를 보이고 있다. MBA 과정 평가기관들도 RSM의 MBA 과정을 유럽에서 가장 국제적인 과정 가운데 하나로 인정하고 있다.

RSM은 에라스무스대학 안의 큰 건물에 자리 잡고 있는데, 이 건물 안에 들

＊ 에라스무스 프로그램: 유럽연합(EU) 회원국의 대학을 방문해본 사람이라면 이른바 '에라스무스 학생(Erasmus student)'을 쉽게 만날 수 있었을 것이다. 많은 수의 학생이 이런 이름으로 학교에 다니고 있다. 그들은 바로 '에라스무스 프로그램(Erasmus Programme)'이라는 교환학생 제도를 통해 유럽연합 안의 다른 나라들에서 온 학생이다.

에라스무스 프로그램은 1987년부터 시작된 유럽연합의 '평생학습 프로그램(Lifelong learning programme)'을 대표하는 교육 프로그램으로, 유럽연합이 추진하고 있는 고등교육(Higher education) 단일화 정책의 중심에 해당하는 제도다. 여기서 고등교육은 교육학의 용어로, 보통 대학교 이상의 교육과정을 통칭하는 말이다.

에라스무스 학생들은 각자 자신이 원하는 국가의 대학교에서 한 학기 동안 공부할 수 있다. 유럽연합 당국에서 학비를 지원하므로 학생들은 비용을 부담할 필요가 전혀 없다. 오히려 자기 나라의 정부가 지원을 많이 해주는 경우에는 장학금을 남기면서 학교에 다니기도 한다.

이 제도를 이용하는 학생들에게 가장 인기가 높은 학과는 단연 경영학과다. 특히 영어권 국가의 경영대학원 가운데 학부과정을 제공하는 곳은 경쟁률이 높다. 유럽의 학생들은 이 제도를 통해 학부시절부터 유수한 경영대학원에서 경영학 이론과 경영 노하우를 배우고 있는 것이다. 이러한 교육제도는 하나의 유럽을 건설하고자 하는 유럽연합의 노력에서 매우 큰 비중을 차지하고 있으며, 범유럽의 지식사회를 구축하기 위한 유럽연합의 노력 가운데 가장 성공적이라는 평가를 받고 있다.

에라스무스 프로그램은 유럽의 MBA 과정에도 많은 영향을 미쳤다. 유럽의 MBA 과정은 대부분 다른 나라의 대학원들과 활발하게 교류하면서 학생들에게도 그러한 교류를 적극 장려하고 있는데, 이러한 분위기에 제도적 배경이 되는 것이 바로 에라스무스 프로그램이다.

필자는 한국, 중국, 일본도 대학의 학부생들을 서로 교류하는 동북아시아판 에라스무스 프로그램을 이를테면 '공자 프로그램(Confucius Programme)'이라는 이름으로 도입해 운영해보는 게 어떨까 하는 생각을 갖고 있다.

어가 보면 강당 같이 생긴 강의실이 하나 눈에 띈다. 이것이 바로 증권거래소와 동일한 형태로 만들어놓고 증권거래를 실습하는 곳이다.

네덜란드는 ING와 ABN AMRO와 같은 국제적인 금융회사를 여러 개 가지고 있다는 사실은 누구나 알 것이다. RSM은 이러한 금융회사들과 연계해 MBA 학생들에게 금융회사에서 실제로 이루어지는 업무 프로세스에 초점을 둔 교육을 실시하고 있다. 또한 이런 금융회사들의 경영자를 수시로 초청해 학생들에게 현업 경영자와 교류할 수 있는 기회를 준다.

학생들 개개인의 리더십 향상을 위한 프로그램(Personal Leadership Development Programme)을 운영한다는 점도 RSM의 MBA 과정이 갖고 있는 특징 가운데 하나다. 또한 360도의 다면평가를 통해 학생들 개개인의 수업에 대한 기여도와 참여도를 서로 측정하게 하고, 다자간 커뮤니케이션을 통해 학생들 개개인의 장단점에 대한 분석을 실시하며, 그 결과는 개개인에게 피드백된다.

네덜란드는 자국 기업을 한국에 많이 진출시킨 유럽 국가 가운데 하나다. 이런 점에 비추어도 한국인에게 RSM의 MBA 과정은 매우 높은 가치를 갖고 있다고 할 수 있다. 게다가 교과의 콘텐츠, 유럽에서의 위상, 구성원의 다양성, 리크루터의 평가, 유학생을 위한 환경 등을 종합적으로 고려할 때 RSM은 필자가 한국의 해외 MBA 과정 진학 희망자들에게 가장 추천하고 싶은 유럽의 경영대학원 가운데 하나다.

SDA Bocconi School of Management

▶ 학교 소개

SDA Bocconi School of Management(이하 SDA Bocconi)는 이탈리아의 밀라노

에 있는 보코니대학(Bocconi University) 산하의 경영대학원으로 1971년에 설립됐다. 밀라노는 이탈리아 제2의 도시이자 이 나라 경제의 중심이다. 이 도시는 옛 건축물과 현대의 건축물이 조화를 이루고 있어 전 세계 관광객의 발길을 끈다. 또한 이탈리아에서 산업이 가장 발달한 도시이고, 그런 만큼 국제적인 교통망이 잘 갖춰져 있어 스위스, 프랑스, 오스트리아 등에 쉽게 갔다 올 수 있다. 밀라노는 레오나르도 다 빈치의 벽화 〈최후의 만찬〉이 그려져 있는 산타마리아 델레 그라치에 성당이 있는 곳으로도 유명하다.

해외 MBA 과정에 대해 막 조사를 시작한 독자라면 이탈리아에도 세계적으로 유명한 경영대학원이 있다는 필자의 소개를 다소 흥미롭게 여겼을 것 같다. 하지만 이탈리아는 역사적으로 상업과 경영기법을 선도한 나라였다는 사실을 잊지 말아야 한다. 경영활동의 결과를 숫자로 정리, 요약, 기록하는 방법인 부기(簿記, Bookkeeping)를 이탈리아의 상인과 기업가들이 세계에서 최초로 중세에 개발해 활용했다는 점 하나만으로도 이 나라는 기업경영(Management)을 선도한 나라라고 할 수 있다. 왜냐하면 부기는 현대의 기업활동에도 가장 근본이 되는 기틀이기 때문이다. 이러한 역사적 배경을 생각한다면 이탈리아가 SDA Bocconi와 같은 세계적으로 자랑할 만한 경영대학원을 갖고 있는 것은 어쩌면 당연하다고 할 수도 있다.

SDA Bocconi는 풀타임 MBA 과정과 Executive MBA 과정 외에도 다양한 경영관련 학위과정을 개설해 운영하고 있고, 기업가 대상의 경영교육 과정도 다수 제공하고 있다. 이 경영대학원을 두고 있는 보코니대학에 대해 이탈리아 사람들은 큰 자부심을 느끼며, 그런 만큼 이탈리아 현지에서는 이 대학의 지명도가 대단히 높다. 이탈리아 사람들은 이 대학이 이탈리아의 최고 대학이라고만 생각하지 않고 유럽 전체에서도 정상급의 대학이라고 생각한다.

이러한 보코니대학의 지명도에 힘입어 이 대학의 경영대학원인 SDA Bocconi도 유럽의 정상급 경영대학원으로 평가받을 정도로 그 수준이 높다. 이 경영대학원은 일반경영(General management)뿐만 아니라 패션산업과 관련 소비재산업의 컨설팅 분야에서도 강세를 보이고 있다. 실제로 이 경영대학원의 졸업생은 패션산업으로 많이 진출한다. 이 경영대학원 자체가 패션산업과 긴밀한 협력관계를 갖고 있고, 해마다 최고의 패션기업 또는 명품기업을 선정해 대학원장 명의의 상을 수여하는데 이 상은 유럽에서 그 공신력이 매우 높다.

명품산업과 관련된 MBA 과정을 운영하고 있는 유럽의 경영대학원을 꼽으라면 단연 ESSEC와 SDA Bocconi 두 학교를 꼽을 수 있다. ESSEC가 프랑스의 명품산업과 연계돼있는 경영대학원이라면, SDA Bocconi는 이탈리아의 명품산업 및 자동차산업과 연계돼있는 경영대학원이라고 할 수 있다.

미국의 경영대학원 가운데서는 패션산업, 명품산업, 자동차산업과 직접 연계돼있는 곳을 찾기가 쉽지 않다. 이런 사실을 고려하면 ESSEC와 SDA Bocconi 두 학교는 세계에서 독보적으로 명품산업에 특화된 과정을 운영하고 있는 경영대학원이라고 할 수 있다. 이러한 특성과 지명도에도 불구하고 SDA Bocconi는 아직까지는 한국에 잘 알려져 있지 않다.

보코니대학의 학부과정에는 소수이긴 하지만 한국에서 교환학생도 오고 교환교수도 오지만, MBA 과정을 포함해 이 대학의 대학원 과정에 재학 중인 한국인 유학생은 그리 많지 않다. 최근에 SDA Bocconi가 한국에서 홍보활동을 부쩍 강화하고 있고, 한국 안에서도 유럽의 명품산업과 이에 특화된 MBA 과정에 대한 관심이 점차 높아지고 있으므로 앞으로는 이 경영대학원에 대한 한국인의 인식에 큰 변화가 있을 것으로 예상된다.

▶ 과정의 특징

SDA Bocconi의 MBA 과정은 전형적인 유럽식 1년 과정이며, 산학연계에 기반을 두고 실습 중심으로 교육이 이루어진다. 이 경영대학원에는 패션산업, 명품산업, 자동차산업에 관심이 있는 사람들이 많이 입학하기 때문에 학교 측에서 이들 산업과 연계해 프로젝트 중심으로 진행되는 과정 또는 교과를 제공하는 데 신경을 쓰고 있다.

이러한 특징은 이 경영대학원 MBA 과정의 장점이지만, 막상 한국인이 이탈리아에서 MBA 과정을 밟기로 결심하는 게 현실적으로 쉽지는 않다. 가장 크게 부담이 되는 점은 언어의 문제다. MBA 과정 자체는 영어로 진행되지만, 이탈리아인 가운데 영어를 할 줄 아는 사람의 비율이 매우 낮기 때문에 학교 울타리만 벗어나면 의사소통의 어려움이 주는 스트레스에서 자유로울 수가 없다. 게다가 이탈리아는 영국이나 프랑스와 같은 다른 유럽 국가에 비해 외국인이 거주하기가 그리 쉬운 나라가 아니다.

따라서 SDA Bocconi의 MBA 과정이 자신에게 가장 적합하다는 결론을 내린 지원준비자는 먼저 입학허가도 받아야겠지만 입학하기 전에 이탈리아어 학습을 충분히 해두어야 할 필요가 있다. 거꾸로 보면, SDA Bocconi의 MBA 과정은 패션, 명품, 자동차 분야의 업무경험이 있고 이탈리아어 능력까지 갖춘 해외 MBA 과정 지원자에게 아주 적합하다고 볼 수 있다.

이탈리아는 영국과 마찬가지로 축구산업이 대단히 발달한 나라다. SDA Bocconi는 이탈리아 축구산업에 학문적, 이론적 백그라운드의 역할도 하고 있다. 예를 들어 MBA 과정은 아니지만 스포츠 매니지먼트와 관련된 마케팅 학위 과정도 이 경영대학원이 제공하고 있으니 관심이 있는 사람이라면 문을 두드려보는 것이 좋겠다.

SIMT(Stuttgart Institute of Management and Technology)

▶ 학교 소개

독일에서 경영전문 대학원 차원의 공식적인 MBA 과정이 제공되기 시작한 지는 그리 오래되지 않았다. 한국과 마찬가지로 독일에서도 경영분야의 석사과정은 일반 대학원의 경영학석사(미국에서는 MA in Business Administration, 영국에서는 MSc in Management라고 한다) 과정의 형태로 오래 유지됐고, 1990년대 후반에야 경영전문 대학원 체제가 출범하면서 MBA 과정이 제공되기 시작했기 때문이다. 독일의 산업계가 우수한 경영인력을 체계적인 교육을 통해 양성하기 위해 경영전문 대학원을 도입할 것을 독일 정부에 요청했고 이에 독일 정부가 응함으로써 1998년에야 비로소 정식 MBA 과정이 도입된 것이다. 유럽연합 차원의 고등교육 체계 단일화 노력도 독일이 MBA 과정을 도입하게 하는 데 기여한 것으로 보인다. 독일이 MBA 과정의 도입에 이처럼 상대적으로 많이 늦은 것은 유럽에서도 독특한 대학 및 대학원 학제를 갖고 있었던 탓도 있다.

어쨌든 위와 같은 과정을 거쳐 설립된 독일의 경영대학원들 가운데 몇몇이 최근에 세계 경영교육 시장에 알려지기 시작했다. 그 가운데 대표적인 곳은 SIMT, GISMA, WHU, Mannheim 대학 경영대학원 등이며, 이 가운데 유럽과 한국의 MBA 과정 지원자들의 관심을 가장 많이 끌고 있는 곳은 SIMT(Stuttgart Institute of Management and Technology)다.

SIMT는 슈투트가르트 시에 있는데, 이 도시는 한국인 강수진이 수석 발레리나로 활동하고 있는 발레단이 있는 곳으로도 유명하다. 또 다임러벤츠와 포르셰의 본사가 있는 독일 남부 최대의 산업도시다.

슈투트가르트대학(University of Stuttgart)은 정부의 정책적 지원 아래 지멘스와 다임러벤츠 같은 독일의 다국적기업들로부터 투자를 유치하는 데 성공했고, 그 결과의 하나로 경영대학원인 SIMT가 이 대학에 설립됐다. 최근 SIMT는 독일의 경영대학원 가운데 한국인이 가장 많이 진학하는 학교이며, 대학원 자체가 공학을 강조하면서 기술경영 분야에서 강세를 보이고 있다. 또 슈투트가르트 시 자체가 네덜란드의 로테르담과 같이 유럽의 교통과 물류에서 요충지에 위치해 있다는 점에서 SIMT가 앞으로 네덜란드의 RSM과 같은 형태로 발전할 가능성도 점쳐볼 수 있다.

▶ 과정의 특징

SIMT는 독일의 경영대학원이지만 전형적인 미국 MBA의 형태를 갖추고 있다. 이에 따라 커리큘럼이 총 4학기로 구성돼있고, 2년간 진행된다.

SIMT는 IM(International Management), MIS(Management Information System), Finance and Investment, Technology and Innovation Management 등 네 가지 전공별 과정을 제공한다. 이중 학생들에게 가장 인기가 높은 전공은 IM 이고, 공학을 중시하는 이 학교의 특성에 따라 Technology and Innovation Management에 대한 학생들의 관심도 높다. 수업은 대부분 케이스 스터디로 진행된다. 총 4개 학기 중 3학기와 4학기에 진행되는 프로젝트를 수행해야만 졸업이 가능하다.

아직은 국제적으로 널리 알려지지 않은 신흥 경영대학원인 만큼 학비는 경쟁력이 있다. 2년 과정이지만 총 학비가 2만 5000유로여서 유럽의 다른 1년짜리 MBA 과정들보다 저렴하다. 생활비도 영국이나 프랑스에 비해 적게 소요되며, 현지 은행에서 학비대출(Student loan)을 받는 것도 상대적으로 수월한 편이라고 한다.

독일의 대학과 대학원 교육은 무료이며 외국인 유학생에게도 이런 혜택이 주어진다고 알고 있는 사람들이 많다. 그러나 이러한 무료 혜택은 대학의 학부와 일반 대학원에 한정되며, 경영대학원에는 적용되지 않는다. 다만 독일은 대학생을 비롯한 모든 학생에게 각종 사회적 혜택을 부여한다. 학생증 소지자는 예를 들어 교통수단 이용, 문화행사 관람 등에서 파격적인 할인 또는 무료 혜택을 받는다.

미국의 주요 MBA 과정

미국 MBA에 대한 인식

앞에서도 얘기했지만 한국과 미국 사이의 밀접한 정치적, 경제적 관계에 따라 많은 한국인들이 미국에서 MBA를 비롯한 각종 학위를 취득해왔다. 이렇게 되는 데는 1960년대와 1970년대에 추진된 정부의 우수인재 양성정책도 한몫했다. 정부가 국가적으로 선발한 인재들을 파견한 교육기관들이 대부분 미국의 대학교였던 것이다.

이런 상황을 배경으로 대기업 창업주의 자녀들이 경영수업의 첫 단계로 미국의 대학교나 경영대학원으로 유학을 가는 등 한국 사회의 상류층이나 지도층에게 미국 유학이 필수코스가 됐다. 이런 추세가 낳은 한 가지 결과는 상류층이나 지도층이 많이 유학했던 미국 경영대학원의 한국 내 지명도가 높아졌다는 것이다. 시간이 흐르면서 이러한 현상은 더욱 고착됐고, 이에 따라 미국의 경영대학원 가운데 일부 학교들의 경우 미국 내 평판과 한국 내 평판 사이에 괴리가 생겨났다.

미국의 경영대학원에 대해 잘 아는 사람들에게는 이것이 문제 될 것이 없었지만, 그렇지 못한 대부분의 미국 MBA 과정 진학준비자들에게는 이것이 적지 않은 혼동을 초래했다. 이런 사실은 그동안 우리가 너무나 잘 알고 있다고 생각해온 미국 경영대학원의 MBA 과정들에 대해 보다 면밀한 분석과 정확한 이해가 필요하다는 점을 일러준다.

미국 MBA 과정의 재발견

여기서는 미국에서 50위권에 든다고 평가받고 있는 MBA 과정에 진학할 것을 고려하는 사람들이 반드시 알아야 한다고 생각되는 8개 과정을 선정해 소개한다. 미국의 MBA 과정도 잘 살펴보면 유럽의 MBA 과정만큼은 아니지만 과정별로 특징이 있고, 각각 나름대로의 차별성과 장점을 갖고 있다.

하지만 현재 시중에서 구할 수 있는 MBA 관련 도서나 인터넷에서 구할 수 있는 관련 정보에는 이러한 학교별, 과정별 차이에 대한 자세한 설명이 그리 많지 않은 것이 사실이다. MBA 과정 평가기관들이 매년 발표하는 랭킹을 중심으로 미국 MBA 과정에 대한 소개가 이루어지다 보니 각 과정의 차별적인 특징이나 장점에 관한 정보는 상대적으로 얻기 힘들었다. 이는 MBA 과정 지원자들은 각각 상이한 경력, 선호, 지향을 갖고 있다고 볼 때 큰 문제가 아닐 수 없다. 각자가 자신에게 적합한 MBA 과정을 선택하기 위해서는 보다 정확한 정보와 분석이 요구되는 이유가 바로 여기에 있다.

이제는 우리가 잘 알고 있다고 생각해온 미국의 MBA 과정에 대한 재발견이 필요하다. 앞으로도 과거와 같이 랭킹에만 비중을 두어 미국의 MBA 과정을 선택해 이수한다면, 다양한 특성과 개성을 지닌 유럽과 아시아 지역의 MBA 과정을 이수한 사람들과의 경쟁에서 불리한 처지가 될 수도 있기 때문이다.

따라서 한국인이 많이 간다거나, 랭킹이 높다거나, 유명한 사람을 많이 배출했다는 이유만으로 진학할 MBA 과정을 선택하는 시대는 확실하게 지났다고 생각해야 한다. 보다 정확한 정보를 바탕으로 진정으로 자신의 적성과 희망에 부합하는 '숨어있는 진주' 와 같은 학교를 찾아내야 한다. 그래야만 미국이 아닌 다른 지역의 MBA 과정이나 미국 내 다른 MBA 과정을 이수한 사람들로부터 자신을 차별화하는 데 성공할 수 있고, MBA 학위를 취득한 뒤에 자신만의 장점을 계속 발전시켜나갈 수 있을 것이다.

여기서는 필자가 선정한 미국 경영대학원 MBA 과정 8곳을 살펴보겠다. 미국의 경우에는 경영대학원이 그 자체의 이름보다는 소속된 대학의 이름으로 불리는 경우가 더 많다는 점을 고려해 각각의 설명에 대한 제목은 가급적 대학의 이름으로 썼음을 밝혀둔다.

— Case Western Reserve University

— Syracuse University

— University of Rochester

— Boston College

— Babson College

— Tulane University

— Thunderbird School of Global Management

— University of Illinois at Urbana－Champaign

Case Western Reserve University

▶ 학교 소개

케이스웨스턴리저브대학은 케이스 공과대학(Case Institute of Technology)과 웨스턴 신학대학교(Western Reserve University)가 1967년에 합병하여 설립된 대학이다. 이 학교는 현대적인 도시와 미국 중부의 전통적인 환경이 조화롭게 공존하고 있는 오하이오 주의 클리블랜드 시에 있는 사립 종합대학교다. 대학이 자리 잡고 있는 유니버시티 서클(University Circle) 지역은 클리블랜드의 도심에서 전철로 약 15분 거리에 위치하고 있으며 클리블랜드 미술관, 클리블랜드 오케스트라, 식물원 등에 걸어서 갈 수 있는 등 문화적인 환경이 좋다.

학과에 따라 차이가 있긴 하겠지만 학부를 기준으로 해서 전체적으로 보면, 고등학교를 졸업하고 이 대학에 지원하는 학생들은 존스홉킨스대학, MIT 등 미국 내 최상위 대학에도 동시에 지원하는 경우가 많다. 또 그런 학교들과 동시에 합격한 학생 가운데 최종적으로 케이스웨스턴리저브대학을 선택하는 경우도 많다. 이런 사실은 미국인들 사이에서는 이 대학이 수준 높은 학교로 인정받고 있음을 의미한다. 이 대학의 전임교수 수는 500명 이상이며, 교수 1인당 학생 수는 7~8명 수준일 정도로 낮다. 이 대학의 교수진은 실력이 있어 매년 다양한 분야에서 탁월한 연구실적을 내는 것으로 알려져 있다. 2009년 현재 이 대학에는 3800여 명의 학부생과 5800여 명의 대학원생이 재학 중이다.

케이스웨스턴리저브대학은 학부와 마찬가지로 대학원도 명성이 높다. 굳이 구분해 말한다면, 학부는 회계학을 비롯한 경영학 분야와 공학 분야에서 미국 내 최상위 수준이라는 평가를 받고 있고, 대학원은 의학 분야와 경영학 분야에서 명성이 높다. 한국에서는 이 대학의 인지도가 미국에서만큼 높지 않다. 하지만 워낙 연구성과가 뛰어난 학교인데다가 저명한 교수들이 다수 포진하고 있어, 앞으로는 한국에서도 이 대학의 인지도가 빠르게 상승하리라고 기대해볼 수 있다.

▶ 과정의 특징

케이스웨스턴리저브대학의 '웨더헤드 경영대학원(Weatherhead School of Management)'은 기업가정신(Entrepreneurship), 의료경영(Health System Management) 등의 분야에서 미국의 다른 경영대학원들과 다른 강점을 갖고 있다. 특히 클리블랜드 클리닉(Cleveland Clinic)과 같은 세계적인 병원들이 학교 인근에 자리 잡고 있어 의학분야와 관련된 경영학 교육이 많이 발달해 있다. 따라서 미국의 의사나 기타 의료계 종사자 가운데 MBA 과정 이수를 통해 경영마인드를 길러보고자 하는 사람들이 이 경영대학원에 많은 관심을 갖고 있다.

이 경영대학원은 MBA 과정에 입학한 사람들에게 중급의 회계와 재무 관련 과목을 어느 정도 마스터하고 올 것을 권장하고 있다. 교과 구성을 보면 팀워크가 매우 강조되고 있고, 1년차에 인성, 리더십, 인생계획, 목표달성 등의 과목을 반드시 수강하게 돼있다. 교수진도 잘 갖추어져 있으며, 특히 통계학과 재무학 분야에서 세계적으로 유명한 학자를 여럿 두고 있다.

이 MBA 과정은 한 학년의 규모가 약 460명으로 상당히 큰 편이다. 보통 한 학년을 두 개의 반으로 나누어 운영한다. 한국인 학생은 일 년에 5~6명 정도가 입학하는데 대부분 한국의 대기업 출신이다. 이 MBA 과정의 외국인 비중은 약 50% 수준인데, 전체 재학생 규모가 크다는 점을 고려하면 이런 외국인 비중은 높은 편이라고 할 수 있다. 이 MBA 과정은 한국에서는 아직 제대로 평가받고 있지 못한 것 같지만, 객관적으로 보면 전 세계에서 최상위 수준이라고까지 말할 수는 없더라도 미국에서는 최상위 수준인 것이 분명하다.

이 경영대학원은 모든 재학생에게 기숙사를 제공하고 있어서 유학생도 생활을 하면서 공부하기에 불편한 점이 없고, 가족을 동반하는 경우에도 쉽게 적응할 수 있다. 학교 측에서 학생의 가족을 배려해 주부와 어린이를 위한 다양한 교양 프로그램을 제공하기도 한다. MBA 과정의 학생 가운데 일부는 학교 인근의 아파트에서 거주한다. 클리블랜드는 백인과 흑인이 거주하는 구역이 대체로 구분돼있으므로 가족을 동반하는 유학생은 거주지역과 자녀가 다닐 학교를 결정하기 전에 충분한 사전조사를 할 필요가 있다.

Syracuse University

▶ 학교 소개

시러큐스대학은 뉴욕 주의 중심부에 있는 시러큐스 시의 외곽에 자리 잡은 사립 종합대학이다. 이 대학은 1870년에 설립됐고 저널리즘, 비즈니스, 엔지니어링 분야에서 특히 유명하다. 이 대학의 저널리즘 대학원은 미국에서 최고 수준이라고 평가받고 있으며, 한국의 언론인 가운데 이 대학원에 진학하기를 희망하는 사람들이 많다. 실제로 한국에서 시러큐스 대학원을 나온 언론인을 많이 만날 수 있다. 이 대학이 자랑하는 대학원이 또 하나 있는데, 그것은 행정대학원인 맥스웰 스쿨(Maxwell school)이다. 이 대학원은 행정학(Public administration) 분야를 주된 전공으로 제공하고 있으며, 미국에서 행정학과 국제정치학을 접목시키는 새로운 시도를 통해 이른바 시러큐스 학파의 산실이 된 곳이다. 미국의 정치가 가운데 이 대학원 출신이 많다.

시러큐스 시는 비즈니스, 문화, 교육의 중심지로, 인구는 52만 명 정도 되는 작은 도시다. 자동차로 뉴욕에서부터는 약 5시간 거리, 보스턴에서부터는 약 6시간 거리에 위치하고 있고 산, 공원, 호수 등이 어우러져 자연경관이 빼어나다. 또 문화적인 수준도 매우 높아, 학업을 하기에 적합한 환경과 동시에 미국의 문화를 다양하게 접할 수 있는 환경도 제공한다. 다만 겨울에 눈이 많이 내려 무릎까지 쌓이는 경우가 많으므로 이런 계절적인 특징을 감안해야 한다.

시러큐스 인근에 있던 GE의 가전제품 공장과 Century 등의 기업이 다른 곳으로 옮겨가면서 일부 지역은 왕래하기에 안전성이 예전보다 다소 떨어졌다고 하니 이 점은 유의할 필요가 있다. 하지만 유학을 하기 위한 생활여건은 나쁘지 않은 편이다. 또한 미국 비즈니스의 중심인 뉴욕 주 안에 있는 우수한 대학이라는 점은 매력적이다. 시러큐스 대학은 스포츠에 강한 학교로도 유명하다. 교내에 대규모 돔 스포츠센터가 있을 정도로 학교에서 스포츠 활동을 적극적으로 지원하고 있어 스포츠에 관심이 있는 학생들이 이 학교에 많은 관심을 갖고 있기도 하다.

▶ 과정의 특징

시러큐스 대학의 휘트먼 경영대학원(Whitman School of Management)이 자랑하는 분야는 단연 공급사슬관리(Supply chain management)와 회계학(Accounting)이다. 이 경영대학원은 특히 공급사슬관리 분야에서 남다른 장점을 갖고 있다. 미국에서 최근에 '공급관리(Supply management)'로 통칭되는 분야가 기업경영에서 핵심적으로 중요하다는 인식이 널리 퍼지면서 크게 발전하고 있다는 점을 고려하면 이 경영대학원은 시의적절한 특징을 갖고 있다고 볼 수 있다.

미국의 많은 기업들이 최근 들어 전통적 의미의 구매(Purchasing)에서 벗어나 다각화, 전문화, 통합화의 방향으로 공급관리 역량을 향상시키기 위해 많은 노력을 기울이고 있다. 우리나라에서 삼성그룹의 이건희 회장이 기업이 일류가 되기 위해서는 구매를 '예술화' 된 수준으로 끌어올려야 한다고 말했던 것도 바로 이런 공급관리의 중요성을 역설한 것으로 해석할 수 있다. 이런 추세에 따라 미국의 다국적기업들도 자사의 우수인력을 이 경영대학원에 파견하고 있다.

미국에서는 공급관리 분야의 전문기관인 ISM(Institute for Supply Management)이 이런 추세를 주도하고 있다. 이 기관은 공인구매전문가(CPM) 자격 외에 공인공급관리전문가(CPSM; Certified Professional in Supply Management) 자격을 도입하고 장기적으로 CPM을 CPSM에 통합하는 수순을 밟고 있다. 이런 상황도 전 세계 경영계로 하여금 공급관리 분야에서 강점을 보이고 있는 휘트먼 경영대학원에 주목하게 하고 있다.

휘트먼 경영대학원은 과거에는 기업가정신(Entrepreneurship)을 대표적인 분야로 삼고 있었으나 1980년대 이후 교수진이 많이 바뀌면서 이 분야의 강점이 다소 약화됐다는 평가를 듣고 있다. 이런 변화는 시러큐스에 있던 GE의 가전제품 공장이 다른 곳으로 옮겨간 것과 관련이 있다. GE의 가전제품 생산라인은 한때 수익성이 높은 첨단공장으로서 미국 경제의 상징이었다. 이 공장이 다른 곳으로 옮겨간 뒤로는 시러큐스대학과 인근 기업 사이의 산학연계 수준이 자연히 낮아지게 됐고, 이러한 환경적 변화에 대응해 휘트먼 경영대학원은 공급관리 쪽으로 주력분야를 바꾼 것이다.

이 경영대학원의 MBA 과정은 한 학년의 재학생 수가 80명 정도이며, 한국인은 매년 약 5명이 입학한다. 외국인 비중은 60% 수준이며, 다양성에 기초한 팀 활동이 강조된다. 1년차 커리큘럼은 기본과정 위주로 구성돼있고, 2년차 커리큘럼은 관리자가 갖추어야 할 의사결정 능력을 심화시키는 내용으로 구성돼있다.

졸업생은 주로 대기업의 영업이나 구매 분야로 진출한다. 구매나 유통과 관련된
업무에서 전문성을 기르고자 하는 직장인에게 매우 적합한 과정이다.

University of Rochester

▶ 학교 소개

미국 뉴욕 주에 있는 로체스터대학은 나이아가라 폭포에서 가까운 로체스터 시
에 자리 잡은 사립대학으로 1850년에 설립됐다. 캠퍼스는 다운타운에서 자동차
로 약 20분 거리에 있으며, 인근 지역은 상대적으로 깨끗하고 안전하다. 로체스
터는 조지 이스트먼이 코닥을 창립하고 필름사업을 펼친 곳이어서 사진의 역사
에서 매우 중요한 도시다. 이 대학의 의과대학과 음악대학은 이스트먼으로부터
자금을 지원받아 설립됐다고 한다.

로체스터대학은 전형적인 미국의 대학생활을 경험할 수 있는 곳이다. 미국
의 문화를 대표하는 대중음악, 프로스포츠, 영화는 물론이고 정치, 종교, 환경 등
다양한 분야의 사회적, 문화적 행사가 이 대학이 있는 지역을 중심으로 활발하
게 열리고 있기 때문이다. 학부를 기준으로 보면 이 대학은 경제학과 경영학 분
야에서 높은 평가를 받고 있어 졸업생이 금융 분야로 많이 진출한다. 대학원으
로는 경영대학원, 의학대학원, 법학대학원 등이 특히 유명하다.

▶ 과정의 특징

로체스터대학의 사이먼 경영대학원(Simon Graduate School of Business)은 재무
분야에 매우 강하다는 특징을 갖고 있다. 이 경영대학원에는 윌리엄 슈워트
(William Schwert), 존 롱(John Long), 제리 워너(Jerry Warner), 토니 위티드(Toni

Whited) 등 금융과 재무 분야에서 최고수준으로 평가되는 교수들이 다수 포진하고 있다.

이 경영대학원 MBA 과정의 한 학년당 학생 수는 150~200명이며, 한국인은 학 학년에 10명 정도가 입학한다. 외국인 학생은 40~50%를 차지하며, 대부분 금융분야의 경력자다. 이런 점에서 알 수 있듯이 이 경영대학원은 금융분야에 특화돼있고, 졸업생 가운데 다수가 월스트리트로 진출한다. 한국인 졸업생들은 대부분 국내 금융기업이나 대기업에 취업하며, 한국인 졸업생 가운데 매년 1~2명 정도는 미국이나 홍콩 등의 금융관련 기업에 취업하는 것으로 알려져 있다.

MBA 과정의 재학생을 위한 학교 내 기숙사 시설이 잘 갖추어져 있고, 주거환경도 매우 좋다. 또한 학교 주변에 임차할 수 있는 아파트도 많다.

〈파이낸셜타임스〉는 2010년 초에 이 경영대학원을 미국의 경영대학원 가운데 평판이 가장 빠르게 상승하는 곳 중 하나로 선정했다. 이 경영대학원의 MBA 과정은 애널리스트, 증권회사나 투자은행 경력자, 자산관리 경력자 등에게 적합한 커리큘럼을 갖고 있다. 지원자는 계량경제학과 수학 등에 대한 학업상의 백그라운드를 갖춰야 한다. 지원자의 실무경험도 중요한 평가요소다. 외국인 지원자의 경우에는 GMAT 점수(특히 Quantitative 부분)와 인터뷰에 비중을 많이 두고 준비를 해야 한다.

Boston College

▶ 학교 소개

보스턴칼리지는 보스턴 시내에서 서쪽으로 약 10킬로미터 거리에 있어 전차를 이용해 통학할 수 있다. 1863년에 설립된 이 대학은 미국에서 가장 오랜 역사를 지닌 가톨릭 사립대학 가운데 하나다. 이런 역사적 배경으로 인해 캠퍼스의 주요 건물들이 마치 오래된 성당과 같은 고딕양식으로 지어져 있어 분위기가 독특하다. 이 대학은 최근에 급속한 성장세를 보이고 있고, 뉴욕대학(NYU)과 함께 미국의 신(新) 아이비리그 대학이라고 불릴 정도로 미국에서 높은 평가를 받고 있다. 이 대학은 학부와 대학원 모두 비즈니스 분야에서 우수한 것으로 정평이 나있다.

보스턴 시에는 보스턴칼리지 외에 하버드대학, MIT, 보스턴대학교(Boston University) 등이 자리 잡고 있다. 보스턴칼리지는 보스턴대학과 전혀 다른 별개의 대학이라는 사실에 유의해야 한다. 보스턴에는 높은 수준의 문화생활을 즐길 수 있는 극장, 문화회관, 박물관 등이 다수 위치하고 있는데다가 자동차로 몇 시간만 가면 뉴욕이나 캐나다의 몬트리올에 갈 수 있어 다양한 경험을 얻을 수 있다.

모든 재학생에게 기숙사 입사가 보장되며, 실제로 재학생의 70% 이상이 기숙사를 이용한다. 다만 대도시인 보스턴 시 인근에 위치하고 있으므로 생활비는 비싼 편이다.

▶ 과정의 특징

보스턴칼리지의 캐롤 경영대학원(Carroll School of Management)에는 세계적으로 저명한 교수가 다수 포진하고 있다. 예를 들어 경영학을 약간이라도 공부한 사람이면 누구나 들어본 적이 있을 회계학의 대가 피터 윌슨(Peter Wilson)과 파이낸스 분야의 석학 앨런 마커스(Alan Marcus)가 이 경영대학원에서 교편을 잡고 있다. 재무와 회계 분야의 경력자 가운데 미국 MBA 과정에 진학할 것을 고려하고 있는 사람이 있다면, 필자로서는 그에게 이 두 교수의 지도 아래 MBA 과정을 밟을 수 있다는 사실만으로도 캐롤 경영대학원에 지원해보라고 권하고 싶다. 이 두 교수와 함께 경영학 관련 프로젝트를 수행할 수 있다면 얼마나 좋은 기회가 되겠는가. 이 경영대학원에는 이 두 교수 외에도 유명한 경영학 교재를 저술한 교수들이 많이 있으므로, 이곳의 MBA 과정 수업은 '저자 직강'인 경우가 많을 것이다.

이 경영대학원은 특히 Finance와 Accounting에서 미국 내 10위권에 든다고 보면 된다. 이 경영대학원 MBA 과정의 가장 큰 특징 가운데 하나는 프레젠테이션과 팀 활동의 강도가 매우 높다는 점이다. 워낙 공부를 많이 시키는 편이라서 도중에 탈락하는 학생들도 있다. 이 경영대학원은 공부를 제대로 시킨다는 것을 하나의 원칙으로 삼고 있기 때문이다. 졸업생 가운데 월가나 보스턴 지역의 금융업계나 보험업계에 진출하는 사람이 많다.

이 경영대학원 MBA 과정의 한 학년당 학생 수는 100명이며, 그 가운데 한국인은 1~2명 수준이다. 미국인들 사이에 워낙 유명한 학교여서 현지인의 지원이 많아 외국인 학생 비중은 30% 정도로 그리 높지 않은 편이다. 교과에 Evening class도 들어있는 것이 특징이다. 전공에 맞춰 과목을 선택해서 총 56학점을 이수해야 졸업할 수 있다. 1학년은 2학기(Semester)로 나뉘고 각 학기가 다시 2쿼터로 나뉘어 7주간의 쿼터를 기준으로 총 4쿼터가 1년간 진행된다.

필자로서는 대기업에서 기획, 회계, 재무, 인사 등의 분야에서 경험을 쌓은 사람이나 컨설팅회사 경력을 갖고 있는 사람에게 추천하고 싶은 과정이다. 이 MBA 과정을 밟는 한국인 학생들은 1순위로 Financing, 2순위로 Accounting을 전공으로 선택하고 있고, 졸업 후에는 100% 취업한다고 한다.

이 학교의 기숙사에는 주로 학부생이 입사하고, 대학원생은 룸메이트를 구해 아파트를 임차해 거주하거나 타운하우스를 이용한다. 아파트 임차비용은 어느 구역이냐에 따라 다르지만, 평균으로 보면 보스턴 지역의 아파트 임차비용은 미국에서 비싼 편이라고 보면 된다. 자녀교육비(Preschool 기준)도 1년에 8천~1만 달러 정도로 비싼 편인데다가 미리 예약해놓지 않으면 자녀를 좋은 학교에 보낼 수 없다. 이런 점은 가족을 동반하는 유학생이라면 유의해야 한다. 대도시임에도 치안은 좋은 편이고, 각종 문화시설을 이용하기가 용이하며, 하버드대학과 MIT에 재학 중인 한국인 학생들과의 네트워킹도 가능하다.

Babson College

▶ 학교 소개

뱁슨칼리지(Babson College)는 경영학을 전문분야로 하는 명문대학으로 매사추세츠 주의 웰즐리(Wellesley)라는 부촌에 자리 잡고 있고, 학생 수는 3600명 규모다. 캠퍼스는 보스턴 시내까지 자동차로 20분 정도 되는 거리에 위치하고 있고, 기차를 이용해 보스턴 시내에 들어갈 수도 있다.

이 대학의 특징이라면 무엇보다 경영대학으로만 운영된다는 것이다. 기업가정신(Entrepreneurship) 분야에 관심이 있는 사람들에게 필자가 가장 추천하고 싶은 미국의 대학 가운데 하나다. 공부를 하면서 자신만의 기업이나 사업을 운영하고 있는 학생도 많으며, 학부생의 4분의 1 이상이 창업학과를 선택한다고 한다. 그래서 학업의 분위기 역시 비즈니스 중심적인 경향을 보인다. 또한 이 학교는 글로벌 기업들과의 유대가 매우 강하다. 이 학교는 HP, 인텔과 같은 미국의 다국적기업에서 파견한 우수인력을 대상으로 특화된 경영교육을 실시하고 있고, 그런 기업들과 활발한 산학협력 활동을 펼치고 있다.

한국인의 입장에서 보면 한국에 잘 알려져 있지 않은 학교라는 것이 단점이 될 수도 있겠지만, 미국의 MBA 과정에 조금이라도 관심이 있는 사람이면 누구나 알아줄 정도로 우수한 명문대학이므로 이런 단점이 걱정할 만한 정도는 아니다. 최근에 글로벌 베스트셀러인 《달러의 위기(The Dollar Crisis: Causes, Consequences, Cures)》의 저자로 주목받고 있는 리처드 던컨(Richard Duncan)이 바로 이 학교의 MBA 과정 출신이다.

▶ 과정의 특징

뱁슨칼리지와 이 대학의 '에프 더블유 올린 경영대학원(F. W. Olin Graduate School of Business)'은 기업가정신(Entrepreneurship) 분야에서는 타의 추종을 불허할 정도로 강세를 보이고 있다. 이 분야에서 세계 1위라고 해도 지나친 말이 아니다. 유럽의 경영대학원 중에서 스페인의 IE와 IESE가 기업가정신 분야에 특화된 학교라면, 미국에서는 바로 이 학교가 그러하다.

이 학교의 MBA 과정을 밟는 미국인 학생들은 MBA 학위 취득만을 목적으로 하지 않는다. 교과과정이 창업과 컨설팅에 대해 배우기에 적합하므로 기업 운영에 관한 보다 실질적인 정보를 얻기 위해 들어오는 미국인 학생들이 많다. 학교 측에서도 진취성과 창의성을 강조하고 있고, 사업구상에서부터 사업의 안정화에 이르기까지 창업의 전 과정에 걸쳐 필요한 지식과 경험을 전달한다. 다시 말해 아이디어 발굴, 사업성 분석, 자본 조달, 회사 설립, 특허분쟁과 관련된 법률문제, 통계분석, 마케팅 전략, 효율적인 조직 구축 및 운영 등에 대한 체계적인 커리큘럼을 제공하고, 현장의 경험을 전수한다.

이 학교는 보스턴 지역에 위치해 있어서 하버드대학이나 MIT와 연계관계를 갖고 있는 교수가 많다. 앨런 코언(Allen Cohen), 존 마신슨(John Marthinsen)을 비롯해 신사업 발굴, 창업, M&A 분야에서 독보적인 교수들이 이 학교에 진을 치고 있다.

　이 학교 MBA 과정의 학년당 인원수는 약 160명 정도이며, 재학생 가운데 외국인 학생의 비중이 절반을 넘는다. 에프 더블유 올린 경영대학원이 주목받는 또 하나의 이유는 여성에게 좋은 MBA 과정을 제공한다는 측면에서 미국 내 1~3위권에 지속적으로 랭크되고 있다는 점이다. 여성이라면 교과 구성, 여성 학생을 위한 배려, 졸업 후 경력개발 지원 등과 관련된 이 학교의 여성우대 정책을 살펴볼 필요가 있다.

　한국인은 이 학교에 매년 3~4명 정도 입학한다. 학교가 미국의 부촌에 있다 보니 의료비와 자녀교육비를 비롯한 각종 생활비가 다소 많이 드는 게 흠이다. 외국인 학생에게 기숙사를 우선적으로 배정하고 있으므로 가능하면 기숙사에 들어가 생활하는 것이 비용의 측면에서 크게 도움이 될 것이다. 이 학교의 한국인 졸업생 가운데 절반은 대기업으로, 나머지 절반은 컨설팅회사나 투자회사로 진출한다고 한다. 자기 사업을 하기를 원하는 사람, 기업의 기획부서와 신사업 추진부서에서 경력개발을 하고자 하는 사람, 컨설팅회사에서 업무경험을 쌓은 사람 등에게 매우 적합한 과정이라고 할 수 있다.

Tulane University

▶ 학교 소개

튤레인대학은 미국 남부에 있는 루이지애나 주의 뉴올리언스 외곽에 자리 잡고 있는 사립대학이다. 1834년에 설립된 루이지애나 의과대학(Medical College of Louisiana)이 지금의 튤레인대학으로 발전했다. 이 대학은 미국 남부에서 듀크대학, 라이스대학 등과 어깨를 나란히 하는 연구 중심 명문대학이며, 교육의 질과 수준이 매우 높다고 알려져 있다. 특히 학부생 가운데 20% 이상이 경영학을 전공하고 있을 정도로 경영학의 비중이 크다.

튤레인대학은 수준 높은 전문 대학원을 여러 개 가지고 있는데, 그 가운데 프리먼 경영대학원(Freeman School of Business)과 로스쿨이 가장 유명하다. 한국에는 경영대학원보다 로스쿨이 더 잘 알려져 있으며, 한국의 법조계에 이 대학 로스쿨을 나온 사람들이 적지 않다.

학교 기숙사에서 생활하는 것이 불편하지는 않지만, 학교 주변에서 기숙사보다 저렴한 아파트를 구할 수 있어 많은 학생들이 아파트에서 생활한다. 루이지애나 주 자체가 미국에서 대표적으로 생활비가 적게 드는 지역이다. 다만 저소득층 밀집지역이 있으므로 주거지역을 선정할 때 이 점을 고려해야 한다.

미국인들도 누구나 일생에 한 번쯤은 가보고 싶어 하는 '재즈의 고향' 뉴올리언스의 시내에 있는 프렌치 쿼터(French Quarter)에 가서 수준 높은 흑인 재즈음악을 쉽게 즐길 수 있으므로 재즈음악에 관심이 있는 사람에게는 아주 매력적인 학교가 될 것이다. 전통적인 미국 남부의 정취를 맛보며 공부하고자 하는 사람에게도 그럴 것이다.

무엇보다도 비교적 낮은 비용으로 높은 수준의 교육을 받을 수 있다는 것이 이 대학의 가장 큰 장점이다. 2005년에 불어 닥친 허리케인 카트리나로 큰 피해를 입은 지역이지만, 그 뒤로 상당부분 복구됐다. 도시복구 작업에 튤레인대학도 적극적으로 지원하고 참여했으며, 이로 인해 뉴올리언스 사람들이 자랑스러워하는 명문대학으로서의 위상이 더욱 높아졌다.

▶ 과정의 특징

이 대학의 프리먼 경영대학원이 운영하는 MBA 과정은 재무(Finance) 분야에서 언제나 미국 내 10위권으로 평가받고 있다. 그런 만큼 MBA 과정 지원자들 가운데 이미 재무분야에서 업무경험을 쌓은 사람들이 많다. 교과구성은 미국의 다른 MBA 과정들과 큰 차이는 없다. 그러나 재무분야에서 강세를 보이고 있는 학교이므로 투자론, 가치평가 등의 교과는 수준이 꽤 높다. 재무분야의 전공자를 기준으로 하고 보면 1년차에는 회계, 마케팅, 전략, 미시 및 거시 경제학, 통계, 재무관리, 프레젠테이션, 채권, 옵션 등의 과목을 이수하고, 2년차에는 인사관리, 투자론, 가치평가, 컨설팅, 혁신, 리더십, 기업윤리 등의 과목을 이수한다.

한 학년의 학생수는 100명 수준이며, 한국인은 매년 2~3명 정도가 입학한다. 외국인 비중은 약 35%다. 한국인은 회사의 지원을 받아서 오는 경우가 많아 졸업한 뒤에 대부분 회사로 복귀한다. 이 경영대학원의 MBA 과정은 재무분야와 연관된 업무경력을 갖고 있는 사람이라면 관심을 가져볼 만하다. 왜냐하면 한국에 알려져 있는 것보다는 훨씬 수준 높은 교육과정을 제공하는데다가 비용의 측면에서도 경쟁력이 있기 때문이다. 다만 가족을 동반하는 경우에는 자녀교육에 대해 사전준비를 철저히 해야 하고, 거주지역을 선정하는 데도 여러 모로 신경을 써야 한다.

뉴올리언스에는 대규모 컨벤션센터가 자리 잡고 있으며, 이곳에서 비즈니스와 관련된 컨퍼런스와 전시회가 수시로 다양하게 열린다. 필자는 2004년에 HR와 관련된 국제 컨퍼런스(Annual Society for Human Resource Management Conference and Exposition)에 참가하기 위해 이곳을 방문한 바 있는데, 그때 이 컨벤션센터의 규모에 놀랐던 기억이 있다. MBA 과정 재학 중에 이런 종류의 컨퍼런스에 참가함으로써 자신의 관심분야에 대한 현장학습을 할 수 있다는 것도 이 경영대학원의 장점이다.

Thunderbird School of Global Management

▶ 학교 소개

선더버드 국제경영대학원은 애리조나 주의 피닉스 시 외곽에 있다. 학교이름에서 짐작할 수 있듯이 이 학교는 학부가 없는 대학원이다. 이차대전 직후인 1946년에 설립된 이래 초기에는 미국 공군의 조종사 양성기관으로 운영되다가 지금은 국제 비즈니스에 특화된 학위과정을 제공한다. 미국의 다른 경영대학원들에 비해 학생구성도 매우 국제적이다. 학생들 가운데 절반 가까이가 유럽, 아시아, 오세아니아 등 해외에서 온 유학생이다.

이 학교의 특징 가운데 하나로 동문 네트워크가 크고 강하다는 점을 들 수 있다. 150여 개 국가에서 모두 3만 8천여 명에 이르는 이 학교 동문이 활동하고 있다고 한다. 한국에서도 이 학교 동문이 각계각층에서 활동하고 있다. 학교당국 자체가 이러한 글로벌한 동문 네트워크를 학교의 가장 큰 자산으로 여기고 있다. 국제화를 강조하는 학교이니만큼 교수진 구성도 다양성을 보여준다. 예를들어 조지 부시 행정부에서 부통령을 지낸 댄 퀘일(Dan Quayle)이 교수진에 포함돼있다. 학교 측에서 그가 전 세계를 대상으로 쌓은 경험과 지식을 학생들에게 전수하게 하려고 그를 영입했다고 한다.

이 학교는 철저하게 기업경영의 방식으로 운영되고 있으며, 학생들을 고객으로 보고 '고객만족'을 표방하고 있다. 국제 비즈니스에 특화된 MBA 과정을 찾고 있는 사람이라면 우선적으로 이 학교를 고려해보는 것이 좋을 것 같다.

▶ 과정의 특징

선더버드 국제경영대학원은 다양한 나라에서 온 교수들이 매우 열정적이고 헌신적으로 학생들을 가르치는 것으로 유명하다. 이런 교수들의 열정은 그대로 학생들에게 전수된다. 이 경영대학원의 MBA 과정은 학생도 절반 이상이 외국인이어서 미국의 다른 MBA 과정들에 비해 글로벌한 인적구성을 갖고 있다. 또한 이 학교는 외국인 학생을 적극적으로 배려해주는 것으로 알려져 있다.

Full Time MBA 과정의 학생수는 학년당 270~280명 정도이고, 그 가운데 한국인 학생은 5~10명 정도다. 1년차 과정은 기본 공통과목을 중심으로 진행되고, 2년차에는 학생들 각자가 Global development, Global entrepreneurship, Global finance, Global management, Global marketing 등의 분야 중에서 자신의 중점분야를 선택해 12학점을 이수해야 한다.

이 학교가 있는 피닉스는 미국의 10대 도시 가운데 하나로 꼽힐 정도로 큰 도시인데도 비교적 조용한 편에 속한다. 교통혼잡이 거의 없고, 치안도 꽤 만족할 만한 수준이다. 하지만 이 도시는 사막지역에 위치하고 있는 탓에 여름철 기온이 섭씨 40도 이상으로 올라가는 경우가 많아 야외활동에 불편한 점은 있을 수 있다. 생활여건은 전반적으로 볼 때 매우 좋으며, 저렴한 비용에 골프와 쇼핑을 할 수 있는 곳이 많다. 또한 미국에서 주요 여행지로 꼽히는 그랜드캐년, 세도나, 라스베이거스, 로스앤젤레스 등도 차량으로 6시간 이내에 도달할 수 있다.

글로벌한 통찰력을 강조하는 학교이니만큼 이 학교 MBA 과정 학생들에 대한 다국적기업들의 관심도가 높다. 이 학교 MBA 과정 졸업생의 진로를 살펴보면 어느 한 분야에서 특별히 취업이 잘 된다기보다는 다양한 분야에 고르게 진출하며, 미국인 졸업생의 경우에는 HP, 델컴퓨터, 보잉, 코스트코, 코카콜라와 같은 유명기업에 주로 취업하고 있다. 중국인과 일본인 졸업생은 아시아 지역에 진출하려는 글로벌 기업으로부터 잡 오퍼를 받는 경우가 많다. 한국인 졸업생의 경우에는 영어 외에 중국어도 어느 정도 구사할 수 있다면 현지 미국 기업에 취업할 수도 있다고 한다. 물론 한국인 졸업생의 대부분은 한국의 대기업에 취업하고 있지만, 글로벌한 이 학교의 특성을 잘 활용해 자신의 글로벌한 역량을 기른다면 현지 기업에 취업하는 데도 이 학교 출신이라는 점이 유리하게 작용할 수 있다.

University of Illinois at Urbana-Champaign

▶ 학교 소개

한국에서 일리노이주립대학으로 불리는 이 대학은 미국 일리노이 주 시카고 시의 남쪽에 자리 잡은 두 개의 소도시, 즉 어버너와 샴페인에 걸쳐 있는 미국 최고 수준의 주립대학 가운데 하나다. 이 대학은 흔히 UIUC라는 약칭으로 불리며, 세계적인 수준의 공과대학을 보유하고 있는 것으로 유명하다. 캠퍼스는 기숙사를 포함해 총 200여 개 동의 건물로 구성돼있어, 미국에서도 가장 규모가 큰 주립 종합대학에 속한다. 캠퍼스 안에 각 단과대학 건물 외에 미술관, 자연사박물관, 공연예술센터 등의 건물도 있다.

이 대학은 컴퓨터 시설이 우수한 것으로도 유명하다. 시청각 교육시설이 완벽하다고 할 정도로 잘 갖춰져 있고, 과학적인 교수법을 적용해 교과를 진행한다. 학부의 경우는 컴퓨터공학을 비롯해 우주공학, 전기공학, 건축공학, 경영학 등에서 미국 내 최상위의 위상을 차지하고 있다. 대학원의 경우도 어느 과정이 더 우수하다고 할 수 없을 정도로 모든 과정이 고르게 수준 높은 교육과정을 제공한다. 굳이 골라내라고 한다면 공과대학원과 경영대학원이 탁월하다는 평가를 받고 있다고 할 수 있다.

일리노이대학은 한국인 학생이 가장 많은 미국의 대학으로 알려져 있다. 학교 안의 어느 곳에 가도 한국인 유학생을 쉽게 만날 수 있을 정도다. 이들을 고객으로 하는 한국 관련 상점이 학교 주위에 많고, 한국음식도 쉽게 접할 수 있다. 한국인 학생이 많다는 것은 개인에 따라 이 학교의 장점이 될 수도 있고 단점이 될 수도 있겠지만, 경영대학원의 MBA 과정을 밟는 사람의 경우에는 이것이 장점이라고만 보기는 어렵다.

▶ 과정의 특징

이 경영대학원(College of Business)이 제공하는 MBA 과정은 Accounting과 Finance 분야에서 강세를 보여 왔고, 최근에는 특히 Accounting이 이 경영대학원을 대표하는 분위기다. 학교가 금융 중심지인 시카고와 가깝다는 지리적인 환경의 영향으로 재무, 회계, 금융공학 등의 분야에서 저명한 교수들이 이 경영대학원에 많이 재직하고 있다.

이 학교의 MBA 과정 학생들 가운데 다수가 금융분야를 전공으로 선택하고 있으며, 이런 학생들은 대부분 MBA 학위를 취득한 뒤에 시카고에서 일자리를 얻기를 희망한다. 사실 미국에서 MBA 과정을 이수하는 사람 치고 시카고의 투자은행이나 컨설팅회사에서 Post MBA Job을 얻고 싶다는 생각을 한 번쯤은 안 해본 사람이 없을 것이다.

이 경영대학원의 MBA 과정은 금융계 종사자, 그중에서도 특히 기업금융 담당자라면 관심을 갖고 살펴볼 만한 가치가 있다. 일리노이주립대의 MBA 과정은 한국인 지원자에 대해서는 TOEFL과 GMAT 성적을 위주로 심사하는 것으로 알려져 있다. 이는 아마도 한국인 지원자가 워낙 많기 때문일 것이다.

이곳의 MBA 과정은 한 학년당 학생 수가 120명이며, 한국인은 매년 7~8명이 입학한다. 특히 외국인 비중이 75% 정도로 미국의 MBA 과정 가운데 가장 높은 수준이다. 한국인 입학생은 대부분 한국의 대기업 출신이며, 그들은 MBA 학위를 취득한 뒤에 현지 기업이나 한국 대기업의 미국지사에 취업하는 소수를 제외하고 나머지는 대부분 한국으로 돌아와 대기업에 취업한다.

일리노이주립대학은 한국 대학들과도 활발하게 교류한다. 특히 한국의 KAIST 테크노경영대학원과 제휴관계가 깊다. 예를 들어 이 대학의 경영대학원은 KAIST와 제휴해 복수학위 제도를 운영하고 있는데, 이 제도 덕분에 KAIST 테크노경영대학원의 MBA 과정 학생들은 양쪽 학교에서 요구하는 일정한 요건을 갖추면 MBA 학위와 함께 일리노이주립대의 Accounting 분야 회계학석사(Master of Science in Accountancy) 학위를 동시에 취득할 수 있다.

주거환경을 보면, 기숙사의 규모가 커서 기숙사에서 생활하기에 큰 불편은 없지만 기숙사 시설의 질은 그리 높은 편이 아니다. 학교 주변에 있는 아파트의 임차비용이 다른 주에 비해 저렴한 편이기 때문에 MBA 과정 학생들은 대부분 아파트에서 거주한다. 어버너와 샴페인은 전형적인 대학도시여서 조용하고 치안수준도 높다. 하지만 겨울이 길고 몹시 추워서 겨울에 생활하는 것이 다소 불편할 수는 있다.

한국·중국·일본의 주요 MBA 과정

아시아 MBA의 도전

앞에서도 살펴본 바와 같이 미국과 유럽의 각국에서는 1960년대부터 경영대학원을 중심으로 다양한 MBA 과정들이 발달해 왔다. 그런데 경제와 산업이 빠른 속도로 성장해온 아시아 지역, 특히 한국, 중국, 일본에서는 왜 그동안 세계적인 경영대학원과 MBA 과정이 발달하지 못했는지가 궁금하지 않을 수 없다. 이들 세 나라도 최근에는 글로벌 경영대학원을 육성하기 위한 노력을 기울이고 있다. 하지만 이들 세 나라의 경영대학원은 아직은 발전의 초기단계에 있으며, 일정한 수준 이상이 되려면 시일이 좀더 걸릴 것으로 보인다. 다만 중국의 CEIBS를 비롯한 중화권의 경영대학원들은 유수한 서구 경영대학원의 아시아 캠퍼스를 유치하거나 그런 서구 경영대학원과의 합작을 통해 글로벌 경영교육 시장에서 약진할 준비를 하고 있다. 이런 측면에서 보면 중국이 한국이나 일본보다 앞서가고 있다.

그렇다면 한국, 중국, 일본과 같이 산업화에 적극적인 동북아 국가들이 경영교육의 글로벌 경쟁에는 왜 뒤늦게 뛰어들었을까? 그 이유는 역사적 배경에서 찾아볼 수 있다. 한국과 일본은 이차대전과 한국전쟁 등으로 산업기반이 모두 붕괴될 정도로 큰 피해를 입었다. 일본은 패전으로 인한 국가적 손실을 만회하고 경제를 회복시키는 것이 최우선 과제였다. 한국 또한 광복을 맞았지만 한국전쟁을 겪으면서 경제적으로 매우 힘든 상황으로 빠졌고, 모든 산업기반이 이차대전 패전국인 일본과 독일보다 더 철저하게 파괴됐다. 중국의 경우는 자본주의적 산업화에 뒤늦게 나선 탓에 그동안 경영교육의 필요성을 느끼지 못했다. 이런 연유로 이들 세 나라는 저임금을 기반으로 한 제조업과 수출 중심의 경제성장을 추진할 수밖에 없었고, 이런 방향의 성장정책 아래서는 경영교육 글로벌화에 관심을 가질 여유가 없었다.

그러나 최근 들어 이들 세 나라도 경영교육 글로벌화의 필요성을 절감하고 있다. 이에 따라 한국은 KAIST, 중국은 칭화대학과 CEIBS, 일본은 히토쓰바시대학과 와세다대학을 각각 중심으로 하여 글로벌 수준의 MBA 과정을 만들어 지원하고 있다. 이들 세 나라의 경영대학원들이 세계 정상권에 오르기까지는 다소 시일이 걸릴 것으로 예상된다. 하지만 세 나라의 경제규모, 글로벌 기업 보유수준, 경영교육에 대한 의지, 국민의 교육열, 우수한 교수진과 학생 등 글로벌 수준의 경영대학원이 갖춰야 할 조건을 대부분 갖추고 있고, 따라서 세 나라 경영대학원들의 향후 성장 가능성에 대해서는 낙관적인 기대를 해볼 수 있다. 이들 세 나라를 각각 대표하는 경영대학원과 MBA 과정을 차례로 살펴보자.

— KAIST Graduate School of Management
— 칭화대학(清華大學) 경제관리학원
— 히토쓰바시대학(一橋大學) 기업전략연구소(ICS)

KAIST Graduate School of Management

▶ 학교 소개

정부의 경영전문 대학원 육성정책에 따라 한국에서도 많은 대학들이 경영전문 대학원을 설립하고, 다양한 형태의 MBA 과정을 제공하고 있다. 사실상 우리나라의 거의 모든 국립대학과 우수 사립대학을 중심으로 기존의 일반 대학원 안에 설치돼있었던 경영학 관련 석사과정이 속속 독립된 경영전문 대학원의 MBA 과정으로 발전하고 있는 추세다. 이러한 변화가 아주 빠른 속도로 진행되다 보니 일부 경영전문 대학원은 현업의 경험을 갖고 있는 우수한 전임교원을 확보하는 데 어려움을 겪고 있기도 하다. MBA 과정 개설의 본격화라는 측면에서는 한국이 선진국들은 물론이고 아시아 지역의 경쟁국들에 비해서도 뒤처진 것이 사실이다. 하지만 보다 수준 높은 경영교육을 제공하고 인적자원의 역량을 더욱 향상시키기 위한 토대를 마련한다는 차원에서 볼 때 늦게나마 MBA 과정의 개설이 본격화되기 시작한 것은 다행이라 하겠다.

늦게 시작한 만큼 극히 일부 학교의 MBA 과정만 예외일 뿐, 한국에는 아직 진정으로 글로벌한 수준의 MBA 과정은 없다고 할 수 있다. 대학이 MBA 과정을 개설해 운영한다는 것은 대학원 안에 학과를 하나 더 만들어 운영하는 것과는 차원이 다르다. 분야별로 현장 경험을 갖고 있는 우수한 교수진, 전문화된 경영학 커리큘럼, 교수들의 사례연구 발표 실적, 경영교육을 위한 전문화된 시설, 기업과의 산학 연계 및 공동 비즈니스 프로젝트 수행, 졸업생의 취업성과, 대학 자체의 글로벌한 평판, 경영교육 과정에 대한 국제인증, 일정 비율 이상의 외국인 교원과 외국인 학생 유치 등과 같은 여러 가지 요건들이 어느 정도 충족돼야만 진정한 MBA 과정이 운영될 수 있기 때문이다. 그러나 이런 요건들을 충족시키고 있는 MBA 과정은 한국에서는 보기 드물다.

이런 척박한 현실에도 불구하고 그래도 한국이 글로벌 경영교육 시장에 내놓고 자랑할 만한 MBA 과정이 하나 있다. 바로 카이스트(KAIST)가 제공하는 MBA 과정이다. 카이스트는 1996년에 국내에서 처음으로 전일제 MBA 과정을 개설했고, 이 MBA 과정은 서구의 유수한 경영대학원들에 비해 부족함이 없다. 기존의 대학들은 주로 해외의 유명한 경영대학원과의 제휴를 통해 MBA 과정의 커리큘럼과 운영에 관한 노하우를 도입해 적용하고 있는 반면에 카이스트는 국내에서 자생적으로 생겨나고 발전한 MBA 과정을 운영한다는 점에서 높게 평가하지 않을 수 없다.

▶ 과정의 특징

카이스트의 경영대학은 테크노 경영대학원, 금융전문 대학원, 정보미디어 경영대학원으로 나누어져 있으며, 각기 다른 특성의 MBA 과정을 제공하고 있다. 일반 MBA 과정은 테크노 경영대학원에서 테크노 MBA 과정이라는 이름으로 제공되고 있는데, 이것이 우리나라 최초의 전일제 General MBA 과정이라고 할 수 있다. 또 테크노 경영대학원에서는 IMBA, Executive－MBA 등의 과정도 제공하고 있다. 그런가 하면 금융전문 대학원은 금융 MBA 과정, 정보미디어 경영대학원은 정보미디어 MBA 과정을 각각 제공하고 있다.

테크노 MBA 과정은 General MBA이긴 하지만, 학생 본인의 희망에 따라 트랙(Track)을 정해 학습할 수 있다. 학생들은 주로 마케팅, 전략경영, 금융을 많이 선택한다고 한다. 물론 트랙(Track)은 복수로 선택하는 것도 가능하고, 하나도 선택하지 않을 수도 있다.

테크노 MBA 과정의 입학생은 매년 약 100명 정도다. 외국인도 소수이긴 하지만 참여하고 있으며, 앞으로 그 수가 점차 증가할 것으로 예상된다. 입학생의 대부분은 국내의 대기업 또는 금융회사 출신이며, 컨설팅회사 출신도 일부 있다. 카이스트의 테크노 MBA 과정은 대부분의 한국 대기업에서 인재파견 대상 교육기관 1순위로 간주하고 있으며, 따라서 대기업에서 파견한 우수인력들이 회사의 지원을 받아 이 MBA 과정에서 공부하고 있다. 이 MBA 과정 입학생 가운데 약 40% 정도가 이런 방식으로 기업에서 파견한 사람들이다.

카이스트 테크노 MBA 과정에서 공부를 하게 된 사람의 입장에서 본다고 할 때 이 과정의 가장 큰 장점은 해외의 MBA 과정을 이수하는 것에 비해 경력전환의 기회를 더 많이 갖게 된다는 데 있을 것이다. 카이스트 MBA 과정 입학생의 분포를 살펴보면 이공계 출신이 40% 이상인데, 이들 가운데 자신의 기존 전문분야와 연계해 금융기관의 애널리스트 등으로 진출해 경력전환을 하는 사람이 많은 것으로 알려져 있다.

최근에 특히 아시아 지역에서 카이스트의 인지도가 MBA 과정을 중심으로 빠르게 상승하고 있는 것은 국가적 차원에서도 고무적인 일이다. 이러한 현상은 한국의 다른 경영전문 대학원들에도 긍정적인 영향을 미칠 것이며, 한국 경영대학원의 국제적인 인지도가 전반적으로 상승하게 된다면 한국 경영대학원 출신들이 세계적인 다국적기업으로 보다 많이 진출할 수 있게 될 것이기 때문이다. 아시아 지역에 진출한 서구 경영대학원의 아시아 캠퍼스, 또는 서구 경영대학원과의 합작으로 아시아 지역에 설립된 경영대학원(예를 들어 INSEAD의 싱가포르 캠퍼스와 중국의 CEIBS와 같은 곳)을 제쳐 놓는다면, 아시아 지역에서 카이스트의 테크노 MBA 과정은 중국 칭화대학의 MBA 과정과 1~2위를 다투고 있다고 볼 수 있다.

▶ 한국 경영대학원의 발전을 위한 제언

이제 우리나라도 카이스트와 같이 자랑할 만한 경영대학원을 보유하고 있는 만큼 세계 경영교육 시장에서 우리나라 경영대학원의 인지도를 높이는 노력을 보다 적극적으로 기울여야 할 필요가 있다.

가장 효과적인 방법은 경영대학원의 이름에 기부자의 이름을 넣는 것이라고 필자는 생각한다. 우리나라에서도 기부된 자금으로 운영되는 경영대학원, 즉 'Endowed business school'이 탄생할 때가 된 것이다. 이 영어 표현을 우리말로 번역하기가 쉽지 않지만 일단은 '기부 경영대학원' 정도로 번역해볼 수 있다.

미국이나 유럽의 경영대학원 명칭을 살펴보면 기부 경영대학원을 쉽게 찾아볼 수 있다. 경우에 따라 다르겠지만, 경영대학원의 이름에 개인이나 기업의 이름을 넣기 위해서는 5천만 달러 내지 1억 달러, 우리나라 돈으로는 600억 원

내지 1200억 원 정도는 기부해야 한다고 알려져 있다.

경영대학원의 이름에 기부자의 이름을 넣는 방안을 필자가 주장하는 이유는 경영대학원의 질을 높이는 데 필요한 기부가 활성화되는 데 이런 방안이 크게 도움이 된다는 데만 있는 것이 아니다. 기부자의 이름이 경영대학원의 이름에 들어가면 학교의 평판이 짧은 기간 안에 높아지게 된다는 연구결과도 있다.

물론 이러한 인지도 상승은 기부자금에 의한 투자를 통해 교육의 질이 높아지는 데 크게 기인하는 것이기도 하겠지만, 세계 각국의 학생과 직장인, 사업가 등을 고객으로 하는 경영대학원의 특성에 기인하는 것이기도 할 것이다. 왜냐하면 그러한 경영대학원의 특성상 해외에서 인지도가 높은 한국 기업인의 이름을 학교의 이름에 넣는 것 자체가 가장 빠르게 학교의 명성을 올리는 방법이 되기 때문이다.

이제는 이러한 방법이 시의적절하다고 할 수 있다. 왜냐하면 2000년대 후반부터는 글로벌 시장에서 우리 기업과 기업인들의 위상이 크게 높아지고 있기 때문이다. 아울러 한국식 경영모델 역시 세계 경영학계의 관심을 받고 있으며, 한국 기업의 오너 경영자가 발휘하는 리더십이 불확실한 경영환경을 오히려 기회로 반전시켜 왔다는 점이 특히 주목되고 있다. 이러한 상황을 배경으로 최근에는 해외의 주요 MBA 과정들에서 한국 기업의 성공사례에 대한 케이스 스터디가 보다 활발하게 이루어지고 있다.

한국 경영대학원들의 최대 당면과제가 글로벌화인 점을 감안할 때 기부 경영대학원으로 변신하는 방안을 그들 스스로 진지하게 고려해볼 필요가 있다. 예를 들어 세계적인 한국 대기업(그룹)을 이끌고 있는 최고경영자의 이름이나 그 선대 회장(창업주)의 호(號)를 학교 이름에 넣은 기부 경영대학원이 탄생한다면, 그 학교는 해당 대기업의 인지도에 힘입어 보다 효과적으로 세계 경영교육 시장에서 자리를 잡아 나갈 수 있을 것이다.

칭화대학 경제관리학원

▶ 학교 소개

2010년 현재 중국에서는 약 110여 개의 대학에서 MBA 과정을 제공하고 있다. 최근 중국 경제가 지속적으로 높은 성장률을 보임에 따라 중국 내 MBA 과정 졸업자에 대한 중국 기업과 중국 내 외자기업의 수요가 급격하게 증가하고 있어 중국 내 MBA 과정은 앞으로 더욱 늘어날 것으로 보인다.

중국에서 MBA 과정을 제공하는 대표적인 학교를 꼽으라면 단연 칭화대학, 베이징대학, CEIBS다. 이 가운데 칭화대학과 베이징대학은 둘 다 대학 자체의 명성이 워낙 높아 MBA 과정의 우열을 비교하는 것이 무의미하다. CEIBS(China Europe International Business School)는 유럽과 중국 간 합작 경영전문 대학원으로 이미 아시아권을 벗어나 글로벌 경영교육 시장에서 지명도가 급격하게 높아졌다. CEIBS는 1994년에 상하이 자오퉁대학(Shanghai Jiao Tong University; 上海交通大學)과 유럽경영개발기금(EFMD; European Foundation for Management Development) 사이의 협약에 의해 상하이에 설립됐고, 그 뒤로도 중국 정부와 유럽연합 정부의 지원과 후원을 받고 있다. EFMD는 경영과 관련된 유럽의 모든 교육분야에서 중추적인 역할을 하는 기관이며, 전 세계 MBA 과정에 대한 평가와 인증도 하고 있다. CEIBS는 유럽의 경영대학원들이 갖고 있는 장점들을 모아 MBA 과정을 구성해 운영하고 있다. CEIBS는 최근 한국인 지원자가 급증하고 있을 뿐 아니라 중국의 지속적인 경제성장을 배경으로 전 세계 MBA 지원자들의 관심을 집중적으로 받고 있다.

칭화대학의 MBA 과정과 CEIBS의 MBA 과정이 비교되는 경우가 종종 있지만, 사실 이 두 곳은 성격이 달라 직접 비교하는 게 적절하지 않다. 하지만 굳이 비교하자면, 글로벌 랭킹에서는 CEIBS가 칭화대학보다 우위를 보이고 있다. 하지만 CEIBS는 글로벌한 특성에서 높은 평가를 받는 경영전문 대학원인 데 비해 대학 자체의 위상과 졸업생에 대한 기업의 선호도에서는 칭화대학이 더 우세하다. 칭화대학은 아시아의 대학임에도 불구하고 미국과 유럽에서 지명도가 매우 높다는 점은 주목할 만하다. 전 세계의 주요 기업들이 매년 칭화대 출신을 채용하기 위해 중국에 가서 리크루팅 경쟁을 벌일 정도다.

필자가 여기서 소개하는 칭화대학 경제관리학원(Tsinghua University School of Economics and Management, www.sem.tsinghua.edu.cn)은 명실상부한 중국 최고의 MBA 과정을 제공하는 학교다(중국에서는 종합대학은 '대학', 단과대학은 '학원'이라고 한다). 칭화대학은 원래 중국 공산당을 이끌어 갈 인재를 양성하기 위한 교육기관이었고, 이런 위상을 배경으로 중국 내 최고 교육기관의 위치를 차지해 왔다. 칭화대학은 후진타오 주석을 비롯한 중국 공산당의 고급 간부를 다수 배출했다. 중국의 중앙정부, 지방정부, 국영기업체 등 주요 기관의 요직에는 이 대학 출신이 많이 앉아 있다. 최근에는 칭화대학이 국제화와 개방화의 물결을 타고 자유시장 경제체제에 맞는 경영전문 인력을 양성하는 데 주력하고 있으며, 그 학문적 성과가 대단해 국내외적으로 높은 평가를 받고 있다.

▶ 과정의 특징

칭화대학의 대표적인 MBA 과정은 FMBA(Full-time MBA)와 IMBA(International MBA)다. 전자는 일반적인 풀타임 MBA 과정으로 중국어로 진행되는 반면에 후자는 국제적인 성격의 MBA 과정으로 영어로 진행된다. 한국인 유학생의 경우에는 대부분 IMBA 과정에 입학하며, 한국인 입학생 수는 매년 약 20명 정도다. IMBA 과정에 입학하더라도 외국인 유학생은 일정 수준 이상의 중국어 실력을 갖춰야 한다는 게 칭화대학의 정책방침이므로 중국어 과목을 필수적으로 이수해야 한다. 칭화대학 MBA 과정의 가장 큰 특징이자 장점은 중국을 대표하는 MBA 과정이니만큼 중국과 관련된 다양한 분야의 비즈니스 과목을 갖추고 있다는 점이다. 커리큘럼은 IMBA 기준으로 볼 때 1년차는 조직행동, 회계, 커뮤니케이션, 오퍼레이션, 거시경제 등의 과목으로, 2년차는 마케팅, 경제법, 미시경제를 비롯한 다양한 과목으로 구성돼있으며, 이들 과목의 대부분에서 중국과 관련된 사례가 다루어진다.

칭화대학 MBA 과정은 중국 내 비즈니스를 이해하는 데 가장 적합한 경영교육 프로그램이며, 중국 내 인적 네트워크를 구축한다는 측면에서도 매우 유익하다. 칭화대학 MBA 과정에 입학하는 한국인은 주로 주요 대기업이 파견한 핵심 인재가 대부분이다. 칭화대학 MBA 과정을 소개하는 브로셔를 보면 미국 MIT의 경영대학원인 Sloan School의 문양이 들어가 있는 것을 볼 수 있다. 사실 칭화대학 MBA 과정은 MIT의 MBA 과정을 본뜬 것이다. 따라서 이 두 MBA 과정은 그 형태와 콘텐츠가 매우 유사하고, 과정이 진행되는 동안 양쪽의 교수와 학생들이 활발하게 교류한다.

생활환경을 보면, 학교에서 차량으로 약 30분 거리에 한국인 거주지역이 있어 한국인 유학생이 생활에 적응하기가 쉽고, 외국인을 대상으로 하는 중국어 학원도 학교 주변에 많이 있어 도움이 된다. 학비는 2년간 총 2000만 원 수준이므로 비용경쟁력도 있다.

히토쓰바시대학 국제기업전략연구소

▶ 학교 소개

일본에서의 MBA 과정을 제공하는 대표적인 학교를 꼽는다면 히토쓰바시대학, 게이오대학, 와세다대학 정도를 들 수 있다. 이 가운데 게이오대학은 금융분야, 와세다대학은 경영전략 분야에서 강세를 보이고 있다.

여기서 필자가 소개하고자 하는 히토쓰바시대학은 전략과 지식경영 분야에 강점을 가지고 있다. 히토쓰바시대학의 MBA 과정은 이 대학 산하의 국제기업전략연구소(ICS; Graduate School of International Corporate Strategy)에서 제공한다. 이 대학의 경영학과는 전통적으로 일본에서 최고로 평가받아 왔으며, 그 연장선에서 이 대학의 MBA 과정 이수자들도 일본에서 높은 평가를 받는다. 이 대학은 지식창조 이론으로 유명한 노나카 이쿠지로 교수가 재직해온 학교로 널리 알려져 있다. 바로 이 노나카 교수로 인해 이 대학의 MBA 과정이 더 유명해진 것도 사실이다.

히토쓰바시대학 주변에는 한국 사람들이 많이 거주하고 한국음식점도 많이 있어 한국인 유학생에게 이 대학은 학업환경과 생활여건이 좋은 편이다.

▶ 과정의 특징

ICS의 MBA 과정은 특정한 전문분야를 깊이 있게 가르치기보다는 비즈니스와 관련된 일반적인 내용을 가르치는 과목 중심으로 구성돼있고, 노나카 교수의 영향으로 인해 기업전략과 지식경영 분야에 중점을 주고 있다. ICS에서 연구하는 사례는 대부분 하버드 경영대학원에서 가져온 것이지만, 일본과 관련된 사례연구에서는 자체적으로 수집한 사례가 이용되기도 한다. 선택과목 중에는 일본에 있는 기업과 공동으로 프로젝트를 진행하는 Field research 과목도 있는데, 이 과목은 한국인 유학생의 입장에서는 일본 기업에 대해 상세하게 배울 수 있는 기회가 된다.

ICS의 MBA 과정은 1년 과정으로 알려져 있지만, 원칙적으로는 2년 과정이다. 학생의 입장에서 한 해 과정만 이수하고 수료하는 1년 프로그램도 선택할 수 있지만, 인턴십과 교환학생 과정까지 이수하는 2년 프로그램도 선택할 수 있다. 이 두 가지 가운데 어느 프로그램을 선택하든 동일한 학위가 수여되며, 기업의 스폰서십을 받아 오는 학생을 포함한 대부분의 학생은 1년 프로그램을 선택하고 있다.

ICS의 MBA 과정은 아직 국제적으로 유명한 과정이라고 할 수는 없지만, 일본에 대해 많은 관심을 갖고 있거나 일본과 관련된 업무경험을 갖고 있는 사람들에게는 매력이 있는 과정이다. 이 과정이 일본에서는 높은 위상을 차지하고 있고, 저명한 일본인 교수들이 재직하고 있으며, 유럽의 MBA 과정처럼 1년 만에 졸업할 수 있다는 점 등이 이 MBA 과정의 장점이다.

ICS는 International MBA를 표방하고 있고, 이런 지향이 반영된 결과로 이 과정의 내국인 학생 비중은 약 20%로 일본의 다른 MBA 과정들에 비해 상당히 낮다. 학생들의 국적분포를 보면 아시아권 학생의 비중이 가장 높지만 미국, 유럽, 남미 출신의 학생들도 있어 구성이 다양한 편이다.

한국인은 매년 약 10명이 ICS의 MBA 과정에 입학한다. 이들 가운데 일부는 한국 대기업에서 우수인재로 선발되어 유학 온 사람들이며, 이들로서는 이 MBA 과정을 통해 일본인을 비롯한 외국 학생들만이 아니라 한국에서 온 다른 우수인재들과 인적 네트워크를 구축하는 것도 가능하다. 또한 1년 기준으로 1천만 원이 안 될 정도로 학비가 저렴하다는 것과 학교가 도쿄 시내의 중심부에 있어 통학이 용이하다는 것도 이 MBA 과정의 장점이다.

영국의 극작가 윌리엄 셰익스피어는 사람의 인생을 유아기에서부터 노년기까지 총 일곱 단계로 구분했다. 그는 인생은 단계별로 변화한다고 썼고, 인생의 각 단계를 사전에 준비해야 한다고 강조했다. 이는 변화하는 환경 속에서 각자가 인생(경력)의 각 단계를 스스로 준비하고 발전시켜야 한다는 점을 강조한 것으로 볼 수 있다.

이런 맥락에서 우리는 기업의 변화도 예의주시해야 한다. MBA 인력에 대한 기업의 채용정책도 최근에 많이 변화하고 있다. 이런 변화의 배경에는 국내의 선두 대기업들을 중심으로 해외에서 영입된 외국인 최고인사책임자(CHRO; Chief Human Resource Officer)의 위상이 높아졌다는 사실이 자리 잡고 있다. 이들은 각 그룹 안에서 글로벌 HR 전략을 지휘하며 다양한 인사정책을 시행하고 있는데, 그 일환으로 MBA 출신 우수인력을 저인망식으로 탐색해 채용하고 있

다. MBA 인력에 대한 기업의 수요가 증가하는 추세는 앞으로도 상당기간 지속

될 것으로 예상된다.

이런 변화는 비즈니스 현장의 직장인들이 가장 먼저 체감하고 있다. 이 때

문에 해외 MBA 과정에 진학하는 직장인 수가 매년 꾸준하게 증가하고 있고, 국

내 경영대학원의 입학경쟁률도 지속적으로 상승하고 있다. 교육과학기술부의

발표에 따르면 국내 경영대학원의 입학경쟁률은 2007년 상반기에 2.7 대 1이었

던 것이 2009년 상반기에는 3.55 대 1까지 올라갔다.

MBA에 대한 이런 긍정적인 전망에도 불구하고 혼자서 MBA 과정 진학을

준비하는 일은 결코 쉽지 않다. 경험을 통해 이러한 어려움을 누구보다 잘 아는

필자는 이 책에서 '오센틱 MBA 로드맵' 이라는 개념을 통해 MBA에 대한 새로

운 안내를 시도했다.

필자는 HR 전문가의 관점에서 MBA 과정에 진학할 것을 고려하는 사람들

에게 자신에게 가장 적합한 MBA 과정을 선택하는 방법, MBA 과정을 이수하는

과정에서 중점을 두어야 할 부분, MBA 학위를 취득한 뒤의 경력개발 계획 수립

등에 대해 체계적인 설명을 제시하고자 했다. 아울러 미국에 편중된 시야를 유

럽권과 아시아권으로도 확대함으로써 MBA에 대한 보다 깊이 있는 지식과 정보,

그리고 판단력을 독자가 얻을 수 있도록 신경을 썼다.

따라서 필자의 입장에서는 독자가 이 책을 십분 활용한다면 MBA 과정 선택

과 진학 준비에 크게 도움이 되는 세런디피티(Serendipity, 예상하지 못했던 것을

행운을 만나듯 찾아내는 재능)를 갖게 될 것이라고 믿어 의심치 않는다.

인생에서 무슨 일에서건 진정함(Authenticity)은 자신의 장점을 스스로 발전

시켜야만 얻을 수 있는 것이며, 자기실현을 위한 핵심적인 요건이라고 필자는

생각한다. 오센틱 MBA 로드맵이라는 개념을 통해 이 책에서 필자가 전달하고자

한 지식과 경험이 지금의 현실에 안주하지 않고 끊임없이 자기개발의 노력을 하는 사람들에게 진정으로 도움이 되기를 바란다.

| 감사의 말 |

이 책은 필자의 지식과 경험을 바탕으로 씌어졌지만, 운명과도 같은 많은 분들과의 소중한 인연 덕분에 출간될 수 있었다.

필자가 MBA 과정을 성공적으로 이수할 수 있도록 배려해주신 UCD Michael Smurfit 경영대학원의 MBA 과정 학과장 패트릭 기번스 교수님(Dr. Patrick Gibbons), 하버드 경영대학원의 기업금융 담당 교수이자 UCD 초빙교수로서 필자가 MBA를 통해 인생의 방향을 가다듬는 데 도움을 주신 앤서니 호리핸 교수님(Dr. Anthony Hourihan), MBA 학업을 함께 하며 내게 용기를 북돋아준 존과 질리언(Jon Medline, Gillian Henderson) 두 친구에게 감사를 드리고 싶다.

특히 내가 HR인으로 성장할 수 있도록 크나큰 기회를 주신 삼성SDS 장경수 상무님, 경영자의 비전과 통찰력이 무엇인지를 알게 해주신 윌비스 전병현 사장님, 보다 깊이 있는 HR 업무를 할 수 있도록 배려해주신 아시아나항공 오근녕 상

무님, HR에 대한 깊이 있는 통찰력을 내게 전수해주신 중앙대학교 글로벌인적
자원개발대학원 이희수 원장님, 학문적 탐구와 관련해 영감을 불어넣어 주시는
박사과정 지도교수 송해덕 교수님, 그리고 이 책의 출간에 대해 정성어린 조언
을 해주신 출판사 필맥의 이주명 대표님께 깊은 감사를 드린다.

부족한 남편을 믿어주며 언제나 성원을 아끼지 않는 사랑하는 아내 혜신과
항상 올바르고 정당한 길을 가도록 가르침을 주시는 존경하는 양가 부모님께 이
책을 바친다. 이 세상 무엇과도 바꿀 수 없는, 그리고 언제나 기쁨과 행복을 선사
해주는 우리 공주님 도연이에게도 고마운 마음을 전한다.

2010년 5월 구정모